CB082183

TransDisciplinaridade e Ecoformação

Um novo olhar sobre a Educação

DIREÇÃO
Saturnino de la Torre

COORDENAÇÃO
Maria Antonia Pujol, Maria Cândida Moraes

AUTORES
Teresa Anguera – Josep Bonil – Genina Calafell
Saturnino de la Torre – Ivani Fazenda – Pedro García
Montse González – Ana Kerina – Sonia Louredo
Joan Mallart – M. Cândida Moraes – Fátima Limaverde
Patricia Limaverde Nascimento – Carmen Oliver
Regina Moraes Ormeneze – Gaston Pineau
Maria Antonia Pujol – Gabriel Sanz

TRANSDISCIPLINARIDADE E ECOFORMAÇÃO

UM NOVO OLHAR SOBRE A EDUCAÇÃO

TRIOM
Centro de Estudos Marina e Martin Harvey
1ª Edição – São Paulo – 2008

Título original:
Transdisciplinariedad y Ecoformación – Una nueva mirada sobre la educación

Primeira edição, 2007:
Editorial Universitas, S. A., Madri, em coedição com GIAD – *Grupo de Investigación y Asesoramiento Didáctico*. Membros do Grupo: Saturnino de la Torre; María de Borja, Juan Mallart, Carmen Oliver; M. Antonia Pujol, Nuria Rajadell, Pere Rius, Gabriel Sanz, Carlos Carreras, Montse González, M. Cândida Moraes, José Tejada, Josefina Santibañez, M. Luisa Sevillano, Asun Aneas, Pedro García, Elba Sequera. Facultad de Pedagogía. Pº. Vall d'Hebron 171. Edifici Llevant. 2º – DOE. 08035 – Barcelona, Espanha.

Com a colaboração do Projeto Hispano Brasileiro de Cooperação Interuniversitária (Ref. PHB2006-0037-TA, e Projeto CAPES 141/2007); SEJ2006-28034-E/EDUC Projeto AECI (Ref. A/9172/2007), AECI-MEC A/9172/07 e CNPq (484959- 2007-7) e outras ajudas institucionais das universidades implicadas.

2008 © Grupo de Autores: S. de la Torre, M. C. Moraes, M. A. Pujol, G. Sanz, I. Bordas, M. de Borja, J. Mallart, C. Oliver, N. Rajadell, P. Rius, Teresa Anguera, J. Bonil, G. Calafell, I. Fazenda, P. García, A. Kerina, S. Louredo, R. Moraes Ormeneze, G. Pineau.

Direitos para a língua portuguesa reservados a
TRIOM – Centro de Estudos Marina e Martin Harvey Editorial e Comercial Ltda.
Rua Araçari, 218 – 01453-020 – São Paulo – SP – Brasil
Tel/fax: 11 3168-8380 – editora@triom.com.br – www.triom.com.br

Tradução: Suzana Vidigal
Revisão: Ruth Cunha Cintra e Suzana Vidigal
Imagem da capa: quadro de Maria Gloria Dittrich (Brasil)
Capa e diagramação: Casa de Tipos Bureau e Editora Ltda.

Edição patrocinada por Vitoria Mendonça de Barros

As novas regras de ortografia já foram aplicadas, na medida do possível, nesta edição.

Dados Internacionais de Catalogação na Publicação (CIP)
(Câmara Brasileira do Livro, SP, Brasil)

Transdisciplinaridade e ecoformação: um novo olhar sobre a educação / direção Saturnino de la Torre; coordenação Maria Antonia Pujol, M. Cândida Moraes; [tradução Suzana Vidigal]. — 1. ed. — São Paulo: TRIOM, 2008.

Título original: Transdisciplinariedad y ecoformación: una nueva mirada sobre la educación.
Vários autores.
ISBN - 978-85-85464-73-8

1. Educação ambiental 2. Educação - Finalidades e objetivos 3. Interdisciplinaridade e conhecimento I. Torre, Saturnino de la. II. Pujol, Maria Antonia. III. Moraes, M. Cândida.

08-05329 CDD-370.1

Índices para catálogo sistemático:

1. Educação e transdisciplinaridade 370.1
2. Transdisciplinaridade e educação 370.1

Sumário

Segunda Parte

Transdisciplinaridade e Ecoformação na Prática

Anexos

Introdução

Graças à disponibilidade da TRIOM Editora, que acolheu o projeto com entusiasmo, o leitor de língua portuguesa terá a oportunidade de ler esta obra em seu idioma. Nossos agradecimentos à sua diretoria, pioneira em temas que abordam a transdisciplinaridade a partir de danças circulares como linguagem integrada. Uma obra que vai ao encontro da crescente demanda por informações sobre o paradigma emergente, sobre a complexidade e a transdisciplinaridade, tanto enquanto reflexão, quanto estratégia e prática. Não só o Congresso sobre Transdisciplinaridade de Vitória, Espírito Santo, em 2005, mas também aquele sobre Transdisciplinaridade, Complexidade e Ecoformação de Brasília (2008), são provas de que há no Brasil um movimento de docentes em todos os níveis educativos, que precisam encarar a educação de uma nova maneira e estão abertos a mudanças. A educação baseada na transmissão de informações não está respondendo às demandas atuais, nem resolve a problemática da inclusão social dos menos favorecidos.

Por isso, temos a convicção de que esta obra, realizada com a colaboração de autores espanhóis e brasileiros, com o apoio do Projeto de Cooperação Hispano/Brasileiro, será um referencial para muitos educadores e estudantes de doutorado e mestrado que desejem implementar experiências inovadoras a partir da visão transdisciplinar e ecoformadora. Uma obra que está em sintonia com a UNESCO em suas quatro vertentes formativas: saber, saber fazer, saber ser, conviver. Uma obra que está entre as últimas aquisições da UNESCO e do Clube de Budapeste, que conta com autores como Delors, Hallak, Laszlo, ao falar do empobrecimento do meio ambiente, da globalização e dos direitos humanos, do planeta multicultural. O olhar transdisciplinar e ecoformador é uma via de acesso aos valores humanos e sociais, assim como ao diálogo disciplinar e à ecologia dos saberes, como menciona M. C. Moraes.

A obra *Transdisciplinaridade e Ecoformação – Um novo olhar sobre a educação*, representa um passo importante na reflexão sobre o presente e o futuro da educação. Uma reflexão e um sentimento que criam raízes nessa visão ecossistêmica e interdisciplinar, não só do conhecimento científico, mas também profissional e vital. A mundialização não só se reflete nos valores econômicos, a mal entendida globalização, mas também nos novos valores sociais, humanos, educativos, transpessoais e transcendentes que afloram nos mais variados contextos da atividade humana. O bairrismo, que nos dá a contextualização da realidade, deve se combinar com a mundialização dos meios de comunicação, a interculturalidade, os valores humanos e educativos. As rápidas conquistas da ciência e da tecnologia revelam as inter-relações, a interdependência e a conectividade entre os fenômenos ambientais, sociais, biológicos e vitais.

A obra que apresentamos tenta, entre outras coisas, ser testemunho de que há novas vias de integração e superação da fragmentação do conhecimento, a partir da reflexão e da prática. Fazer uma ponte entre a concepção disciplinar, que se fragmentou no decorrer do último século, e uma visão que não renuncia aos conhecimentos disciplinares, de significado e de sentido a partir da ótica humana. Que faça o ser humano progredir, individual e socialmente, na convivência com outras crenças e culturas, em solidariedade aos que dispõem de menos possibilidades e recursos, em harmonia com a natureza. Uma ciência sem valores é um conhecimento cego, que caminha sem direção. E esse é o risco de um paradigma que se encerra no próprio método e nos seus resultados parciais, sem levar em conta o que ocorre fora de sua área.

A própria ciência enraizada nas universidades, que surgiu como libertação e crescimento do saber racional frente aos dogmas impostos, transformou-se na prisão ou na cela a que estamos atados pela formalidade e fragmentação disciplinar. Caímos no "minifundiarismo disciplinar" de tanto nos especializar e nos dividir, perdendo, às vezes, o sentido do conhecimento, o seu porquê e para quê. Desmembramos em tantas parcelas de saberes que às vezes fica difícil conectar o aspecto social com o humano e educativo através da Física ou da Matemática. Fez-se necessária a vinda de libertadores, que abriram as portas dessas "jaulas epistemológicas" (as "gaiolas" de Ubiratan), entre eles cientistas como Laszlo, físicos como Binning, Sheldrake, Bohm, Wilber, biólogos como Maturana, neurocientistas como Varela, químicos como Prigogine, sociólogos como Morin, pedagogos e educadores como Gutiérrez e Moraes, psicólogos como Csikszentmihalyi, psiquiatras e defensores de uma concepção alternativa da saúde como Servan-Schreiber, Gruber, matemáticos como D'Ambrosio e felizmente uma longa lista de pensadores de prestígio internacional. Isso indica que algo está mudando no modo de nos aproximarmos e de compreendermos o que chamamos de "realidade". Ou talvez tenhamos que começar a falar de realidades? *A disposição de perguntar é um claro indicador de uma atitude transdisciplinar.*

São inúmeras as perguntas que surgem a partir dessas novas maneiras de perceber a realidade e a construção do conhecimento. Qual a relação do emocional com o mental e corporal? O que compartilhamos com os outros seres animados e inanimados? Qual o papel da natureza na evolução do ser humano? Por que parece que nossa cultura progrediu tanto no âmbito tecnológico e tão pouco no espiritual e humano? Como é possível que, em tantos séculos de história humana, a violência e o espiritual continuem predominando e que o homem não tenha sido capaz de encontrar um equilíbrio entre o material e o espiritual? O que existe além da realidade tangível? O que nós sabemos do poder da mente e das energias sutis? Aonde nos levaria a aceitação do terceiro incluído de Nicolescu? O que mudaria na construção do conhecimento e na vida? Em que a educação errou em todos esses séculos para não transmitir ao ser humano a harmonia que vemos existir na natureza e entre o resto dos seres que habitam a terra? O que a educação deveria trazer a essa nova visão do cosmos e da realidade? É possível colocar em prática o olhar transdisciplinar? Como adequar as teorias educativas ao uso, ao enfoque ecossistêmico?

Se considerarmos tudo o que nos rodeia parte do sistema, incluindo nós mesmos, as perguntas crescerão em proporções geométricas à medida que são respondidas. E esta é a preocupação do grupo de pedagogos da Universidade de Barcelona e de outras universidades como a PUC/SP (Brasil) e Tours (França), que participam deste desafio transformador. Como reencantar a educação de modo a fazer com que a tensão, a desmotivação e o desencanto atuais se transformem em um espaço harmonioso de intercâmbio, de potencialidades, de tolerância e cooperação; isto é, de crescimento mental, emocional, psicossocial de todas as potencialidades que existem em cada pessoa. Um espaço em que alunos e professores aprendam juntos, cada um com suas metas e expectativas. *Todo encontro humano nos enriquece se soubermos aproveitá-lo. E essa é a atitude transdisciplinar.*

Aqui entraria a *ecoformação* como uma maneira de buscar o crescimento interior, a partir da interação multissensorial com o meio humano e natural, de forma harmônica, integrada e axiológica. Tentando ir além do individualismo, do cognitivismo e do utilitarismo do conhecimento. Partindo do respeito à natureza (ecologia), levando em consideração os outros (alteridade) e transcendendo a realidade sensível (transpersonalidade). Fomentando a cooperação e o entorno de colaboração em contraposição à competitividade, criando "cenários" de intercâmbio e diálogo, procurando ambientes agradáveis de trabalho e estratégias dinâmicas, flexíveis, desafiadoras, como entornos virtuais que tanto atraem e motivam os jovens.

Buscando a lógica e a coerência dos conteúdos, este livro está organizado em dois blocos. O primeiro diz respeito à aproximação reflexiva e o segundo fala da projeção das ideias na prática educativa, desde a educação infantil até a universitária. A *trans* pode ser aplicada em qualquer âmbito da educação e da vida, porque é reflexão, caminho e atitude – como é mencionado mais de uma vez. Não é uma ciência nova, nem uma ciência de ciências, nem uma integração de várias ciências. É, no meu modo de entendê-la, um novo olhar, que leva em consideração aquilo que as diferentes disciplinas nos trazem e dá sentido ao que ocorre a partir delas, entre elas e além delas. Em termos físicos, não é onda nem partícula. É as duas coisas, assim como a luz.

A parte teórica se inicia com o Decálogo sobre Transdisciplinaridade e Ecoformação. Na síntese das propostas dos pesquisadores reunidos em janeiro e maio de 2006, estão alguns princípios teórico-epistemológicos e estratégicos que orientam a ação didática. Entende-se o *conceito transdisciplinar* como sendo "um olhar interativo e dialogado da realidade, que chega a manifestar-se de múltiplas formas e níveis, com base na capacidade compreensiva e intencionalidade do observador" ... "Consciência e ética são conceitos nucleares da visão transdisciplinar. *Não há educação sem consciência e escala de valor.*" Nessa parte, reflete-se sobre o andamento da *inter* e da *trans* e suas consequências na metodologia e na prática da investigação. Predominam as reflexões epistemológicas e metodológicas.

São abordados temas como a *inter* e a *trans* no ensino universitário, o poder da palavra ou como a linguagem é o reflexo das nossas visões, as pesquisas interdisciplinares executadas na França e Canadá, a *trans* relacionada com a formação do professor, o furacão transdisciplinar ou as mudanças metodológicas que ajudam no olhar transdisciplinar, o entorno audiovisual e cinematográfico como veículo de projeção transdisciplinar ao analisar o documentário *Quem somos nós? (What the bleep do we know?).* São reflexões que surgem das três grandes vertentes da transdisciplinaridade: a) a vertente epistemológica e metodológica, com sua aplicação em pesquisa e sua visão quântica da realidade; b) a vertente emergente, energética ou de ação informada que se projeta na formação e ecoformação; c) a vertente atitudinal e de compromisso com os outros e como o outro. Assim como a criatividade, a *trans* não só é cognição, mas também emoção e ação informada.

Na segunda parte, os textos tratam do terreno da prática educativa e das evidências, mantendo uma perspectiva formativa e ecoformadora. Assim, entre os temas abordados estão os cenários enquanto estratégias ecoformadoras, a ecoformação realizada através de projetos integradores. Como evidência de que é um mero tema de elucubração e que tem sentido em qualquer idade, são descritas experiências de transdisciplinaridade em crianças, através da arte da educação infantil, do relaxamento cinético e do currículo, no tratamento de valores e da saúde e projetadas na avaliação. Desse modo, não só se amplia o conceito de transdisciplinaridade e ecoformação, mas também se mostra, com exemplos, de que modo é possível levar a teoria à prática.

Quatro eixos, dois a dois, constituem a espinha dorsal desta obra, formando suas coordenadas interpretativas: a teoria, com o complemento da prática, e a *trans* em sua vertente epistemológica e reflexiva, com o complemento da ecoformação, em que se projeta.

Termino com um pensamento definitório do documento de Barcelona: "*Este novo olhar investigador e formativo nos ajuda a integrar as áreas de conhecimento em um paradigma educativo humanista, social e ecológico sustentável, na busca por um novo modelo de desenvolvimento humano em sua vertente social, pessoal, relacional e vital. Um olhar da investigação e da formação, baseado em valores humanos, no desenvolvimento da consciência, na criação de redes e campos de aprendizagem. Em resumo, um novo marco de construção cooperativa de significados. Portanto, entendemos o 'transdisciplinar' como sendo 'um olhar' diferente da realidade e seus diferentes níveis, fruto da percepção e da consciência. Assim, o transdisciplinar não se identifica com teorias, paradigmas ou modelos, mas sim com uma maneira de olhar aquilo que ocorre no universo, seja tangível ou intangível.*"

Saturnino de la Torre
Catedrático da Universidade de Barcelona
M. Cândida Moraes
Professora da Universidade Católica de Brasília

Primeira Parte

Reflexões em torno da TransDisciplinaridade

Capítulo 1

Decálogo sobre TransDisciplinaridade e Ecoformação

Barcelona, 28 a 30 de março de 2007
Coordenação: S. de la Torre (UB), M. C. Moraes (PUC/SP), J. Tejada (UAB), M. A. Pujol (UB)
Com a contribuição de: Edgar Morin, Raul Motta, Gaston Pineau, Emilio R. Ciurana, Joan Mallart

Somos cidadãos planetários. Mas esta nova cidadania não nos é dada; é preciso construi-la entre todos. Essa é nossa missão, que nos impulsiona a buscar caminhos para reencantar a educação.

Apresentamos os dez principais campos de projeção transdisciplinar e ecoformadora:

1. Supostos ontológicos, epistemológicos e metodológicos do olhar transdisciplinar.
2. Projeção tecnocientífica: o campo da religação dos saberes.
3. Projeção ecossistêmica e de meio ambiente: Relação ecológica sustentável.
4. Projeção social: Consequências de uma cidadania planetária.

5. Convivência e desenvolvimento humano sustentável: Visão axiológica e de valores humanos.
6. Projeção das políticas trabalhistas e sociais: Satisfação das necessidades humanas.
7. Projeção no âmbito da saúde e da qualidade de vida: Em busca da felicidade.
8. Projeção nas reformas educativas: Formar cidadãos na sociedade do conhecimento.
9. Projeção da educação: Responder a uma formação integradora, sustentável e feliz.
10. Projeção das organizações no estado de bem-estar: Auto-organização e dimensões ética e social.

JUSTIFICATIVA

O presente documento, o Decálogo sobre Transdisciplinaridade e Ecoformação, é fruto do esforço e colaboração de um grupo de pesquisadores, docentes e profissionais participantes do *I Congresso Internacional de Inovação Docente: Transdisciplinaridade e Ecoformação,* que ocorreu em Barcelona nos dias 28, 29 e 30 de março de 2007. Foi uma iniciativa dos organizadores, que pretendiam colocar em prática as ideias e atitudes que essa nova visão transdisciplinar traz consigo. É por isso que a elaboração do processo foi levada adiante com a participação livre dos conferencistas, relatores e do comitê científico. Embora tenham visões diferentes, são coincidentes em seu olhar transdisciplinar. É um passo mais elaborado e complexo do que o Documento de Barcelona (2006), mas é, acima de tudo, fruto da participação de um amplo conjunto de pesquisadores e formadores, atuantes desde a educação infantil até a universitária.

Foi denominado **Decálogo** por tratar de dez dimensões

ou projeções sobre a transdisciplinaridade, com suas problemáticas e estratégias de ação. Essas reflexões interessarão àqueles que já se conscientizaram ou que podem vir a se conscientizar das limitações do modelo de construção e transmissão de conhecimento baseado na fragmentação da informação e na utilização do método positivista como único critério de racionalidade científica. Esse enfoque reduz a realidade a um só nível, o do sensível, deixando de fora outros tipos de fenômenos de grande importância na vida das pessoas, da sociedade e de sua conexão com o cosmos e com a energia sutil.

Transdisciplinaridade e Ecoformação são dois conceitos que emergem vinculados ao paradigma ecossistêmico, que encarnam e projetam um novo olhar sobre a geração do conhecimento e sobre a prática educativa. Eles seriam os eixos centrais deste documento que se move em três níveis conceituais: teórico, estratégico e prático; que aborda a visão transdisciplinar desde as considerações ontológicas, epistemológicas e metodológicas; que se projeta tanto no âmbito da educação e da formação universitária, como também social e das organizações. A *era caórdica* de que nos fala Dee Hock (criador da VISA) é uma amostra de como a complexidade, a transdisciplinaridade e a visão ecossistêmica penetram no mundo empresarial e das organizações.

Entendemos a *ecoformação* como uma maneira sintética, integradora e sustentável de entender a ação formativa, sempre em relação ao sujeito, à sociedade e à natureza. O caráter de sustentabilidade somente é possível quando se estabelecem relações entre todos os elementos humanos. A partir do enfoque transdisciplinar, nós a entendemos como sendo um olhar diferente da realidade e de seus diversos níveis. A ecoformação comporta, entre outras, as seguintes características: a) *vínculos interativos* com o entorno natural e social, pessoal e transpessoal;

b) *desenvolvimento humano* a partir de e para a vida, em todos os seus âmbitos e manifestações de maneira sustentável. A sustentabilidade é uma característica significativa da ecoformação e de todos os conceitos relativos a "eco", como ecopedagogia, ecoprojeto, ecoavaliação, ecossistemas; c) *caráter sistêmico e relacional,* que nos permite entender a formação como redes relacionais e campos de aprendizagem; d) *caráter flexível e integrador* das aprendizagens, tanto por sua origem multissensorial e interdisciplinar, como por seu poder polinizador; e) primazia de princípios e *valores de meio ambiente,* que consideram a Terra como um ser vivo, onde convergem os elementos da natureza, tanto vivos como inertes.

As audiências e destinatários deste documento em forma de decálogo de princípios, intenções e propostas, são: políticos responsáveis pelas reformas sociais, trabalhistas e educativas; equipes administrativas encarregadas de administrar os recursos humanos e materiais; dirigentes de instituições educativas, formais e não formais; coordenadores, gestores e responsáveis pelas organizações produtivas e de serviços, de ONGs a universidades e escolas universitárias; o corpo docente universitário que, em seu desejo de aprofundar a disciplina, tem levado à fragmentação do conhecimento, descuidando-se da relação dos saberes; professores não universitários, de educação básica e secundária, para que se interessem mais pelas competências do que pela aquisição de conhecimento; especialistas e técnicos que nos abrem novas fronteiras na geração do conhecimento através de suas redes; e professores da educação infantil, sem dúvida os mais dispostos a colocar em prática este olhar transdisciplinar, aproveitando as situações cotidianas da vida.

Tomamos as palavras de Ilya Prigogine, Nobel de Química, criador da teoria das estruturas dissipativas e qualificado por alguns como o poeta da educação, como referência para nossas reflexões, valores e propostas de ação. Ele nos alerta para o fato de a tolerância ser um valor fundamental na construção da sociedade do conhecimento e das civilizações futuras, da racionalidade científica e social.

A falta de tolerância é um verdadeiro problema do nosso tempo. Consiste em compreender as alternativas do mundo cultural e em nos convencermos de que devemos viver em um mundo múltiplo. Na minha opinião este é um bom objetivo para a Ciência atual com respeito à civilização: proporcionar ao ser humano uma vida de realizações diversas, mostrar caminhos menos lineares, menos estreitos e menos acondicionados. Não se pode esquecer que foi precisamente na Europa que se deu a gestão desse grande projeto que é a Ciência e esse sistema chamado democracia; ou seja, a racionalidade científica e a racionalidade social e humanista. Aproximar estas duas racionalidades é uma bela missão. Deste modo, talvez sejamos mais tolerantes e aceitemos mais a multiplicidade da civilização humana. (Prigogine)

1. Supostos ontológicos, epistemológicos e metodológicos de um olhar transdisciplinar.

Se partirmos do pressuposto de que a realidade não é única, nem é pré-estabelecida ou linear, mas sim complexa e sistêmica, fruto da interação de componentes históricos, sociais, culturais e pessoais, temos de partir de determinados pressupostos ontológicos, epistemológicos e metodológicos para abordar seu conhecimento. Uma realidade complexa e sistêmica demanda um tipo de concepção e procedimentos de acordo com tal realidade, seja ela uma pessoa, uma organização ou uma confederação de países.

Da fonte "Transdisciplinaridade" surgem três campos conceituais principais:

a) O *campo científico, epistemológico e metodológico* de construção do conhecimento, com seus três níveis de realidade, a teoria da complexidade e o *terceiro incluído* da lógica não aristotélica. Esses níveis de realidade, variáveis na terminologia segundo os autores, podem se concretizar no plano da sensibilidade, material característico do macrocosmos.

b) O *campo de ação ecologizada* que se manifesta na formação integral do ser humano através de sua relação com o mundo (ecoformação), com os outros (coformação, heteroformação), consigo mesmo (autoformação) e com a consciência de próprio ser (ontoformação) que tem lugar tanto no âmbito formal como informal. O entorno, o meio ambiente, é o cenário propício para esta formação integradora porque revela os vínculos entre a pessoa, a sociedade, a natureza e o cosmos.

c) O *campo da atitude transdisciplinar* ou de vida, que busca a compreensão e complementaridade do que ocorre na vida e no universo. Tenta compreender a complexidade das relações entre os sujeitos (autoridade), dos sujeitos consigo mesmos em busca do sentido e finalidade (autotélica), e dos sujeitos com os objetos que os rodeiam (atitudes planetárias). A atitude transdisciplinar busca a transformação do ser humano em sua totalidade ao se relacionar com os outros e com "o outro". Uma atitude transdisciplinar está aberta ao novo, não confundindo as diferentes manifestações da realidade com "o real".

No que diz respeito à *metodologia de investigação* científica, há importantes mudanças em curso. A confrontação entre o modo positivista de pesquisar e os métodos de investigação naturalista na área da comunicação interpessoal está mais suave. A explicação convencional se concebe como uma meta associada preferencialmente aos estudos qualitativos. Mediante a explicação convencional, assume-se a perspectiva dos sujeitos sobre seu mundo como ponto de partida da relação entre conduta e norma social. No entanto, essa meta também é detectável no modo hipotético/dedutivo de pesquisar e na geração de modelos. Além disso, a meta da explicação casual, tradicionalmente vinculada ao modo de investigação hipotético/dedutivo também se adaptou à investigação qualitativa (etnografia, interacionismo simbólico e "grounded theory") da comunicação interpessoal.

O âmbito da comunicação interpessoal, consolidado como área de investigação inclusiva de conteúdos no domínio das ciências sociais, é um bom exemplo de como as tradicionais controvérsias metateóricas, epistemológicas e metodológicas podem ser canalizadas através de um discurso que tem como objetivo a busca racional e sistemática de aproximações, laços e complementaridades.

Não é fácil abordar o âmbito de investigação da comunicação humana a partir de uma perspectiva transdisciplinar. O processo comunicativo é um fato ou atividade caracterizado pelos diferentes planos possíveis (distância interpessoal, troca de olhares, conduta gestual, emissões vocais, conduta verbal etc), saturado de pautas culturais. É capaz de se contextualizar e recontextualizar-se em cada momento, em que pode contemplar-se como um processo formado por episódios diversos, cada um deles formado por uma sequência de atos comunicativos do emissor.

A partir de uma aproximação metodológica, podemos destacar dois aspectos das características de fundo da atividade investigadora promovida pela comunicação interpessoal (verbal e não verbal): 1. um posicionamento pragmático com relação à forma de entender as metas do conhecimento científico; 2. a tomada de consciência sobre a necessidade de articular a eleição de metodologias com os corpos teóricos que os investigadores sustentam.

2. Projeção tecnocientífica. O campo da religação dos saberes.

O critério de confrontação de dualidade para facilitar a compreensão da realidade (realidade/ficção), da geração do conhecimento (verdadeiro/falso), da racionalidade científica e social e inclusive da moralidade (bom/mau) está perdendo vigência ante os novos olhares complexos e transdisciplinares, provenientes da epistemologia científica e da própria física. Assim, a arraigada confrontação entre ciência e arte, ou ciência e tecnologia, conhecimento científico e experimental, mente e corpo, onda e corpúsculo, não são excludentes, como tão pouco é a teologia e a física quântica. O olhar transdisciplinar se projeta na religação dos saberes, sendo a tecnociência a manifestação plausível de como o conhecimento científico e tecnológico precisam um do outro e de como se complementam. Mais ainda, as teorias mais avançadas precisam do suporte da informática como recurso de investigação. A física, a química, a biologia, a medicina, a astronomia e as engenharias são bons exemplos de como os avanços tecnológicos têm sido parceiros dos avanços científicos.

Esse encontro dos olhares não se limita à familiarização entre ciência e tecnologia, mas também se projeta nas ciências sociais e humanas. Assim, o conhecimento e a intuição podem contribuir na tomada de consciência de um Projeto de Universidade do Futuro, em que a investigação adotaria a forma de "encontros" autênticos, nos quais a razão e a emoção teriam sentido complementar. Uma maneira de generalizar conhecimento que amplie o campo das capacidades e estratégias, como, por exemplo, descobrir novas situações e redes relacionadas, trabalhar com contos e sonhos, desvendar os talentos escondidos, reconhecer o próprio e o diferente de cada um, ser agradecido à vida e às pessoas que facilitam nossa aprendizagem e crescimento. Talvez isso não seja fruto de um "conhecimento científico", mas implica um "saber" de ordem superior.

O conhecimento proporciona respostas, a sabedoria nos presenteia com perguntas e inquietudes por avançar em direção ao desconhecido, sabendo que teremos um fio para tecer os novos saberes relacionados. De que saberes falamos? O que os saberes científicos, profissionais, pessoais e vitais compartilham e em que diferem? Onde estão os limites do conhecimento? Como estabelecer prioridades na investigação e na formação? Quais seriam os critérios da nova racionalidade científica? Que consequências comporta a aceitação do terceiro incluído? Como distanciarnos com novos olhares mais amplos e mais globais, sem perder os detalhes que o tornam singular e diverso? Como colocar em prática uma educação transdisciplinar nos diferentes contextos e níveis educativos? Como abordar a inter-relação dos saberes no contexto atual do conhecimento disciplinar? Como explicar, em termos de energia ou vibração, tudo que sabemos e vamos descobrindo sobre a natureza, sobre a realidade e sobre nós mesmos? Como explicar a atividade mental, a criatividade, a formação, as emoções... em termos de fluxo de energia? As perguntas crescem geometricamente conforme avançamos em cada uma delas, tanto nas posições epistemológicas, como acadêmicas e educativas. A atitude *transdisciplinar* está aberta a perguntas e ao diálogo disciplinar.

Essas dúvidas e perguntas também se estendem ao *âmbito metodológico*. Esta complexidade conceitual gera um bom número de interrogações, indecisões e dúvidas no nível metodológico. No entanto, a disciplina imposta pelo procedimento não deve se opor à preservação da espontaneidade, ou pelo menos não da habitualidade com que contemplamos a produção de atos de comunicação, assim como as moléculas, que formadas por átomos, interagem entre si de forma variada e formam grupos de maior ou menor envergadura. Sem dúvida a perspectiva a partir da qual nos encontramos conceitualmente – sempre viável, mas sempre discutível – constituirá a referência que assume em cada caso a responsabilidade primária e vertebradora do planejamento efetuado.

Somente a inter-relação e a religação dos saberes podem nos ajudar a reconstruir essa teia complexa da realidade a partir do conhecimento; a realidade tanto pessoal como grupal, social, natural e espiritual. A inter-relação dos conhecimentos adquiridos e dos avanços tecnológicos. A física, a biologia, a genética, a neurociência, a astronomia, a medicina, apoiadas por novos saberes emergentes como a antroposofia ou a energia quântica em relação à vida e à saúde, à geociência, à psicologia transpessoal, à trans-história ou à teologia quântica, já estão ao alcance de todos através da Internet. Só falta se abrirem ao mundo acadêmico, científico e formativo como potencialidades curriculares. Como se diz na engenharia, trata-se de habilidades transdisciplinares nos estudos atuais, com visão de conjunto. Por exemplo: habilidades de engenharia para estudantes de ciências e habilidades científicas para estudantes de engenharia, juntamente com outras disciplinas.

3. Projeção ecossistêmica e meio ambiente. Relação ecológica sustentável.

Uma das considerações mais importantes do olhar transdisciplinar é a conexão entre o ser humano e o resto dos seres vivos e a natureza. A religação dos saberes citada acima tem sua correspondência hologramática entre o todo e o princípio de harmonia entre a natureza e o ser humano. Tudo o que ocorre na Terra surte efeito em nós e todas as ações executadas pelo homem terminam influindo na natureza.

A Ecologia é um novo campo da ciência que estuda as relações entre os seres da natureza e o meio em que vivem, a interdependência dos diferentes processos, o diálogo entre os seres animados e inertes; ou seja, um diálogo no seio do ecossistema. Somos fruto, pois, de um sistema de inter-relações entre o mundo interior e o exterior. Por isso o físico, o psíquico, o espiritual não são tão contrários como se faz crer, mas se complementam. O ambiente está formado por um conjunto de elementos físicos, biológicos, socioeconômicos e culturais que interagem de forma contínua. Pessoas e grupos humanos se encontram imersos em uma rede de interações, em que a modificação de alguns de seus elementos repercute nos demais.

A partir de um olhar transdisciplinar, o ser humano e o meio natural em que se desenvolve se complementam, se enriquecem e necessitam um do outro. A partir de uma visão ecossistêmica, o meio não só é um espaço de livre disposição, mas também um entorno cheio de possibilidades que podemos aproveitar ou colocá-lo de forma que se volte contra nós, como veremos mais adiante. O meio natural é um bem que nos enriquece, mas que inadequadamente utilizado pode se converter em praga. A partir dessa perspectiva, o meio é um aliado importante na formação. (Torre e Moraes, 2005)

Isso significa que o tema meio ambiente tem considerações científicas, socioculturais, políticas, econômicas, históricas, antropológicas, educativas e de saúde. Não é um simples campo do conhecimento, mas um espaço de encontro de múltiplos saberes intuitivos, científicos e tecnológicos. A eles temos de acrescentar o potencial criador da natureza devido a seu enorme potencial para se transformar, evoluir, reproduzir-se, recuperar-se das agressões; em resumo, gera sistemas novos e positivos.

Baseando-se precisamente nesse potencial, destacamos a necessidade de favorecer sua sustentabilidade. A ecologia se afunda na sociedade até chegar a ser um modo normal de entender a natureza e atuar para manter seu equilíbrio. Assim os hábitos individuais e coletivos e os produtos ou serviços demandados serão mais sustentáveis.

O cuidado com o meio ambiente não é cuidado de uns poucos, mas interesse de todos. Os políticos têm uma responsabilidade maior, já que devem promover leis condizentes com a proteção da natureza. Para não falar das empresas, que precisam eliminar os vestígios de contaminação; das indústrias e empresas de engenharias, que devem evitar ações abrasivas; dos pesquisadores, intelectuais e professores, já que a educação é a ação que se realiza no presente com olhos para o futuro.

A natureza nos brinda com os elementos básicos para poder sobreviver no planeta Terra. Proporciona-nos: 1) água e oxigênio; 2) recursos energéticos; 3) matérias-primas; 4) a pesca e a caça; 5) a fertilidade do campo; 6) a paisagem natural para desfrutar de nosso tempo; 7) o equilíbrio ecológico. A vida sobre a Terra é possível sem petróleo, energias artificiais, energia atômica e luz, mas não é possível sem água e oxigeno e sem a capacidade produtiva da terra e da limpeza atmosférica. É preciso tomar consciência desses dons e em particular da questão da água, que deverá ser um tema de preocupação política, educativa e meio ambiental. A água fala, e o faz através do fluxo de sua energia, de sua cristalização, de sua capacidade de concentrar informação e de seu poder de gerar vida.

Não há nenhuma dúvida de que a natureza reúne a sabedoria dos ritmos de desenvolvimento e troca. Quando o ser humano os interrompe bruscamente, interfere no processo natural, desequilibra e altera seu funcionamento e deteriora esse meio natural. É preciso conscientizar-se para impedir, na medida do possível, que as sete pragas destruam esse potencial. As sete pragas da natureza e do meio ambiente são: 1) contaminação terrestre; 2) contaminação atmosférica; 3) incêndios florestais; 4) degradação do meio; 5) esgotamento de recursos naturais; 6) desertificação; 7) catástrofes naturais ou provocadas. (Torre y Moraes, 2005)

Nós não só vivemos na natureza, mas também vivemos *dela* e *com* ela. Nossa vida depende da qualidade dessa relação. E é por isso que a educação do meio ambiente precisa mais atenção do que recebe, se considerarmos a natureza como a casa não só de nossa geração, mas também das que virão. A estratégia transdisciplinar é melhorar o presente olhando o futuro, e isso implica sustentabilidade.

4. Projeção social: consequências de uma Cidadania Planetária.

A transdisciplinaridade não é um mero movimento epistemológico, disciplinar ou cultural; é, antes de tudo, um novo olhar que tem sua projeção na vida e no âmbito social. Uma visão da realidade com repercussões no modo de conceber a cidadania, a identidade, a pertinência. Por isso a reflexão e as atitudes transdisciplinares levam a planejar um novo tipo de cidadania planetária, coerente com um saber relacionado.

No século passado, a excessiva especialização levou à fragmentação do conhecimento, perdendo o sentido do saber, do porquê e para quê do conhecimento adquirido e de sua ética. A luta de interesses por parcelas de poder tem fragmentado ainda mais os conhecimentos. A fragmentação do poder levou ao feudalismo na idade média e à concentração do mesmo em uma pessoa, às ditaduras e tiranias. As democracias às avessas de hoje levam os políticos a estabelecer fronteiras e discriminações que facilitam o seu controle e impedem que o cidadão exerça seu direito de circular livremente. São "ditaduras democráticas", aquelas em que um só o governante pode nos levar à guerra ou atuar contra a maioria da população, amparando-se em leis que elas mesmos criam. A balcanização é outra forma de agressão à cidadania planetária, que atende mais ao que nos une, do que ao que nos separa.

O direito à vida e o direito à liberdade são direitos inalienáveis da condição humana. Do mesmo modo, a cidadania planetária deve quebrar as fronteiras convencionais e reclamar o direito à igualdade, à livre circulação, às condições de uma vida digna como seres humanos. A obrigação dos políticos não é restringir direitos em troca da pseudossegurança, mas sim buscar saídas para manter esses direitos sem perder a convivência da paz. Porque essa nasce do reconhecimento dos outros, de seus valores e crenças, e não da imposição das leis e das armas. Quando as decisões afetam os seres humanos, devem ser inspiradas na sabedoria e no humanismo, e não na ciência ou na estatística. A terra é de todos, e o que é de todos é nosso e de quem a habita. Por esse motivo, devemos cuidar dela para as gerações de futuros cidadãos.

Sabemos que é uma utopia, mas cremos no poder da educação e dos poucos meios de comunicação livres. A "humanidade" da humanidade não tem direito, nem cidade, nem pátria, nem filosofia, nem lugares comuns onde depositar nosso pesar. "A era planetária deslocou os lugares comuns fazendo da herança e da incerteza nosso lugar comum." E isto começa a desenvolver uma nova consciência da identidade, de pertinência e de conservação. Da identidade como ser pertencente a um todo, de pertinência a uma cidadania de ordem superior, de conservação do meio para poder entregá-lo aos herdeiros em condições melhores do que quando as recebeu. É assim que determina a evolução cósmica, de modo que tudo o que existe tende a um ponto de melhoria e perfeição.

As ações e relações dessa cidadania planetária se embasariam na ética da compreensão caraterizada pelo "bem pensar" e pela aprendizagem conjunta, pela introspecção crítica, consciência da complexidade humana, abertura em relação aos demais e tolerância. "Devemos vincular a ética da compreensão entre as pessoas à ética da era planetária, que supõe a mundialização incessante da compreensão. A única e verdadeira mundialização é a de compreensão, solidariedade intelectual e moral da humanidade" (Morin, 2001).

Para E. Morin e para nós, a comunidade de destino planetário permite assumir e cumprir esta parte da *antropoética,* que diz respeito à relação entre o indivíduo e a espécie humana como um todo. Desse modo, a nova cidadania gera um tipo de ética mais universal, embasada no nascimento da Humanidade como consciência comum e de solidariedade entre os seres humanos e sua relação indissociável com a biosfera. Aceitar a cidadania planetária é aceitar que a humanidade não é uma mera noção ideal, mas sim uma comunidade de destino como qualquer comunidade com vínculos profundos, consciência de pertinência e ética.

Para Lovelock, antes de meados do século, grande parte da humanidade será expulsa de lugares cobertos pelos mares e de outros de onde a desertificação fará impossível a vida humana. A migração será um eixo irreversível, em que as fronteiras estabelecidas pelos países perderão o sentido, assim como as atuais disciplinas herdadas do século 20. A cidadania planetária é precursora da irmandade entre todos os seres.

5. Convivência e desenvolvimento humano sustentável: visão axiológica e de valores humanos.

O Decálogo sobre Transdisciplinaridade e Ecoformação está perfeitamente justificado num espaço de convivência e desenvolvimento humano sustentável. Por um lado, constitui uma das peças fundamentais para o funcionamento da sociedade. A manutenção da rede de convivência é a garantia para conseguir um equilíbrio entre confluências de interesses. Por outro, porque uma das manifestações da convivência, a comunicação humana, constitui um dos mais claros exemplos de transdisciplinaridade.

Os valores que podem justificar-se a partir da transdisciplinaridade e da ecoformação têm a ver com a antropoética, como foi dito anteriormente, e com a sustentabilidade de uma vida digna. Valores que têm a ver com a "condição humana", no sentido dado por Morin. Somos resultado do cosmos, da natureza, da vida, mas devido à nossa mente e à nossa consciência, tornamo-nos estranhos neste cosmos secretamente íntimo. É preciso novamente resgatar e permanentemente afiançar, transmitir e educar em todo lugar e época, com base em valores como a vida, a justiça, a igualdade, a ética pessoal, como uma forma de expressão da antropoética, da tolerância, do meio ambiente, da paz, da convivência entre crenças e culturas e do valor da harmonia; em suma, dos valores que nos devolvem a nossa humanidade, sem que precisemos renunciar aos avanços do conhecimento e da tecnologia. A eles cabe acrescentar outros *valores ecoformativos* encaminhados a formar cidadãos que valorizam, respeitam a natureza e promovem a melhoria social, cidadãos conscientes, comprometidos, criativos, livres, com projetos de vida, abertos ao saber, ao amor e à amizade, que têm a busca da felicidade como referência vital.

Educar implica, a partir de um olhar transdisciplinar

e ecoformador, valorizar, reconhecer, respeitar e outorgar confiança e credibilidade aos outros. Frente à cultura da desconfiança e do desprezo do tempo do outro, tão arraigada entre políticos e administrações públicas em relação aos cidadãos, é preciso ir ganhando terreno através da confiança que se adquire com a convivência. Uma cultura baseada na desconfiança entre administrações e administrados, ou entre cidadãos, leva ao isolamento e à perda da segurança.

A comunicação humana exerce um papel determinante na convivência e no desenvolvimento. Por isso deveria ocupar um posto chave não só na educação, mas também nas organizações e instituições que buscam o desenvolvimento humano sustentável. A topografia deste campo oferece uma perspectiva aberta no que se refere à eleição das unidades fundamentais, à identificação dos processos básicos e à atenção teórica e metodológica que deve prestar-se aos contextos comunicativos da vida cotidiana. As considerações dos sinais não verbais como unidades fundamentais da comunicação humana e o aumento dos estudos mais dotados de meios técnicos para observar, codificar e medir a conduta não verbal têm levado ao assentamento deste tópico como área de investigação com um perfil próprio, predominantemente orientado ao exame da conduta interpessoal.

A prioridade da agenda educativa nos próximos anos, concordamos com Moraes, terá de estar dirigida não só às questões relacionadas com os processos de construção do conhecimento e da aprendizagem, mas também às questões afetadas pela sustentabilidade ecológica, pela cidadania planetária como consequência da avaliação do pensamento, da inteligência e da consciência humana em uma perspectiva integrada. É preciso questionar a interculturalidade, a diversidade e o desenvolvimento pleno da consciência humana, pois a diversidade sustentável é, sem dúvida, uma das grandes preocupações de nosso tempo.

É preciso ir um pouco mais além do cultivo de uma coexistência pacífica ou passiva e caminhar em direção a uma coexistência ativa, conscientemente atuante, exercitando a participação, a solidariedade e a compaixão. Isso porque sabemos que existe interpretação sistêmica em termos de energia, matéria e informação, entre um e o múltiplo, entre o simples e o complexo, entre a unidade e a diversidade, afirma Moraes.

A ecoformação não nos exime de referências educativas, que são os próprios valores da humanidade e da sociedade em seus contextos específicos.

6. Projeção nas políticas sociais e trabalhistas: satisfação das necessidades humanas.

Um olhar "Trans" tem seus impactos e relevância além do conhecimento porque é uma maneira de saber, de saber fazer, de saber ser e estar em qualquer atividade humana. Isso significa que se projeta em toda política e planificação social, laboral e institucional para atingir o desenvolvimento humano em todas as suas facetas e necessidades básicas. O ser humano como encarnação de valores, necessidades e tendências se expressa individual e coletivamente através da cidadania. A cidadania em convivência seria a superação do individualismo produtivo e do socialismo em que a pessoa é submetida pelo sistema. Não falamos de política de partido, submetida exageradamente à ideologia, mas de uma maneira de conceber e gerir os recursos, levando em conta os valores humanos e sociais.

Assim, o olhar transdisciplinar estaria a favor de políticas sociais, institucionais, empresariais e trabalhistas, baseados no respeito, na convivência, na conservação dos meios naturais, na melhoria das condições de vida, no consumo razoável e em uma produtividade que não menospreze os direitos humanos. O Humanismo seria para nós a resposta política, social e educativa, um contraponto ou balanço com relação à globalização.

Não podemos ser alheios à globalização como uma manifestação da "aldeia global" dos meios de comunicação e das transações econômicas e empresariais. Mas a forma em que se está desenvolvendo apresenta consequências negativas para os setores mais fracos ou menos favorecidos. A globalização acrescenta a desigualdade entre pobres e ricos e por isso é preciso buscar alternativas políticas que, partindo da mundialização, favoreçam uma melhor distribuição da informação, dos recursos humanos e naturais, e de uma qualidade de vida sustentável.

Ter em mente este objetivo significa assumir um marco de valores que oriente um novo modelo de indivíduo. Um modelo em que os indivíduos apareçam como atores sociais que, a partir de posições de incertezas como atitude ética, social e política, tenham uma atitude aberta a trocas, e a partir daqui, atuem na busca de modelos de troca desde os princípios do pensamento crítico e da constante construção social (Roger, 1997). Trata-se de um modelo de indivíduo que se sabe social, mas ao mesmo tempo sabe que a sociedade é dos indivíduos. Com a consciência desta realidade, atua sobre sua comunidade como elemento construtor e ao mesmo tempo construído, em um diálogo constante que comporta o dinamismo a partir das incertezas (Roger, 1997). Um indivíduo com capacidade de reformar seu pensamento a partir de um posicionamento em que se contempla a ética do vínculo e da solidariedade entre indivíduos, a capacidade de pensar em conjuntos inter-relacionados em que a família, a perspectiva local, regional convergem... a partir de perspectivas cívicas elaboradas pelos próprios indivíduos (Morin, 2001).

O olhar transdisciplinar estaria a favor das políticas sociais, institucionais, empresariais e trabalhistas baseadas no respeito, *na igualdade de oportunidades*, na convivência, na conservação dos meios naturais, na melhoria das condições de vida, *na conciliação da vida profissional e pessoal*, em um consumo razoável e uma produtividade que não depreciassem nem os direitos humanos, *nem o bem-estar psicossocial* da pessoa.

Políticas e práticas como a responsabilidade civil corporativa, a gestão do conhecimento, a incorporação dos valores culturais e ecológicos aos processos de produção, gestão e prestação ou distribuição, entre outros, seriam instrumentos chave que usariam a transdisciplinaridade no saber, no fazer e no ser.

7. Projeção no âmbito da saúde e da qualidade de vida:em busca da felicidade.

Um dos valores humanos mais sagrados e inalienáveis é o direto a vida. Não falamos somente da vida física, mas também da vida mental, emocional e espiritual. Em uma civilização avançada do século 21, as necessidades vitais têm a ver com a dignidade humana, com a recusa da pena de morte e de todo tipo de tortura, com o respeito aos animais e ao meio ambiente. Destruir o meio é prejudicar a nós mesmos. Mas junto a estas formas de vida, é preciso remarcar o direito a formação e desenvolvimento de capacidades, a uma vida emocional livremente escolhida, a uma vida espiritual ou de crenças que não seja limitada em suas manifestações. Em suma, o direito a gozar a vida, a liberdade e a autonomia e buscar a felicidade. *O ser humano tem o direito de buscar sua própria felicidade*.

Um olhar nas antigas civilizações nos mostra que o

meio ambiente exercia um papel importante na vida e na saúde. Não somente nos proporcionava os recursos para viver, mas também para nos proteger das inclemências e das enfermidades. A ciência tem tornado a vida, a seguridade e a saúde cada vez mais técnicas, devido ao surgimento de impérios econômicos em torno da medicina e dos medicamentos e à proliferação de todo tipo de seguros de vida. Tem-se jogado com a ignorância das pessoas e os valores econômicos têm prevalecido sobre os humanos. Por isso, a partir desta teia que é a "Trans", queremos abrir novas alternativas à medicina tradicional e às formas de vida excessivamente desumanizadas, aglomeradas e expostas a enfermidades nos subúrbios das grandes cidades. Resgatar a "medicina das emoções" baseada na harmonia, o desenvolvimento de uma consciência positiva e o serviço comunitário desinteressado.

A harmonia como elemento de saúde. É preciso investir recursos na saúde preventiva, em educação para o consumo, em hábitos saudáveis de vida, que passam por uma alimentação equilibrada, por exercício corporal e pelo controle das emoções para evitar situações de estresse. Como disse D. Servan-Schreiber (2004), de acordo com antigas tradições, com atuais orientações da medicina alternativa e com o pensamento complexo, a chave da vida sã e saudável é *a harmonia.* Harmonia entre mente, emoções e corpo; harmonia nas relações com quem pensa e sente distintamente; harmonia entre a natureza e o meio urbano e de produção; harmonia entre os tempos de trabalho, de descanso e de relacionamento; harmonia entre as próprias potencialidades e as metas que aspiramos. Como vemos, a harmonia é uma condição importante para melhorar a qualidade de vida e resgatar a saúde perdida. E a felicidade é essa conquista da harmonia interior com as relações externas.

O poder do pensamento positivo coletivo. Se o pensamento e a palavra são capazes de mudar a estrutura de uma molécula de água e alterar a realidade, a intenção e a atitude positiva têm um poder e energia vibracional que é preciso considerar, estudar e utilizar. O pensamento ou a intencionalidade é o adiantamento do que se quer expressar e realizar. Essa função é cumprida pelos objetivos em qualquer plano de formação ou de execução. Traçar objetivos é iluminar metas ou caminhos aos quais nos dirigimos. Por isso, quando nos comprometemos cognitiva e emocionalmente com um projeto ou sonho, tudo ao nosso redor caminha na mesma direção. Ter intenções positivas sobre nossa vida e nossa saúde contribui para que esta melhore.

O valor do serviço comunitário generoso. As pesquisas estão demonstrando que a longevidade e a qualidade de vida têm a ver com o compromisso generoso com a comunidade, com a ajuda aos outros. Talvez nossa vida adquira um sentido mais profundo e ontológico ao sintonizar nossa humanidade com a dos outros. O fato de sentirmonos úteis para com os demais aumenta o desejo de viver e de nos mantermos saudáveis. O que chamamos estados de saúde ou enfermidade têm muito a ver com a harmonia interna, com o tipo de pensamento que predomina em nós e com a consciência da própria missão ou compromisso com os demais. Não é por acaso que somos seres que precisam uns dos outros e que se realizam com os outros. À luz destas ideias, as palavras de Servan-Schreiber fazem sentido: "*Aquele que participa de atividades comunitárias não só é mais feliz, como também goza de melhor saúde e vive mais do que os outros*" (2004, 232). O voluntariado é um remédio para o cérebro emocional quando se realiza com prazer. Tudo aquilo que realizamos com gosto e pensamento positivo favorece o sistema imunológico e portanto a qualidade de vida. A "Trans" nos abre a porta para pesquisar esses novos horizontes de vida, saúde e felicidade como fluxos de energia.

Dando sentido a essas descobertas, encontramo-nos com o movimento da *medicina energética* de que nos falam Deslauriers (2005), R. Gordon (2006), R. Torres (2006), baseada na inter-relação de campos de energia. Esta inter-relação bioenergética mantém sincronizadas as funções do corpo; quando essas relações se desequilibram, a alteração se manifesta em forma de enfermidade. "*O universo é uma massa gigante de energia; consequentemente nós, que fazemos parte do mundo, também somos energia em toda nossa concepção, seja o corpo físico, a mente ou o espírito*" (Torres, p.21).

O ser humano desenvolve melhor seu destino de crescimento interior, de melhoria social e de meio ambiente sustentável, quando alcança níveis mais altos de bem-estar e felicidade. Não é à toa que Simón Bolívar afirmava que os governantes têm a responsabilidade de contribuir com uma cidadania feliz.

8. Projeção nas reformas educativas: formar cidadãos na sociedade do conhecimento.

O olhar transdisciplinar se apóia no passado e toma impulso no presente para explorar o futuro. O novo paradigma ecossistêmico em que se apóia o olhar transdisciplinar e a ecoformação proporciona certas chaves para as futuras reformas educativas. Todas elas foram devedoras do paradigma e ideologia dominantes, e por que não dizer, do Banco Mundial, no que diz respeito aos recursos para colocá-las em prática. Em toda reforma subentende-se uma visão do ser humano, uma pressão social e midiática, uma ideologia política e uma concepção psicopedagógica. Uma reforma é a confluência ou mediação entre a utopia e a realidade. Por isso consideramos que as futuras reformas deveriam ter como referência os diretos inalienáveis dos seres humanos, a realidade social contextualizada em cada comunidade e os princípios psicopedagógicos que derivam de um enfoque ecossistêmico.

A sociedade da informação e do conhecimento está regida pelo domínio das comunicações e da vibração mental sobre as matérias primas e sua transformação. Os bens de uma sociedade da quarta onda (a onda quântica) não são mais a matéria prima, mas sim a criatividade e competência de seus membros para enfrentar problemas e melhorar as condições de vida de maneira sustentável, respeitando a natureza e estando atentos aos sinais do meio. A informação está ao alcance de todos já desde a idade prematura. Portanto não podemos rotular a educação pela aquisição de conhecimentos, mas sim pelo desenvolvimento de valores, atitudes e habilidades para administrar a informação que nos chega, para aprendermos a nos relacionar, a nos solidarizar, a crescer interiormente, ou seja, a ser cidadãos éticos e felizes.

Toda reforma deve ter pelo menos uns 60% de utopia para que caminhe em direção ao futuro e não se estanque na problemática do presente. O melhor das reformas educativas é aquilo que não se chega a alcançar, mas funciona como motor de troca. São essas ideias e aspectos inovadores que colocam em marcha os mecanismos de uma formação continuada, de uma atualização permanente.

Enumeramos algumas destas referências:

– O *humanismo* como alternativa da globalização, fixando metas que tenham a ver com o mais profundo e universal do ser humano, com valores e direitos a liberdade e equidade, de acordo com a dignidade e solidariedade humana, com a democracia e a convivência na multiculturalidade. A educação projetada nas futuras reformas deveria ter como finalidade formar pessoas éticas, saudáveis, competentes e autônomas, capazes de crescer interiormente e na relação com os outros e formar profissionais somente nos níveis superiores.

– *A cidadania planetária* como identidade do pensamento humanista, com relação ao respeito às diferenças culturais e de outros tipos. A diversidade é riqueza. Uma educação moderna deve formar pessoas autônomas, independentes, críticas e criativas, capazes de construir seu projeto de vida, de participar na comunidade e buscar a felicidade onde considerarem apropriado. As fronteiras construídas pelas nações e/ou estados são artificiais, assim como as áreas de conhecimento. Foram úteis no paradigma da racionalidade cartesiana, mas não no da complexidade. A Terra não pertence às Administrações nem aos Estados, mas aos cidadãos enquanto seres humanos, sem outras limitações além daquelas inerente às pessoas. Essa utopia é a que reivindicamos neste documento, esperando que cada vez mais países sigam o exemplo da Comunidade Europeia.

– *A ecoformação* como expressão do olhar transdisciplinar nos oferece uma visão dinâmica, interativa, ecossistêmica da educação, contemplando ao educando como parte de um todo social e natural. "Entendemos a ecoformação como uma maneira sistêmica, integradora e sustentável de entender a ação formativa, sempre na relação com o sujeito, a sociedade e a natureza. O caráter de sustentabilidade só é possível quando se estabelecem relações entre todos os elementos humanos" (Documento Trans). A ecoformação é uma maneira de buscar o crescimento interior a partir da interação multissensorial com o meio humano e natural, de forma harmônica, integradora e axiológica. Buscando ir além do individualismo, do cognitivismo e utilitarismo do conhecimento. Partindo do respeito à natureza (ecologia), levando os outros em consideração (alteridade) e transcendendo a realidade sensível.

Incorporar os *cenários formativos* de aprendizagem sem abandonar o currículo como organizador conceitual. Este insiste em intenções e conteúdos formativos, enquanto que os cenários são espaços de encontro em que fluem intenções, conteúdos, agentes, recursos, que interagem para facilitar a execução das metas estabelecidas e outros objetivos não previstos. "É um espaço para comunicar, para explorar ideias, emoções, sentimentos, conceitos novos, habilidades e, por que não, processos de indagação científica" (Torre, 2007). Os cenários formativos permitirão o diálogo disciplinar através das linguagens mais variadas: verbal, simbólica, musical, visual e plástica, corporal, situacional, virtual. Enquanto estratégias educativas, os cenários levam em consideração: a tomada de consciência, o sentir ou vivenciar, pensar, aplicar e integrar.

– *As tradições de conteúdos curriculares* seriam abordadas como estratégia para o desenvolvimento das capacidades, competências, habilidades e hábitos, de acordo com os valores humanos, sociais e culturais. Os conteúdos curriculares se organizariam em torno de grandes temáticas interdisciplinares e dos cenários de aprendizagem em que convergem agentes, referentes axiológicos e contextuais, conteúdos culturais, recursos telemáticos e de outra índole, encaminhados de acordo com as finalidades estabelecidas.

– *Autonomia dos centros*, tanto no que diz respeito ao planejamento como à gestão de pessoas e recursos baseados em projetos educativos.

– *A mediação pedagógica e didática* baseada no reconhecimento e no estímulo positivo, sobre as bases das referências de valor. A formação de hábitos, de procedimentos, de referências éticas deveria estar presente em todo processo educativo.

– *A formação através dos entornos virtuais* será uma referência estratégica imprescindível na educação do futuro. Se hoje é uma alternativa a mais, em um futuro próximo fará parte de qualquer sistema de educação presencial.

Grande parte da informação que hoje temos nos livros, em texto, será acessível em qualquer lugar, com a vantagem de sua permanente atualização, facilidade de acesso, intercâmbio cultural. A aprendizagem através de entornos virtuais favorece a educação intercultural, ao colocar à disposição valores, costumes e crenças com suma facilidade.

– *A ecoavaliação* abriga o sentir integral e valorizado dos processos e resultados da ecoformação. Leva em consideração não só o aprendido, mas também as circunstâncias do processo de aprendizagem. A ecoavaliação é integral, participativa, contextualizada, dirigindo seu olhar tanto para o reconhecimento de capacidades e resultados, como para os aspectos susceptíveis de melhoria. A ecoavaliação utiliza a aprendizagem através dos erros.

– *A formação dos professores.* O olhar transdisciplinar tem o objetivo de formar professores com competências próprias de seu entorno profissional e talvez como membros da comunidade constituída em uma nova cidadania. A formação do professor tem um forte componente da educação cidadã. Uma educação sempre ligada a análises que se faz das características do contexto social econômico e político do momento. Nesse ponto, uma competência básica na formação de professores é a capacidade de entender a vida a partir de uma visão criativa e ativa, em que se integram novas formas de abordar os fenômenos a partir da construção coletiva de novas maneiras de sentir, pensar e atuar (Pujol, 2003).

– *A aprendizagem ao longo de toda a vida,* a partir de uma perspectiva transdisciplinar, apontaria recursos para o desenvolvimento e autogestão permanente da pessoa. Dada a rapidez das trocas originadas pelas novas tecnologias, o avanço do conhecimento e seu impacto na sociedade, é preciso preparar-se, desde a idade prematura, para uma aprendizagem continuada ao longo da vida.

A educação fundamental e obrigatória tem de garantir os ensinamentos instrumentais, socioafetivos e atitudinais para uma aprendizagem autônoma permanente. As reformas educativas têm de superar o marco tradicional dos ensinos regulares.

– *Os recursos pessoais, didáticos, materiais e econômicos* devem ser pilares fundamentais de toda reforma educativa, já que deles dependerá a formação e a atualização docente. Descuidar da formação inter e transdisciplinar dos educadores seria como construir uma nova educação sem bases nem fundamentos sustentáveis. Por isso, toda reforma educativa de acordo com os avanços tecnocientíficos, sociais e humanos tem de começar com a tomada de consciência dos princípios enunciados neste Decálogo e da preparação dos coletivos docentes universitários e não universitários. Sem uma preparação prévia, a reforma não alcançará seu objetivo de educar com base na cidadania planetária.

9. Projeção na educação: responder a uma formação integradora, sustentável e feliz. (educação infantil, ensino fundamental, médio e universitário)

A fragmentação do conhecimento nos tem levado a modelos de formação também fragmentados e dispersos, em que às vezes imperam as formas, os conteúdos, a burocracia a despeito do próprio sentido da formação, traduzida em crescimento pessoal, desenvolvimento da consciência comunitária, valores ético-profissionais, convivência e cidadania. Não há formação adequada sem uma formação simultânea de valores e capacidades e competências. Formar é uma tarefa global entre o sujeito e os agentes de seu entorno, entre eles o educador, o grupo, o ambiente, o meio. Os modelos derivados de uma ciência positiva não têm levado em consideração o meio ou entorno entrelaçado com outros condicionantes pessoais e grupais. De acordo com Pineau, a formação sob um olhar transdisciplinar se converte em ecoformação, isto é, em formação integradora daquilo que nos rodeia, incluindo o meio natural do qual fazemos parte. Influenciamos o tempo que nos influencia.

O mundo é um espaço de conflito de interesses, onde o diálogo entre antagonismos aparece como motor que estimula a criação de novas emergências. Um mundo que está por ser escrito e para o qual a educação pode fornecer as chaves para criar um mundo planetário de humanidade e de irmandade, com o qual muitos sonham para as gerações futuras. A educação é a chave para que essa nova cidadania planetária regida pela convivência, harmonia e paz se torne realidade.

Para isso é preciso não só reencantar a educação, mas também reinventar a geração e o sopro criativo regenerador da própria vida, e resgatar este sopro nos mais diversos ambientes educativos, para que possamos educar as próximas gerações e sobreviver enquanto espécie.

Pensar em uma nova educação implica planejar a necessidade de projetar, utilizar e avaliar os recursos que a tornariam possível. Implica apostar na inovação sem renunciar à própria bagagem cultural. Buscar estratégias que comportem diferentes linguagens (arte, música, poesia, teatro, cinema...) para conectar a mente, a emoção e o corpo. Favorecer o desenvolvimento de uma linguagem própria da complexidade, em que se façam relevantes as ações como expressão de processos e as perguntas como porta de entrada da curiosidade e do pensamento crítico. Supõe optar por modelos explicativos que partam das relações, que apostem na identificação de padrões dentro de entornos holísticos. Demanda, portanto, o objetivo de buscar recursos didáticos que permitam enfatizar as relações, a presença do acaso, a causalidade circular e o dinamismo como formas de se aproximar do estudo da natureza, da sociedade e da pessoa.

É necessário refletir sobre a capacidade que a infância tem de reagir em entornos específicos, tanto no que diz respeito aos fatores de influência das relações pais/educadores nos programas de inclusão infantil, em um marco ecológico, quanto nos problemas de saúde do meio ambiente, que devem ser abordados a partir de uma perspectiva ecossistêmica, dada a grande variedade de dimensões da realidade correspondente (ecológica, cultural, econômica...).

Por um lado, uma aproximação ecossistêmica das estratégias utilizadas na intervenção socioeducativa deverá oferecer uma alternativa eficaz aos métodos tradicionais aplicados no meio escolar. Trata-se de dar importância ao "modelo clínico" de intervenção, pois este impede, de uma forma ou de outra, a participação de todos aqueles que não fazem parte do grupo de especialistas. Assim, é preciso superar os fracassos do "remédio" individual, já que os agentes implicados na interação ecossistêmica não são identificados (pais, alunos, professores), fazendo com que os problemas e as dificuldades apareçam depois de um tempo como novos subsistemas problemáticos. Por outro lado, há a necessidade de explorar coletivamente a dimensão sociocultural dos problemas do meio ambiente nos centros educativos, na sua relação com o território, grupos e práticas geradas.

Do ponto de vista da ecologia social da Organização, J. López (2005, 16) afirma que as escolas, infantil e fundamental, os institutos e as universidades são instituições nucleares de nossa sociedade, mas são também sensíveis e vulneráveis à transformação social.

10. Projeção nas organizações e no estado do bem-estar: formas de auto-organização e dimensão ética e social.

Considerando o contexto estrutural complexo (no plano tecnológico, econômico, social e político) em que se desenvolvem as organizações, o olhar transdisciplinar surge como um recurso vital para responder às diversas questões a serem enfrentadas.

O pensamento Trans tenta integrar o subjetivo com o coletivo e o social, como dimensões ou subsistemas complementares da realidade. O impacto transdisciplinar afeta não só os sujeitos, mas também as organizações. Por isso, chamamos a atenção sobre a necessidade de as organizações, tanto públicas como privadas, buscarem formas de se autorregulamentarem na tomada de decisões, em sua execução e avaliação a partir de perspectivas transdisciplinares. Já não são úteis as organizações rígidas incapazes de se adaptar às flutuações do entorno. Os novos objetivos de nosso tempo demandam flexibilidade fundamentada em critério. Pedem às organizações uma estrutura capaz de se auto-organizar, tomando como ponto de referência os fenômenos que lhes são significativos. Nosso tempo necessita de equipamentos de trabalho abertos à flexibilidade. Capazes de renunciar ao individual, no que diz respeito à pessoa, ao equipamento e ao departamento, para então avançar em direção ao coletivo. De forma que cada nova flutuação suponha um estímulo à elaboração de novas respostas com a finalidade de intervir no meio. Assim, cada organização se converte em uma entidade complexa, capaz de assumir sua ação como estratégia e de definir seu itinerário evolutivo assumindo um componente significativo de casualidade.

É preciso reivindicar a dimensão social e ética de todas as organizações. Isto remete ao ponto 4, onde a projeção social nos leva a definir a cidadania em suas diferentes escalas, desde a individual, familiar, local, profissional... até a social. Toda organização se encontra escalonada dentro do contexto global. Não se pode, portanto, renunciar à relação entre o todo e as partes, que faz com que toda ação tenha consequências tanto no nível micro (local, equipamento, humano...), como macro (economia estatal e global, meio ambiente...). A partir desse ponto de vista já não funcionam as organizações que renunciam à sua dimensão ética e social, pois renunciam a elas mesmas e a sua expectativa de futuro. É preciso, portanto, avançar em direção a organizações que tomem como núcleo orientador o conceito de processo que se desenha em um eixo temporal, a partir da interação permanente entre diversidade de escalas que vão do macro ao micro.

Um aspecto relevante das organizações humanas entendidas como sistemas complexos e autopoéticos é a comunicação. O fenômeno organizativo, escreve López Yáñez (2005, 233), surge onde os seres humanos vivem e realizam tarefas conjuntas, independentemente do grau de planejamento e desenvolvimento das mesmas. Trata-se de um fenômeno que produz a si mesmo e cuja natureza é essencialmente comunicativa. "O sistema social de uma organização está formado pelo sistema comunicativo, que tem a organização como contexto."

Assim, entende-se que o estado de bem-estar de uma organização, sociedade ou comunidade, surge do *acoplamento estrutural* (Maturana) entre os componentes de uma organização, a ética e as aspirações de seus membros. Isto é, da harmonia estrutural, interpessoal e de funcionamento que permitirá uma evolução em direção a metas compartilhadas. Sem uma correspondência ética das ações, o desajuste chegará cedo ou tarde, e com ele a perda do estado de bem-estar, tal como vemos que está ocorrendo com a ruptura do equilíbrio do meio ambiente. Somos únicos no ambiente social, em relação com a natureza e com o cosmos. A desarmonia gera enfermidade e ampla autodestruição. A ética é um excelente regulador desta harmonia pessoal, social e planetária.

Essa unidade e religação do ser humano com seu entorno natural, social e planetário é defendida e argumentada por Bruce Lipton (2007) a partir de planejamentos subatômicos e quânticos, organizativos, sociais e microcósmicos. Vai ainda mais além ao mostrar de que modo a crença é capaz de liberar o poder da consciência, da matéria e do espírito. Que a partir da biologia e da medicina apareçam estas conexões entre a biologia genética e as crenças arraigadas no mais profundo do ser humano, através de pautas sociais, um horizonte novo para quem trabalha nos âmbitos sociais, da educação ou da saúde. O princípio darwiniano da competitividade como meio de sobrevivência (o êxito na vida) cede lugar à cooperação. "São nossas crenças que controlam nosso corpo, nossa mente e nossa vida" (p.36). Esse biólogo chega inclusive a afirmar que os pensamentos positivos têm um intenso efeito sobre o comportamento e os genes, mas somente quando estamos em harmonia com a programação subconsciente (p.38). Daí a importância de uma educação responsável (familiar e escolar), já que a criança absorve e armazena em seu subconsciente essas pautas sociais como forma de potencial de energia, que vai determinar nosso bem-estar ou infelicidade na vida.

Documento elaborado a partir do I Congresso Internacional de Inovação Docente: TRANSDISCIPLINARIEDADE E ECOFORMAÇÃO, com a colaboração, revisão e aceitação, entre outros, de:

Edgar Morin (CNRS, França), S. de la Torre (UB, Espanha), M. C. Moraes (PUC/SP, Brasil), M. A. Pujol (UB, Espanha), R. D. Motta (CIUEM y IIPC, Argentina), G. Pineau (U. Tours, França), E. Roger Ciurana (U. Valladolid, Espanha) J. Tejada (UAB, Espanha), J. Mallart (UB, Espanha), T. Anguera (UB, Espanha), I. Fazenda (PUC/SP, Brasil), J. Bonil (UAB, Espanha); J. Lloveras (UPC, Espanha); F. Calvo (UB, Espanha). A. Aneas (UB, Espanha), C. Carreras (UB, Espanha), D. Millan (UB, Espanha), P. García González (OSCM, Espanha), G. Sanz (UB, Espanha).

Maio de 2007

Síntese: TransDisciplinaridade e Ecoformação

As principais ideias expressas neste Decálogo de intenções e propostas educativas e sociais poderiam ser resumidas da seguinte forma:

1. *Construção do conhecimento*. O olhar transdisciplinar parte do conhecimento adquirido, mas vai além do dado empírico ao explorar a realidade, em seus diferentes planos e níveis, desde considerações ontológicas, epistemológicas e metodológicas, de foram interativa e relacional, levando em consideração o que *se sabe, se sente, se vive.* É reflexão, é método, é ação formadora e é atividade que busca uma melhor compreensão do mundo e da vida. A transdisciplinaridade fala daquilo que está entre as disciplinas, através delas e além delas. Esse olhar determinará uma nova

forma de pesquisar, de construir o conhecimento, tanto na intenção e no sentido ético, quanto no método enquanto estratégia ecossistêmica de busca da compreensão.

2. *O campo da religação dos saberes.* A separação entre ciência, arte e tecnologia, que caracterizou boa parte do desenvolvimento científico do século 20, está sendo superada pelo olhar transdisciplinar. A tecnociência é a primeira manifestação desse encontro entre saberes com tradições e metodologias de investigação distintas. Somente a inter-relação e religação dos saberes podem nos ajudar a reconstruir, a partir do conhecimento, esta teia complexa da realidade; a realidade tanto pessoal, como grupal, social, natural e espiritual. As ciências humanas, sociais, artísticas, progridem calcadas nos avanços tecnológicos, assim como as chamadas ciências duras. As ciências sociais trazem, por sua vez, sentido e ética.

3. *Relação ecológica sustentável.* Um dos pilares do desenvolvimento humano e de sua evolução cultural e espiritual através do tempo é a sustentabilidade. Não basta fazer propostas de melhoras pontuais, mas é preciso reforçar a sustentabilidade do desenvolvimento humano e a melhoria das condições de vida. Isso é aplicável principalmente na conexão entre o ser humano e o resto dos seres vivos e da natureza. Uma religação sustentável ecológica significa adotar medidas políticas, econômicas, sociais e educativas sobre o respeito e conservação equilibrada do meio ambiente. O cuidado com o meio ambiente deveria ser uma preocupação de todos. Não só vivemos na natureza, como também *da* e *com* a natureza. Nossa vida depende da qualidade dessa relação.

4. *Cidadania planetária.* O olhar Trans não é um mero movimento disciplinar ou cultural, mas uma nova maneira de pensar, sentir, perceber a realidade e agir, que se projeta na vida pessoal, profissional e social. É por isso que

essa religação ecológica entre o indivíduo, a sociedade e a natureza tem suas consequências em uma cidadania planetária que compartilhamos como seres humanos dotados de direitos e liberdades. O direito à vida, à liberdade, à igualdade diante da justiça, à mobilidade, são direitos inalienáveis da condição humana. O ser humano, enquanto encarnação de valores, necessidades e tendências se expressa individual e coletivamente através da cidadania, um conceito baseado na liberdade e na autonomia, combinadas com responsabilidade.

5. *Visão axiológica e de valores humanos*. Conscientizar-se desta cidadania planetária é um passo fundamental para a conquista da convivência, superando diferenças de crenças, ideologias, culturas. A comunidade de destino planetário permite assumir e cumprir essa parte da *antropoética,* no que diz respeito à relação entre o indivíduo e a espécie humana como um todo. Isso se desdobra no reconhecimento de valores que é preciso incorporar a projetos sociais e educativos, tais como: o direito e a defesa da vida, a justiça, a igualdade, a tolerância, o meio ambiente, a paz, a convivência entre crenças e culturas diferentes, o valor da harmonia. Ou seja, os valores que nos levam de volta à nossa humanidade, sem que por eles precisemos renunciar aos avanços do conhecimento e da tecnologia.

6. *Satisfação de necessidades humanas, sociais e trabalhistas*. O olhar transdisciplinar estaria a favor de políticas sociais, institucionais, empresariais e trabalhistas baseadas no respeito, na convivência, na conservação dos meios naturais, na melhoria das condições de vida, no consumo razoável e em uma produtividade que não menospreze os direitos humanos *nem o bem-estar psicossocial* do indivíduo. O humanismo seria para nós a resposta política, social e educativa que funcionaria como contraponto ou balança à globalização. Transdisciplinaridade é satisfazer as neces-

sidades humanas, sociais e trabalhistas, ao mesmo tempo em que transcende os valores materiais para se abrir às necessidades de ordem superior, intelectuais, emocionais, estéticas, espirituais.

7. *Saúde e qualidade de vida: na busca da felicidade.* A felicidade almejada por todo ser humano de um forma ou de outra tem a ver com a harmonia interior e o equilíbrio entre aspirações e necessidades. A saúde é fruto dessa harmonia. Cada um busca esse bem-estar permanente, com metas diferentes. A harmonia consigo mesmo e com o meio é uma condição importante para melhorar a qualidade de vida e resgatar a saúde perdida. O pensamento positivo, a consciência construtiva, entendidos como energia, são potencializadores desse bem-estar que buscamos. Ter intenções positivas sobre nossa vida e saúde contribui para a sua melhoria, inclusive segundo a neurociência. Criar campos de energia positiva é a melhor maneira de manter e aumentar o equilíbrio e harmonia entre o eu, os outros e a natureza. Se de fato o universo é uma grande massa de energia, então, "*como fazemos parte do mundo, também somos energia, seja nosso corpo físico, nossa mente ou nosso espírito*". Por isso deve haver saúde também no âmbito social e da natureza. O ser humano desenvolve melhor sua trajetória de crescimento interior, melhorias sociais e de meio ambiente sustentável quando alcança níveis mais altos de bem-estar e felicidade.

8. *As futuras reformas educativas. Formar cidadãos na sociedade do conhecimento.* O olhar transdisciplinar se apóia no passado e ganha impulso no presente para explorar o futuro. Da sociedade agrícola (1ª onda) passou-se à sociedade industrial (2ª onda), com todos os avanços científicos e com a ruptura do equilíbrio natural, indo desta para a sociedade da informação (3ª onda). Os bens de uma sociedade da quarta onda (a onda quântica), não são

mais a matéria prima nem a comunicação, mas sim a energia mental, a criatividade e competência de seus membros para enfrentar os problemas e melhorar as condições de vida de maneira sustentável, respeitando a natureza e ficando atentos aos sinais do meio (M. Resnick). Algumas das referências para preparar cidadãos nesta sociedade do conhecimento e da criatividade são: o resgate do humanismo, a cidadania planetária, a ecoformação como expressão de uma educação baseada na vida, a mediação social, pedagógica e didática, os campos de formação e entornos virtuais de aprendizagem, a formação interativa dos professores, a aprendizagem ao longo da vida.

9. *Educar para o futuro.* Não podemos continuar educando com os métodos de ontem os alunos que viverão no amanhã. A fragmentação do conhecimento nos levou a modelos de formação também fragmentados e dispersos, em que às vezes são privilegiadas as formas, os conteúdos, as burocracias, a despeito do próprio sentido da formação, que é o crescimento pessoal, o desenvolvimento da consciência comunitária, os valores ético-profissionais, a convivência e a cidadania. A formação sob o olhar transdisciplinar converte-se em ecoformação, isto é, em formação integradora daquilo que nos rodeia, incluindo o meio natural do qual fazemos parte (Pineau). Influenciamos o tempo que nos influencia. As sociedades passadas basearam a educação no conteúdo e na disciplina. As gerações futuras devem centrar sua atenção nos referenciais culturais e de valor (saberes e metas), no reconhecimento para extrair o melhor de cada um, na autotélica ou desfrute do desempenho das tarefas (emocional) e na polivalência dos recursos, estratégias e sistemas de valorização. Educar para o futuro é educar a partir da vida. Somente a partir dela poderemos reencantar novamente professores e alunos. O lema será: *conhecimento com reconhecimento*.

10. *Organizações e estado de bem-estar. Dimensão ética e social*. O pensamento Trans tenta integrar o subjetivo ao coletivo e social, como dimensões ou subsistemas complementares da realidade. O impacto transdisciplinar afeta não somente os sujeitos, mas também as Organizações. As organizações rígidas já não são úteis, incapazes de se adaptar às flutuações do entorno. As novas organizações se caracterizam pela flexibilidade baseada em critério. Os conceitos de aprendizagem e criatividade também se aplicam a elas, enquanto sistemas auto-organizados complexos, com metas, dinâmicas, interatividade e inter-relações, conectados com o meio e em permanente desenvolvimento. Mas o que melhor define sua funcionalidade é a comunicação que vai de dentro para fora. "O sistema social de uma organização se forma a partir do sistema comunicativo, que tem a organização como contexto" (J. López). Toda organização e/ou escola com projeção de futuro tem uma dimensão ética e social à qual não pode renunciar, pois seria como renunciar à sua projeção. Assim, conclui-se que o estado de bem-estar de uma organização, sociedade ou comunidade surge do *acoplamento estrutural* (Maturana) entre os componentes de uma organização, a ética e as aspirações de seus membros.

Esta unidade e religação do ser humano com seu entorno natural, social e planetário é defendida pelo biólogo B. Lipton a partir da pesquisa celular e subatômica, social e humana, chegando a afirmar de que modo a crença é capaz de libertar o poder da consciência, da matéria e do espírito. A transdisciplinaridade e a ecoformação abrem uma nova porta para a realidade e para o conhecimento: os campos de energia.

REFERÊNCIAS

DESLAURIERS, P. (2005) *Zona de alta frequência. As seis características dos grupos altamente eficientes*. Rio de Janeiro: BestSeller.

GARCÍA P. (2007) Realidad, libertad y proyecto de vida. En Torre, S. (Dir); Pujol, M. A. y Sanz, G. (Coord) (2007) *Transdisciplinariedad y ecoformación. Una nueva mirada sobre la educación*. Madrid: Uiversitas.

GORDON, R. (2006) *El toque cuántico*. Málaga: Sirio.

LIPTON, B. (2007) *La biología de la creencia. La liberación del poder de la conciencia*. Madrid: Palmyra.

LOPEZ YAÑEZ, J. (2005) *La ecología social de la organización*. Madrid: La Muralla.

MATURANA, H. (2000) *Transformación en la convivencia*. Santiago: Dolmen Ediciones

MORAES, M. C. (2003) *Educar na biologia do amor e da solidariedade*. Petrópolis/RJ: Vozes.

MORAES, M. C. (2004) *O pensamento eco-sistêmico: educação, aprendizagem e cidadania no século XXI*. Petrópolis/RJ: Editora Vozes.

MORAES, M. C. (2007) Interdisciplinariedad y Transdisciplinariedad en la educación. Fundamentos ontológicos y epistemológicos. En Torre, S. (Dir); Pujol, M. A. y Sanz, G. (Coord) (2007) *Transdisciplinariedad y ecoformación. Una nueva mirada sobre la educación*. Madrid: Universitas.

MORIN, E. (2001), *Tenir el cap clar,* Barcelona, La Campana.

MORIN, E. (2003) *Los siete saberes necesarios para una educación de futuro*. Barcelona: Paidós. (*Os sete saberes necessários à educação do futuro*. São Paulo: Cortez.)

MORIN, E. (2004) *A religaçao dos saberes*. Rio Janeiro: Bertrand.

MORIN, E., ROGER-CIURANA, E., MOTTA, R. (2003). *Educar en la era planetaria*. Barcelona: Gedisa.

MOTTA, R. (2006) *Complejidad, educación y transdisciplinariedad*. Monterrey: ENS Moisés Sanz.

PUJOL, R. M (2003) *Didàctica de las ciencias en la educación primaria*. Madrid: Síntesis Educación.

ROGER, E. (1997) *Complejidad, Identidad, Relativismo cultural y individuo* [en línia], <http//:www.complejidad.org>.

SANZ, G. Y TORRE, S. DE LA (2007) Declaración de Barcelona: Transdisciplinariedad y educación. En Torre, S. (Dir); Pujol, M. A. y Sanz, G. (Coord.) (2007) *Transdisciplinariedad y ecoformación. Una nueva mirada sobre la educación*. Madrid: Universitas.

SEVAN-SCHREIBER, D. (2004) *Curación emocional*. Barcelona: Kairós.

TORRE, S. MORAES, M. C. (2005) *Sentipensar. Fundamentos y estrategias para reencantar la educación*. Málaga: Aljibe. (*Sentipensar – Fundamentos e estratégias para reencantar a educação*. Petrópolis/RJ: Vozes.)

TORRE, S. (Dir) PUJOL, M. A. SANZ, G. (Coord.) (2007) *Transdisciplinariedad y ecoformación. Una nueva mirada sobre la educación*. Madrid: Universitas.

TORRE, S. DE LA y GONZÁLEZ, M. (2007) Escenarios. Una estrategia ecoformador. En Torre, S. (Dir.); Pujol, M. A. y Sanz, G. (Coord) (2007) *Transdisciplinariedad y ecoformación. Una nueva mirada sobre la educación*. Madrid: Universitas.

TORRES, R. V. (2006) *Universo cuántico. Fundamentos científicos de la mecidita energética*. Barcelona: Índigo.

Capítulo 2

Interdisciplinaridade e Transdisciplinaridade na Educação. Fundamentos Ontológicos e epistemológicos, Problemas e Práticas

Maria Cândida Moraes
PUC/São Paulo, Brasil

INTRODUÇÃO

No nosso trabalho cotidiano na Universidade, observamos que a grande maioria dos trabalhos apresentados sobre interdisciplinaridade e transdisciplinaridade é desenvolvida sem praticamente nenhuma referência à dimensão ontológica que caracteriza o paradigma, sendo que é ela que proporciona a sua devida sustentação teórica, epistemológica e metodológica. Na maioria dos enfoques elaborados, são trabalhados os aspectos teóricos e metodológicos relacionados com a interdisciplinaridade ou a transdisciplinaridade, porém não são estabelecidas relações sobre a natureza da realidade que fundamenta a emergência desses princípios ou macroconceitos tão importantes nos processos de construção do conhecimento. É como se a Inter ou a Transdisciplinaridade surgissem como consequência de um processo evolutivo natural da ciência, ao tentar superar o conhecimento objetivo e disciplinar fragmentado da realidade.

Hoje, mais do que ontem, sabemos que os princípios, teorias, conceitos e metodologias, seja de natureza inter ou transdisciplinar, não são uma mera consequência de uma mudança paradigmática qualquer ou de um desdobramento de um modelo positivista da ciência. Ao contrário, o paradigma positivista da ciência, como escola filosófica que defende determinados pressupostos teóricos sobre a concepção do mundo e do modo de conhecê-lo, nada tem a ver com a inter ou transdisciplinaridade, pois esses conceitos, surgidos nas décadas de 60 e 70 respectivamente, buscavam a superação da visão reducionista e fragmentada da natureza da realidade. Naquela época, predominava uma visão do real como se fosse algo estável, previsível, uniforme e ordenado, algo que deveria ser explicado, controlado e profetizado, capaz de gerar um conhecimento objetivo, disciplinar, neutro, simplificado e progressivo, livre dos valores subjetivos e dos contextos.

Sabemos, portanto, que os conceitos Interdisciplinaridade e Transdisciplinaridade não surgiram por acaso, nem foi por causa deste ou daquele professor. A interdisciplinaridade, quando surgiu nas ciências humanas por volta de 1961 a partir de um projeto desenvolvido por Georges Gusdorf para a UNESCO, estava calcada em uma nova explicação sobre a natureza do real e do conhecimento a partir de um novo paradigma científico voltado para a busca da unicidade de conhecimento e da superação de sua natureza fragmentada ou desconectada.

Apoiados na dialética de Hegel e Marx, buscava-se superar a alienação apresentada pela Academia, com relação às explicações da natureza ordenada da realidade, assim como eliminar a ruptura que existia entre teoria e prática, sujeito e objeto, indivíduo e contexto, além da excessiva especialização ou irrelevância dos conteúdos academicamente propostos. Assim, tentava-se unir teoria e prática, conhecimento, ação e valores, ao mesmo tempo em que se buscava a revitalização dos sistemas educativos, e consequentemente de toda a estrutura social, principalmente na França.

Dessa forma, a gênese da Interdisciplinaridade, na década de 60, tem relação não somente com o movimento de renovação epistemológica e paradigmática importante, mas também com os movimentos sociais dos estudantes associados à necessidade de renovação da ordem social, política e cultural estabelecida. Reivindicava-se, portanto, um novo estatuto para a Universidade, assim como a superação de um modelo acadêmico alienado em relação às questões cotidianas. Surge a necessidade de reinterpretar o papel do sujeito social, seja para uma melhor compreensão com relação à dinâmica da realidade e ao funcionamento do mundo e da vida, seja para uma interpretação mais qualificada da história da humanidade.

Em resumo, pretendemos destacar que a questão da Interdisciplinaridade ou da Transdisciplinaridade não surge isolada de um movimento maior ou de uma mudança paradigmática da ciência. Na verdade, ambos os conceitos estão associados a algo muito mais amplo e profundo relacionado com a compreensão do funcionamento do real, além do processo de construção do conhecimento. Isso é assim porque nossa compreensão, como parte de um processo maior, nutre-se da vida, daquilo que se observa, que se escuta, que se lê, que se vê e que se pensa. Sabemos que nossa interpretação do funcionamento do mundo e da vida está também profundamente marcada por nossa subjetividade, pela intersubjetividade e por uma objetividade entre parênteses (Maturana, 1997), reveladora da necessidade de reconciliar o conhecimento acadêmico com o que ocorre no mundo e na vida.

Dessa maneira, nossas explicações com relação ao funcionamento da sociedade e dos processos de reconstrução do conhecimento têm a ver com a maneira como observamos o mundo e nos relacionamos com a realidade. Por sua vez, esta se manifesta a partir do que somos capazes de ver, de interpretar, de construir, destruir, reconstruir, pois a partir dos avanços da ciência não existe dicotomia entre o sujeito e a realidade em que vive. Ambos estão integrados em uma totalidade e envoltos por relações indissociáveis, reveladoras da complexidade do real, dos limites do perceptível e dos mistérios inesgotáveis dos processos de construção do conhecimento.

Apesar de admitir que só é possível conhecer de fato fragmentando o real e isolando o objeto da totalidade da qual constitui uma parte, não podemos esquecer que também é preciso articular nossos saberes fragmentados, reconhecer as relações das partes com o todo, tornar complexo o conhecimento construído, levando em consideração a colaboração dos pensamentos inter e transdisciplinares.

O que pretendemos com essas observações iniciais é destacar que tanto a Interdisciplinaridade como a Transdisciplinaridade necessitam também de explicações ontológicas mais adequadas para sua melhor compreensão. Que explicações seriam essas? Como é a realidade? O conceito que temos sobre o real influi na natureza das relações que ocorrem entre o conhecedor e o conhecido? Por exemplo, a natureza complexa da realidade pode ser captada por um pensamento disciplinar? A resposta é não, pois a complexidade do real não se revela na superfície ou na visão exclusivamente disciplinar. É necessário ir além do conhecimento linear, superficial, fragmentado e ordenado, se realmente pretendemos conhecer verdadeiramente alguma coisa neste mundo, pois os fenômenos complexos são multidimensionais, tal como é o ser humano em seu processo de conhecer, aprender, viver e conviver.

Somos seres multidisciplinares. Em nossa corporeidade, coexistem os pensamentos racionais, empíricos e técnicos, associados aos pensamentos simbólicos, míticos e mágicos. Atuamos no presente, impelidos por nossa vontade, intencionalidade e racionalidade, mas também motivados por nossos sonhos, desejos, fantasias, ilusões, sentimentos e emoções, o que justifica que não devemos abrir mão dos sonhos em nome da uma racionalidade que mutila, que sufoca e fragmenta nossa realidade.

Conscientes ou não, nosso ser é operacionalmente inter e transdisciplinar, não tanto como uma circunstância aleatória, mas como uma exigência intrínseca constitutiva e operacional de nossa corporeidade envolvida no processo de conhecer. A construção do conhecimento envolve as dimensões sensoriais, intuitivas, emocionais e racionais de forma não hierarquizada nem dicotômica, mas sim de forma integrada, globalizada e complementar. Com a interdisciplinaridade integramos, e com a trandisciplinaridade transcendemos a subjetividade objetiva do sujeito que conhece, a partir da complexidade constitutiva dos processos e fenômenos da vida.

Consequentemente, antes de explicar os significados desses conceitos, é preciso esclarecer um pouco mais o que a ciência nos traz com relação à natureza da realidade e como as concepções que temos sobre o real influem no processo de construção do conhecimento. Também é preciso harmonizar a inter-relação da Inter e da Transdisciplinaridade com os supostos ontológicos e epistemológicos do paradigma da complexidade.

1. Interdisciplinaridade e transdisciplinaridade: explicações ontológicas e epistemológicas

Em nosso livro *Pensamento Ecossistêmico* (2004), publicado no Brasil pela Editora Vozes, observamos que, subjacente às raízes dos pensamentos quântico, biológico e complexo, existem sementes epistemológicas capazes de fundamentar os processos de construção do conhecimento, o desenvolvimento da aprendizagem, o conhecimento em rede, os processos de auto-organização, assim como a inter e a transdisciplinaridade como princípios epistemológicos e metodológicos presentes na produção do conhecimento.

Dessa forma, na construção do referente teórico sobre a Inter e a Transdisciplinaridade, estamos utilizando as implicações epistemológicas que se desprendem dos enfoques teóricos calcados na física, na biologia e na teoria da complexidade de Edgar Morin. A partir dessas teorias, percebemos que emergem supostos teóricos e macroconceitos importantes, que contribuem na consolidação de uma nova epistemologia que deve ser explorada pela ciência em geral e pela área educacional em particular. Essas teorias também colaboram para fundamentar os enfoques inter e transdisciplinar, assim como para esclarecer suas implicações nas práticas pedagógicas e nas propostas de renovação curricular.

No decorrer dos anos, percebemos que essas teorias colaboram na configuração de uma estrutura paradigmática complexa e ecossistêmica da realidade, e que entende o mundo a partir de uma visão mais integral e integradora, ao mesmo tempo dinâmica e complexa.

Isso indica que nossa realidade está constituída por padrões de interconexões e de inter-relações. Uma realidade constituída de objetos interconectados por interações energéticas, materiais e informativas e que integram uma estrutura única de elos indivisíveis. Em sua dimensão ontológica, a realidade apresenta uma dinâmica não linear, indeterminada, caótica, imprecisa e complexa, que confirma a não existência da separação na natureza da matéria.

Em sua natureza complexa e não linear, mostra-se, de todo modo, contínua e descontínua, animada ou inanimada, estável ou instável, revelando, assim, sua natureza multidimensional.

A mesma inseparabilidade está presente na relação sujeito/objeto, já que existe certa lógica entre a dimensão ontológica e epistemológica dentro de um mesmo paradigma. Consequentemente, existe uma dependência interativa entre sujeito e objeto, indivíduo e contexto, uma interdependência entre seus processos, revelando, assim, a impossibilidade de um conhecimento objetivo da realidade. Dessa forma, sujeito, objeto e processo implicam uma totalidade orgânica. Isso equivale a dizer que o mesmo ocorre nos processos de construção do conhecimento, pois o conhecimento do objeto depende do que passar dentro das estruturas perceptíveis e emocionais do sujeito, depende de seus processos internos, do que ocorre na sua corporeidade, assim como das interações entre o interior e o exterior do sujeito que aprende.

Essa visão também transmite a ideia de que o conhecimento é um produto de uma rede indissociável entre sujeito, objeto e processo e que existe uma circularidade recursiva entre as diferentes dimensões constitutivas do ser humano. Assim, como sistemas vivos, somos seres multidimensionais, onde as dimensões físicas, biológicas, psicossociais, culturais e espirituais se entrelaçam para que cada um cumpra a finalidade de sua existência.

Isso também significa que, considerando que temos os pés fincados na materialidade física, estamos consequentemente sujeitos à influência de alguns dos princípios que regem a natureza da matéria. Ou seja, estamos sujeitos ao indeterminismo, à incerteza, aos processos auto-organizadores, dimensões também presentes em nossa materialidade biofísica e que revelam a irreversibilidade de seus processos, assim como o caráter provisório como sujeitos inacabados que somos. Como seres vivos, funcionamos também a partir das leis da física, da biologia e da físico/química, e essas leis influenciam os processos que envolvem a totalidade humana, incluindo o processo de construção do conhecimento e o desenvolvimento da aprendizagem. O processo de construção do conhecimento se reorganiza por completo, de maneira sistêmica e relacional, simultaneamente, em termos perceptíveis, intuitivos e emocionais no momento em que os processos ocorrem e quando a pessoa que aprende se auto-organiza. Suas ocorrências implicam uma cooperação global de todo organismo e mecanismos de funcionamento em rede, segundo Maturana, Varela e Atlan (1997).

Essa compreensão nos ensina que as leis que regem a organização da matéria e dos seres vivos têm também algumas implicações importantes nos processos de construção do conhecimento e na aprendizagem. Essas leis revelam a existência de uma dinâmica não linear, uma dinâmica complexa que revela a ambiguidade e a ambivalência fenomenológica também presentes no conhecer e no aprender. Tais referentes teóricos explicam a multidimensionalidade da realidade, assim como revelam a existência de múltiplas realidades, onde cada uma possui uma determinada lógica de funcionamento, e depende de cada um de nós qual realidade será revelada.

Essas múltiplas realidades não estão somente presentes no mundo da física ou da biologia, mas também nas diferentes dimensões do ser humano e da sociedade, nas dimensões interiores e exteriores, nas dimensões subjetivas e intersubjetivas que vão além da dimensão objetiva que prevalecia na ciência clássica.

É essa Intersubjetividade, como produto das relações

entre sujeitos, que nos revela a impossibilidade de ter um conhecimento objetivo do mundo e que, juntamente com a complexidade, constituem dois dos supostos epistemológicos mais importantes para explicar a emergência da interdisciplinaridade e da transdisciplinaridade. *Inter* é uma palavra latina que significa "entre" e *subjetividade* é algo que se refere aos sujeitos, à organização individualizada da personalidade humana. A palavra *Inter* evoca um espaço comum, a existência de um fator de conexão, de coesão entre os sujeitos. A *intersubjetividade* expressa a relação entre os sujeitos, revela o que afeta o sujeito observador em seu processo de conhecer, assim como resgata a ideia de que o observador, quando atua, o faz no espaço da intersubjetividade e não da objetividade, nos espaços das interações mútuas, mediante processos de união estrutural, já que todo sujeito participa da realidade que pretende conhecer.

Todo conhecimento é fruto de processos interpretativos, auto-organizadores e criativos por parte do sujeito que aprende. Isso significa que toda percepção ou narrativa depende das estruturas perceptíveis/emocionais do sujeito, sendo que esse sempre se encontra envolvido em sua própria metanarrativa. Assim, constatamos que qualquer experiência é sempre fundamental.

Sabemos que a cláusula disciplinar é consequência dos princípios da objetividade, da compartimentalização e da formalização do conhecimento que prevalecia na ciência clássica, e conhecemos suas boas razões históricas para existir. Não estamos negando sua importância para a evolução da ciência e da tecnologia. Mas em um mundo complexo e mutante como o nosso, a disciplinaridade e a multidisciplinaridade não conseguem explicar como funciona essa mesma realidade, pois a complexidade é uma propriedade constitutiva da natureza da matéria e da organização do ser vivo. E o que isso significa?

Isso equivale a dizer que a complexidade é um fator constitutivo da vida e deve estar situada em um nível paradigmático da ciência. Assim, o discurso sobre a complexidade deve ser geral e relativo aos diferentes níveis de realidade, tanto que não se refere ao nível macrofísico, nem ao microfísico, mas sim às diferentes dimensões constitutivas dos sistemas vivos.

Como fator presente na gênese da vida, isso indica que a realidade é dotada de uma engenharia complexa e que a complexidade é constitutiva de todos os fenômenos, fatos, processos e objetos da realidade, que tudo está inter-relacionado, interligado, em seus diferentes níveis e dimensões.

Ao se apresentar tanto no nível microfísico como no macrofisico, isso indica que a complexidade afeta o que fazemos e também está presente na maneira como organizamos nossas ideias e nossos pensamentos. Afeta nossos esquemas mentais, nossa capacidade reflexiva e nos leva a repensar o conhecimento do conhecimento, ou seja, sua dimensão epistemológica. Assim, a epistemologia da complexidade pressupõe a existência de relações de interdependência entre os elementos constitutivos dos sistemas vivos e a existência de propriedades comuns compartilhadas, já que todo o sistema constitui uma unidade complexa. Pressupõe também o reconhecimento da natureza múltipla tanto do sujeito como do objeto, a integração e a desintegração de elementos diferentes e contraditórios, a aceitação da mudança e da mutabilidade dos objetos, a ruptura do conceito de ordem como equivalente da sequência regular, além de estimular o diálogo entre os processos que, por sua vez, estimula e requer a flexibilidade das fronteiras e a ruptura de barreiras que prejudicam a ocorrência das diferentes formas de conhecer e aprender.

Assim, em nossa rotina diária, atuamos como seres inter e transdisciplinares em relação ao conhecimento e à aprendizagem, recordando que em nosso *sentipensar* e atuar coexiste um pensamento disciplinar que requer maior profundidade com outros tipos de pensamento que podem ser inter ou transdisciplinares, que exigem uma maior amplitude e extensão por parte do sujeito pensante. A dinâmica complexa que ocorre entre esses diferentes tipos de pensamento é consequência das interações desenvolvidas entre sujeito e objeto, é a filha predileta da intersubjetividade, que nos indica que tanto a inter como a transdisciplinaridade jamais se esgotam no pólo do sujeito ou do objeto, como muitas vezes se supõe. Essas interações ocorrem a partir das relações entre os dois, como consequência da imanência ou do acoplamento estrutural entre sujeito e objeto, em termos de energia, matéria ou informação.

Além disso, é preciso esclarecer que as visões interdisciplinares e transdisciplinares expostas aqui vão, portanto, além da filosofia do sujeito, ou seja, implicam mudanças intersubjetivas, que superam o desejo dos sujeitos ou o voluntarismo do indivíduo. É algo que vai além da pura subjetividade que coloca a produção do conhecimento como se fosse somente dependente daquilo que se conhece.

Assim, a partir dos enfoques teóricos trabalhados, entendemos que a inter e a transdisciplinaridade são considerados princípios fundamentais que regem a construção do conhecimento e o desenvolvimento da investigação. A interdisciplinaridade se situa na relação sujeito/objeto, indicando, como já pontuamos, que o eixo da investigação jamais se esgota no pólo do sujeito. No entanto, também se reconhece que a interdisciplinaridade tem como ponto de partida a atitude de abertura do sujeito diante do objeto de conhecimento. Por outro lado, reconhece-se também que somente a atitude não é suficiente para que a interdisciplinaridade ou a transdisciplinaridade se produzam, pois este enfoque não pode dar conta da complexidade que envolve a realidade e os processos de construção do conhecimento.

Em nossa visão interativa, relacional e ecossistêmica, a interdisciplinaridade ou a transdisciplinaridade são produzidas a partir do acoplamento estrutural que ocorre entre sujeito e objeto do conhecimento. Este acoplamento é o que permite a imanência entre ambos, porque acreditamos que todo objeto de conhecimento tem sua razão de ser e de existir, tem sua historicidade, ou seja, é uma produção histórica. O reconhecimento de sua materialidade histórica nos faz reconhecer que esse processo de fragmentação do conhecimento, da disciplinaridade e da departamentalização universitária se impuseram, historicamente, em função de toda uma conjuntura social, política e laboral que não pode ser ignorada.

Dessa forma, a epistemologia da complexidade repousa não na ditadura epistemológica do sujeito ou do objeto, mas sim em sua natureza relacional, o que por sua vez traduz a natureza dos projetos, dos problemas relacionados com os objetos pesquisados. Por outro lado, isso também nos esclarece que a interdisciplinaridade ou a transdisciplinaridade têm, como ponto de partida, a precisão histórica vivida por determinada comunidade, indicando assim que não existe um patrão ou modelo de inter ou de transdisciplinaridade que possa ser transferido de um grupo a outro, de um projeto a outro ou de uma universidade a outra. Na verdade, o que orienta os dois, além de sua materialidade histórica, é a natureza dialógica dos projetos ou dos problemas/objetos pesquisados.

Em vez de dar receitas prontas, defendemos que toda e qualquer situação ou problema deve ser diagnosticado e todo projeto interdisciplinar deve ser compreendido a partir do contexto de onde surge. Sabemos que uma interdisciplinaridade ou uma transdisciplinaridade que se realiza independente ou desligada do contexto, baseada somente na vontade e no desejo dos sujeitos, não tem muito sentido a partir dos referentes teóricos que utilizamos. Acreditamos que toda a produção de conhecimento se processa em função das circunstâncias criadas e de diferentes maneiras a partir de cada situação contextual. Abdicar dessa visão contextualizada dos problemas e das respectivas soluções seria abdicar dos referentes teóricos com os quais temos trabalhado. É desconhecer as relações sujeito/objeto ou pelo menos considerá-las secundárias.

2. Interdisciplinaridade e transdisciplinaridade: princípios epistemológicos ou atitudes inovadoras do espírito humano?

Tendo esclarecido as premissas mais relevantes que caracterizam as dimensões ontológicas e epistemológicas da interdisciplinaridade e da transdisciplinaridade, passemos agora para a definição dos significados com os quais estamos trabalhando.

Sabemos que existem várias definições a respeito tanto da interdisciplinaridade como da transdisciplinaridade (Fazenda, 1994; Japiassú, 1976; Janstch, 2001; Pombo, 2004; Lenoir, 1998; Nicolescu, 2000; D'Ámbrósio, 1997). O importante é selecionar entre as escolas existentes – anglo/saxã, francesa e brasileira – qual delas apresenta um sentido mais relevante ao trabalho que desenvolvemos. Para tanto, é preciso reconhecer a congruência e a lógica dessas diferentes definições com a linha teórica presente nas dimensões ontológica, epistemológica e metodológica do paradigma que utilizamos.

Assim, pensando nessa necessária congruência lógica entre essas diferentes dimensões, optamos, para o desenvolvimento deste trabalho, pelas definições expostas a seguir. Para Hilton Japiassú (1976), que junto com Ivani Fazenda, são os dois mais importantes investigadores nessa área no Brasil, a interdisciplinaridade é algo que deve ser vivenciado enquanto atitude do espírito, uma atitude feita de curiosidade, de abertura, de sentido de aventura, e que leva a um movimento capaz de intuir relações. Para esse autor, interdisciplinaridade é também um princípio de reorganização epistemológica das disciplinas científicas. Como princípio epistemológico, como causa primeira ou fundamento principal, tenta-se resgatar a unicidade do conhecimento, superando sua fragmentação e disfunção (Japiassú, 1976). Como atitude do espírito, revela-se como uma postura de abertura que permite ou influi na produção do conhecimento.

Para a pesquisadora Ivani Fazenda, além da atitude epistemológica que ultrapassa os hábitos intelectuais estabelecidos, a interdisciplinaridade implica um processo evolutivo embasado nos intercâmbios entre pessoas ou especialistas envolvidos no processo, sejam eles pesquisadores, educadores ou alunos. Segundo Japiassú (*ibid.*) e Fazenda (1999), a interdisciplinaridade pressupõe uma relação de reciprocidade, de mutualidade, de integração que permite o diálogo entre os implicados. Pressupõe também uma mudança de atitude diante do conhecimento como ponto de partida, sabendo, entretanto, que a interdisciplinaridade ocorre na inter-relação sujeito/objeto, pois não podemos perder a visão da totalidade. Isso indica que, para que ela ocorra, depende tanto da atitude do sujeito diante do objeto de conhecimento, como também da existência óbvia de um objeto a ser trabalhado que pode ser uma disciplina, um tema, um problema ou um projeto.

Dessa forma, a interdisciplinaridade implica a existência de um processo de codeterminação entre os dois, ou seja, a necessidade de conhecer bem a lógica do objeto para que possa esgotá-lo epistemologicamente e, ao mesmo tempo, não ficar somente no caminho da pura subjetividade, que coloca a atitude do sujeito como sendo suficiente no processo de construção do conhecimento. O mais importante é a relação entre os dois pólos, pois se somente um dos pólos é privilegiado, o processo fica insuficiente, empobrecido e inapropriado para dar conta da complexidade do conhecimento de natureza interdisciplinar.

Para Pedro Demo (2000), a interdisciplinaridade é a arte de aprofundamento vertical com sentido de amplitude horizontal, para que se possa dar conta tanto da particularidade como da complexidade. Implica um movimento vertical e horizontal. Segundo ele, a interdisciplinaridade nada tem a ver com procedimentos acumulativos e justapostos, e muito menos com o agrupamento de informações. Nada disso leva à interdisciplinaridade. O centro do processo está naquilo que se encontra na *Inter*, naquilo que evoca um espaço comum entre os diferentes saberes. Está, portanto, na reconstrução de um único texto a partir de diferentes olhares dos diversos especialistas.

Este espaço comum pode ser representado por uma integração mútua de conceitos, ideias, terminologias, métodos, procedimentos, dados e ou informações. Mas tudo isso implica ação de reciprocidade e depende das conversas e negociações de diferentes pontos de vista, até chegar a uma representação adequada e relevante para todos. O que é interdisciplinar seria o elemento mediador da comunicação entre os indivíduos.

Concluindo, podemos dizer que a interdisciplinaridade é um *princípio* epistemológico que se modela mediante as atitudes dos sujeitos no ato de conhecer. Atitudes feitas de curiosidade, de abertura, de intuição, de humildade e de integração das relações existentes entre as coisas e que escapam das observações mais comuns (Japiassú, 1976).

Uma atitude de humildade diante da realidade e dos diversos conhecimentos existentes, humildade que evita a arrogância, a prepotência e a possessão de certezas e verdades absolutas. São essas atitudes que geram um conhecimento interdisciplinar que emerge da intersubjetividade, das interações entre os sujeitos em suas relações com os objetos de conhecimento. Assim, não estamos falando de fusão de conteúdos ou de metodologias, mas sim de conhecimentos parciais específicos que têm por objetivo um conhecimento mais global, segundo Fazenda (1999).

Da mesma maneira, a interdisciplinaridade é também reconhecida como um princípio epistemológico que implica uma *atitude* de abertura do espírito humano ao vivenciar um *processo* que envolve uma lógica diferente, uma maneira de pensar mais elaborada, uma percepção mais fina, depurada e adequada da realidade, para que ela se faça presente na prática. Assim, a trandisciplinaridade pode ser compreendida como um princípio epistemológico que se apresenta em uma dinâmica *processual* que tenta superar as fronteiras do conhecimento mediante a integração de conceitos e metodologias. Portanto, requer também uma *atitude* de abertura. Enquanto a interdisciplinaridade permanece no nível disciplinar, a transdisciplinaridade procura transcender as disciplinas na tentativa de resolver o que se encontra além das disciplinas. Assim, o conhecimento transdisciplinar deve complementar os conhecimentos disciplinares, multidisciplinar ou interdisciplinar.

Para o físico Basarab Nicolescu (2000), um dos cientistas mais importantes que atuam nessa área de pesquisa, a transdisciplinaridade não é uma nova disciplina ou uma hiperdisciplina, mesmo que se alimente delas. Para ele, a inter e a transdisciplinaridade são flechas de um mesmo arco, que é o arco do conhecimento, destacando, além disso, sua condição de princípio epistemológico, cuja materialização depende das relações entre os três pilares: *os níveis de realidade, a lógica do terceiro incluído* e a própria *complexidade* anteriormente explicada. Dependendo da predominância de um desses pilares, apresentam-se diferentes graus de transdisciplinaridade.

Para Nicolescu (1999:33), o sufixo *trans* indica "*aquele que está, ao mesmo tempo, entre as disciplinas, através das disciplinas e além de qualquer disciplina*", tendo por objetivo a compreensão do mundo que requer, como imperativo, a unidade de conhecimento. Explica, portanto, que os três pilares da transdisciplinaridade são os que determinam a metodologia da investigação transdisciplinar.

Os diferentes níveis de realidade se referem à existência de um mundo macrofísico e de um mundo microfísico regidos por leis diferentes como, por exemplo, os diferentes tipos de casualidade: uma linear e outra circular. Para Nicolescu, atualmente existe um terceiro nível de realidade: a *realidade virtual.* Na realidade, são mundos que coexistem, assim como nosso corpo que, ao mesmo tempo, possui uma estrutura microfísica e uma estrutura macrofísica.

Podemos esclarecer ainda mais ao explicar que a estrutura perceptiva de nossos cinco sentidos nos permite ver no nível de realidade 01, representado pelos elementos e pelas coisas da macrofísica. Porém, usando instrumentos tecnológicos mais potentes, que aumentam nossa capacidade de percepção, podemos ter acesso ao mundo infinitamente pequeno, ou seja, ao mundo quântico representado pelo nível de realidade 02, regido por uma lógica diferente das leis que regem a realidade macrofísica. Por outro lado, utilizando nossas intuições, percepções e o imaginário podemos entrar no mundo dos símbolos, dos mitos, do sagrado, indo, assim, a outro nível de realidade. O passo de um nível a outro ocorre a partir do terceiro incluído.

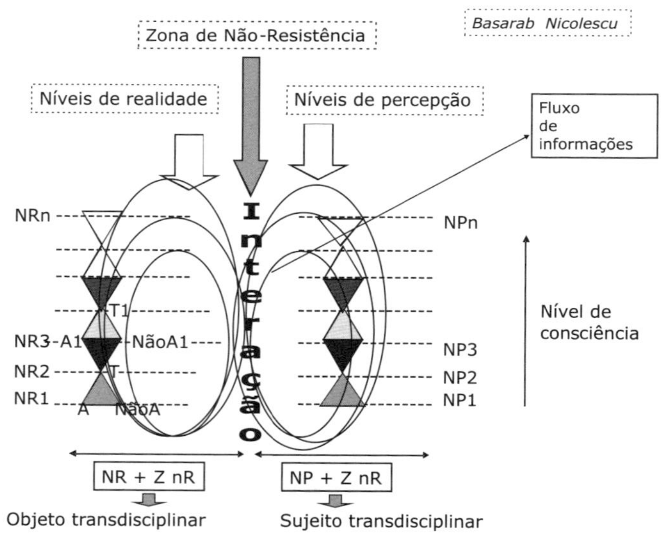

Podemos então inferir que esses níveis de realidade traduzem as dimensões exteriores e interiores do sujeito assim como da sociedade; traduzem as dimensões subjetivas intersubjetivas, assim como a natureza imaginária do ser humano, o que permite o passo para um nível de percepção superior em relação ao que era anteriormente. É aí que a consciência humana manifesta sua capacidade de evolução e transformação.

A lógica do terceiro incluído nos diz que, além das representações A e não A, existe uma terceira possibilidade integrada pela A e não A, em que o A interage com o outro não A, o que dá origem a uma terceira representação do conhecimento transdisciplinar, indicado pela letra T. Essa terceira representação seria diferente das outras duas, indicando, assim, que o que antes era contraditório é, na verdade, complementar (Nicolescu, 1999). Essa compreensão informa que "*a tensão entre os contraditórios* promove uma *unidade mais ampla que os inclui*" (Nicolescu, 1999:33), ou seja, a transdisciplinaridade. Veja a figura a seguir, onde NR significa nível de realidade e T é o terceiro incluído:

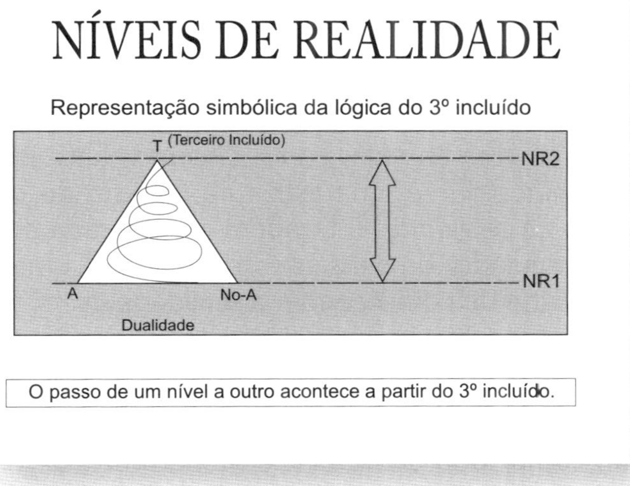

Um exemplo interessante está no fato de perceber que a simplicidade e a complexidade coexistem no mundo, assim como a estabilidade com a instabilidade, a ordem com a desordem e assim por diante. O conceito transdisciplinar é aquele que estabelece a correspondência entre o mundo interior e o exterior do sujeito. Isso resulta das interações dinâmicas entre os dois, que é a dinâmica do terceiro incluído, que acarreta tamém os valores que permitem a reconexão dos saberes. Assim, todo o conhecimento transdisciplinar é, ao mesmo tempo, interior e exterior. Integra a experiência objetiva com a subjetiva, revelando que operacionalmente somos também seres inter e trandisciplinares em nossas tarefas.

Podemos também observar que o neologismo *Sentipensar* (Moraes e Torre, 2004) que utilizamos como prática metodológica transdisciplinar, na realidade traduz nossa experiência de reconexão ao conectar sentimentos, pensamentos e ações como expressão de nossa verdade interior.

Por sua vez, a complexidade, para Nicolescu, está em todas as partes, nas ciências exatas e humanas, pois é um fator constitutivo da vida, como dissemos anteriormente, o que significa que é uma estrutura comum do conjunto dos níveis de realidade. É também considerada como um princípio regulador do pensamento e da ação, uma maneira de pensar e de compreender a realidade.

Epistemologicamente, a complexidade é a matriz geradora da transdisciplinaridade. Sua dinâmica é não linear, recursiva e, portanto, complexa. O pensamento transdisciplinar, como todo pensamento de natureza complexa, é sempre inacabado, transitório, em constante transformação. Metodologicamente, o pensamento trans implica enfoques unificadores, dinâmicos, amplos e mais profundos, fundamentados no rigor, na abertura e na tolerância. Uma metodologia que ressalta as interações do todo com as partes, a inseparabilidade que existe entre sujeito/objeto, corpo/mente, educador/aluno... em todas as redes que regem os acontecimentos, as ações e interações. Assim, a complexidade nas ciências transdisciplinares implica reconhecer a legitimidade de uma visão concorrente, pois de antemão já se sabe que nenhuma aproximação disciplinar pode aprisionar um objeto ou enclausurar a realidade.

Ratificando, podemos dizer que, de acordo com a *Carta da Transdisciplinaridade*, as características fundamentais da pesquisa transdisciplinar são:

"O rigor, a abertura e a tolerância são as características fundamentais da atitude e da visão transdisciplinar. O rigor na argumentação que leva em conta todos os dados, é o guardião contra os possíveis desvios. A abertura resulta em aceitação do desconhecido, do inesperado e do imprevisível. A tolerância é o reconhecimento do direito às ideias, às atuações e verdades contrárias às nossas."

Carta de Transdisciplinaridade (1994)

3. Problemas, atitudes e práticas inter e transdisciplinares

Por experiência própria, sabemos que não é fácil trabalhar de modo inter ou transdisciplinar. Primeiro, porque existe uma grande confusão terminológica em relação ao significado dessas teorias. Segundo, porque não é o fato de trabalhar em equipe que determina a ação interdisciplinar ou transdisciplinar. Na verdade, na nossa formação docente não nos acostumamos a trabalhar de maneira coletiva nem a desenvolver uma inteligência coletiva. Articulação, interrogação, cooperação e colaboração são temas difíceis de serem materializados porque a mediocridade, muitas vezes, predomina nas relações, além da vaidade, da arrogância e da prepotência. Pedro Demo (*ibid*) aponta que o simples fato de trabalhar junto não produz competência por si só. Para ele, a ignorância somatória pode também contribuir para a restrição e inibição.

Para se materializar, tanto o pensamento inter como transdisciplinar requerem liberdade, flexibilidade e capacidade de renovação constante. Flexibilidade estrutural dos indivíduos, assim como também em fronteiras, sejam elas curriculares ou programáticas. Rigidez, nervosismo e apego não combinam com pensamento complexo e transdisciplinar. Liberdade no olhar sem que isso possa servir de ameaça para ninguém. Liberdade para pensar, para refletir e para expandir sua consciência e compreender o que deve ser compreendido.

No entanto, faltam algumas considerações importantes sobre a atitude e a prática do educador inter ou transdisciplinar. Como vimos anteriormente, tanto a Inter como a Transdisciplinaridade são princípios epistemológicos cuja materialidade depende da atitude do educador ou do pesquisador. Se isso é passível de ser aceito, vale a pena perguntar: quais são os aspectos atitudinais mais importantes em um processo de construção do conhecimentos inter e transdisciplinares? Quais são as características de um educador interdisciplinar? Será que as competências teóricas e pedagógicas são suficientes para o desenvolvimento de uma prática interdisciplinar?

Na realidade, sabemos que o professor interdisciplinar se revela e se transforma no exercício de sua própria docência. É aí que se revela como um espírito curioso em constante busca, como espírito investigador, que busca o autoconhecimento e o conhecimento do outro, como um ser que respeita sua história de vida e a do outro. É ali, no cotidiano das aulas, que sua mente aberta e sua visão mais ampla e mais profunda do mundo se renovam na leitura crítica e amorosa das experiências discente ou docente. É no anonimato das aulas que as competências humanas e éticas, além das pedagógicas e relacionais do professor interdisciplinar, revelam-se e suas visões de mundo se materializam.

É lá, no ambiente de aprendizagem, que o professor exercita o desapego, a ousadia e suas possibilidades de cooperação e de diálogo. É ali que ele manifesta sua disposição para desaprender como parte do exercício da reflexão crítica sobre o conhecimento e suas práticas pedagógicas construídas e vivenciadas a cada dia. É ali, no seu cotidiano, que ele revela sua verdadeira alma docente e seu ser como professor capaz de romper com sua prática cotidiana, dogmática, conservadora e prepotente, para que essa possa ser recriada e transformada a cada dia.

É ali, junto com seus alunos, que o docente revela sua consciência transdisciplinar e integradora que reconhece a multidimensionalidade humana, que percebe a inscrição corporal do conhecimento, o papel das emoções e dos sentimentos no desenvolvimento das ações e reflexões. É na atividade diária em classe que ele vivencia a complexidade da vida, que valoriza o papel da intuição, da imaginação e da sensibilidade, reconhecendo sua importância para o desenvolvimento dos processos perceptíveis.

É no anonimato das aulas que ele reconhece a impossibilidade de continuar privilegiando um tipo de inteligência em prejuízo de outras dimensões corporais e sensíveis do ser humano. É aí que se desenvolve sua consciência transdisciplinar, sua prática transformadora ao exercitar a aprendizagem da reconexão, a aprendizagem da complexidade e a aprendizagem do amor.

4. Síntese e conclusão provisória

Sabemos que a educação transdisciplinar, baseada no reconhecimento do multidimensional, vai além do racionalismo clássico e recupera a polissemia dos símbolos, a importância das emoções e dos sentimentos, além de recuperar a subjetividade e a intersubjetividade, assim como os valores, a intuição e a beleza de cada momento da vida.

Um dos aspectos importantes que pretendemos destacar nesse artigo é a dimensão ontológica da realidade inter ou transdisciplinar, pois na maioria dos artigos se discute os aspectos epistemológicos e metodológicos derivados desses princípios, sem ter, no entanto, a suficiente clareza conceitual com relação à complexidade da realidade inter ou transdisciplinar.

Em nossa opinião, as explicações com relação aos níveis de realidade, ao terceiro incluído e à complexidade como elementos, que fundamentam a visão transdisciplinar, facilitam nossa compreensão de como funciona esse princípio na prática. Para que tudo isso possa ser mais bem compreendido é preciso ter clareza a respeito da visão da realidade com a qual se trabalha.

Talvez esse seja o ponto mais importante para que o pesquisador possa perceber, com maior clareza, a diferença conceitual e operacional desses dois princípios. Caso contrário, fica difícil perceber, a partir do pensamento transdisciplinar, como é possível ir além das fronteiras disciplinares ou interdisciplinares a partir do processo de produção do conhecimento que requer outro nível de percepção e de consciência mais fino, para que se possa compreender melhor como é possível penetrar, mediante nossas ações e reflexões, na *zona de não resistência* apresentada por Nicolescu. É a zona do sagrado e da intuição, necessária para que o sujeito transdisciplinar possa perceber-se habitando um outro nível de realidade que permita, não só a reconexão consigo mesmo, mas também com o outro, com a natureza e com o sagrado.

Não é o conhecimento disciplinar e/ou multidisciplinar que revela por si só um conhecimento presente em um só nível de realidade, privilegiando a dualidade e a luta entre os opostos, o tipo de saber que, como humanidade, nos levará a expandir nossa consciência e nossa verdadeira potencialidade humana. Nesses níveis de conhecimento, produz-se uma exclusão de valores, o que não acontece no nível transdisciplinar, já que incluir e reconectar-se são verbos fundamentais nesse nível.

O conhecimento transdisciplinar, ao transcender a lógica binária, ao resgatar a polaridade contrária do que é contraditório, ao valorizar a alteridade e o respeito ao pensamento do outro que é diferente do seu e ao reconhecer outras formas de conhecimento, é aquele que realmente deverá facilitar e promover o desenvolvimento da consciência da humanidade e preparar a civilização da reconexão, sugerida por Edgar Morin. Certamente será essa civilização que aprenderá a trabalhar melhor a aprendizagem do amor e construir a paz.

REFERÊNCIAS

D'AMBRÓSIO, U. (1997) *Transdisciplinaridade.* São Paulo: Palas Athena.

DEMO, P. (2000) *Metodologia do conhecimento científico.* São Paulo: Editora Atlas.

DOMINGUES, I. (org.) (2001) *Conhecimento e transdisciplinaridade.* Belo Horizonte: Editora UFMG.

FAZENDA, I. C. A. (1992) *Integração e interdisciplinaridade no ensino brasileiro: Efetividade ou ideologia?* São Paulo: Edições Loyola.

FAZENDA, I. C.A. (1994) *Interdisciplinaridade: História, teoria e pesquisa.* 4ª ed. Campinas/SP: Papirus.

FOUREZ, G. L.(1998) *La construcción del conocimiento científico.* Madrid: Narcea Ediciones.

JANTSCH, A. P., BIANCHETTI, L. (1995) *Interdisciplinaridade.* 4ª ed. São Paulo: Editora Vozes.

JAPIASSÚ, H. (1976) *Interdisciplinaridade e patologia do saber*. Rio de Janeiro: Imago.

LENOIR, Y. Didática e Interdisicplinaridade: Uma complementaridade necessária e inquestionável. Em Fazenda, I. (org.) *Didática e Interdisciplinaridade*, 1998.

MATURANA, H. (1997). *La objetividad: Un argumento para obligar*. Santiago: Dolmen Ediciones.

MORAES, M. C. (2004) *O pensamento eco-sistêmico: educação, aprendizagem e cidadania no século XXI*. Petrópolis/RJ: Editora Vozes, 2004.

MORAES, M. C. & TORRE, S. de la.(2004): *Fundamentos e estratégias para reencantar a educação*. Petrópolis/RJ: Vozes.

MORIN, E. (1995) *Introdução ao pensamento complexo*. Lisboa: Instituto Piaget.

MORIN, E. (1994) Epistemologia da complexidade. Em Schinitman, D. F. (org.) *Novos paradigmas, cultura e subjetividade*. Porto Alegre/RS: Artes Médicas.

MORIN, E. (2001) *La mente bien ordenada: repensar a reforma; reformar el pensamiento*. Barcelona: Editorial Seix Barral S. A. (*A cabeça bem feita: repensar a reforma, reformar o pensamento*. Rio de Janeiro: Bertrand Brasil.)

NICOLESCU, B. (2000) *O manifesto da transdisciplinaridade*. São Paulo: TRIOM.

NICOLESCU, B. et all. (2000) *Educação e transdisciplinaridade*. Brasília: UNESCO.

NICOLESCU, B. Reforma da educação e do pensamento: Complexidade e transdisciplinaridade. Em http://www.engenheiro2001.org.br/curriculos.htm. Acessado em 7/7/2004.

POMBO, O. Interdisciplinaridade: Conceitos, problemas e perspectivas. In http://www.educ.fc.ul.pt/docentes.opombo/pdf. Acessado em 3/6/2004.

POMBO, O. (2006) Contribuição para um vocabulário sobre interdisciplinaridade. Em http://www.educ.fc.ul.pt/docentes/opombo/mathesis/vocabulario-interd.pdf, acessado em 1/7/2006.

SANTOMÉ, J. T. (1998) *Globalização e interdisciplinaridade: O currículo integrado*. Porto Alegre/RS: Artes Médicas.

CAPÍTULO 3

ESTRATÉGIAS UNIVERSITÁRIAS DE INVESTIGAÇÃO TRANSDISCIPLINAR EM FORMAÇÃO

Gaston Pineau
Professor de Ciências da Educação,
Universidade de Tours[1]

Este artigo se baseia na experiência e nas produções da dinâmica da investigação corporativa, montadas a partir de 1999 entre o Centro de Educação Transdisciplinar (CETRANS), do Brasil, e o Departamento de Ciências da Educação e de Formação da Universidade François Rabelais, em Tours, na França. A experiência desta dinâmica emergente de investigações transdisciplinares em educação e formação pode, de fato, prefigurar a estratégia de investigações em redes internacionais, preconizada pelo congresso de Locarno (1997). Para que a universidade avançasse em direção à transdisciplinaridade, este congresso recomendava relacionar, através de redes, os Ateliês de Investigação Transdisciplinares (*Ateliers de Recherche Transdisciplinaires*, ART) com as Unidades de Formação e Investigação

[1] *Conferência apresentada na Universidade de Barcelona em 31 de janeiro de 2006.*

Transdisciplinares (UFRT). O CETRANS pode ser considerado uma unidade pioneira que permitiu, no seio do Departamento, a criação e o funcionamento de uma oficina. Membros desta oficina puderam participar dos encontros catalíticos do CETRANS em 1999 e 2000. Esses encontros catalizaram as investigações feitas no seio do Departamento de uma maneira tão produtiva que em 2005 foi preciso reuni-las em uma obra coletiva de síntese: *Transdisciplinariedad y formación* (2005), coordenada por Patrick PAUL e Gaston PINEAU. Além disso, esta obra inicia uma nova coleção intitulada "Interfaces y transdisciplinariedad".

Primeiramente o enfoque transdisciplinar deve ser situado globalmente no movimento da investigação da relação entre disciplinas, que se desenvolve há cerca de trinta anos, tanto para tratar de construir pontes de comunicação no interior das universidades, quanto para tentar resolver os problemas exteriores não disciplinares e ainda menos disciplinados. A seguir serão apresentados brevemente quatro exemplos de investigação transdisciplinar: duas investigações coletivas e duas investigações individuais procedentes de teses de doutorado. Por último, a terceira parte trata de uma apresentação dos resultados das experiências de investigação transdisciplinar em redes.

I – O MOVIMENTO PLURI-, INTER- E TRANSDISCIPLINAR, COMO TENTATIVA DE RESPOSTA À DIVISÃO DAS DISCIPLINAS E À PRESSÃO EXTERNA DE PROBLEMAS NÃO DISCIPLINARES

1 – Um movimento de forte ligação entre a universidade e a diversidade dos saberes

Em primeiro lugar é preciso dizer que este movimento transdisciplinar não é a negação das disciplinas, mas sim uma tentativa de utilizá-las de acordo com os graus de abertura e de interação variáveis. O movimento apareceu nos anos 70 na crista de um movimento de pesquisa de relações entre disciplinas, para se contrapor a um movimento inverso de divisões disciplinares que começava a se proliferar e produzia uma situação inflacionária no número e subdivisões de campos científicos. Diante de uma necessidade de especialização que leva à fragmentação dos conhecimentos, este movimento representa outra necessidade de relações. Se não for dessa forma, a contradição entre os pólos locais e globais do desenvolvimento das disciplinas impedirá toda a unidade viável.

Na nossa opinião, embora o enfoque inter e transdisciplinar represente uma forma universitária recente desse desenvolvimento de tensão bipolar, essa forma não é radicalmente nova. Historicamente, a evolução universitária sempre esteve entre estes dois pólos contrários do movimento de produção e difusão dos saberes:

– Um pólo de universalização de saberes, tal como indica o termo universidade e como objetiva o projeto universitário de uma comunidade de professores e pesquisadores, que coloca o máximo de conhecimento ao alcance do maior número possível de pessoas.

– Um pólo de divisões dos saberes, para que possam ser produzidos na prática e consequentemente transmitidos. Nem todos podem saber tudo. Mas além das divisões especializadas, é preciso cuidar da construção de vias que permitam uma comunicação entre elas. Caso contrário, tem-se a ruptura e a dispersão.

A palavra universidade traduz muito bem a exigência unitária da cidade sociocognitiva que devemos construir. Mas é preciso também incluir o termo *multi*versidade, a fim de ser realista e dar nome a essa multiplicidade de saberes que a compõem. Não se trata de uniformidade, mas sim de diversidade disciplinar que se diversifica. Até que ponto e que vias de comunicação universitária devem ser construídas dentro dessa diversidade disciplinar?

A esta necessidade universitária de laços pluri-, inter- e inclusive transdisciplinares, juntam-se pressões externas de problemas que não fazem parte nem das questões de disciplina, nem são disciplinadas: problemas de luta contra a pobreza e contra a poluição, luta por emprego, desenvolvimento e formação. Como podemos resolvê-los? A universidade pode ficar muito tempo sem tratar de tais problemáticas só porque elas não dizem respeito diretamente a uma disciplina? E se atingem indiretamente ou parcialmente vários campos de conhecimento, como é possível articulá-los?

Esta pressão externa transdisciplinar talvez seja mais forte do que as necessidades internas de comunicação transdisciplinar. Mas que diferença há entre as duas? Não seria supérfluo representar, mesmo que esquematicamente, as diferentes formas desse movimento de acordo com os graus de abertura e de relação entre as disciplinas. A seguir, serão analisados quatro exemplos de investigação universitária transdisciplinar, para que, na terceira parte, seja possível extrair algumas metodologias.

2 – Um movimento diversificado de acordo com os graus de abertura e de ligação das disciplinas

A transdisciplinaridade é a crista de um movimento de abertura e ligação entre as disciplinas. De acordo com o grau de abertura e ligação entre elas, o quadro seguinte a apresenta esquematicamente como 3° grau.

2.0. O **grau zero de unidisciplinaridade** permite lembrar a definição do que é uma disciplina, atribuída à UNESCO: "*Um conjunto específico de conhecimentos que tem* *suas características próprias quanto aos planos de ensino, formação, métodos e matérias".*

Os quatro planos mencionados são úteis, já que desglobalizam o conjunto. Essa desglobalização proporciona projetos de ligação diferenciados, convertidos às disciplinas mais ou menos distantes ou com semelhanças entre elas, com hierarquias bem marcadas. Por exemplo, aquelas disciplinas que compartilham uma matéria 'dura' – as ciências exatas (Matemática, Astronomia, Física, Química, Biologia) – têm metodologias e formulações fundamentadas sobre o número. Essas disciplinas representam uma família muito diferente daquelas reagrupadas nas ciências humanas e sociais, que trabalham com questões menos materiais. Essas disciplinas são ciências brandas ou flexíveis. Os problemas de ligação entre as disciplinas não são, portanto, iguais para todas as disciplinas e famílias de disciplinas.

Já que a divisão ou recorte disciplinar é relativamente recente (século 19), há ainda outros tipos de recortes do saber: as quatro faculdades da universidade medieval do século 13: "Artes, Teologia, Direito, Medicina", a partir das sete artes liberais, por sua vez divididas em duas: o Trivium (artes filológicas e lógicas: Gramática, Retórica, Dialética) e o Quadrivium (artes dos números: Aritmética, Geometria, Astronomia, Música). Esses recortes ou divisões históricas permanecem ativos de uma maneira mais ou menos entrelaçada e subterrânea. Tiramos daqui que, se já houve uma divisão disciplinar anterior, pode haver também uma posterior. As disciplinas não constituem toda a história do saber. Os graus seguintes indicam relações que podem ir através delas ou além delas.

2.1. O **1° grau de ligação – chamado multi ou pluridisciplinaridade** – é mínimo.

Existe quando um mesmo sujeito, um mesmo tema, um mesmo problema, uma mesma matéria é explorada por várias disciplinas, mas de maneira justaposta, sem outro laço. Por exemplo, uma investigação multi ou pluridisciplinar sobre um problema social não disciplinar – a luta contra a pobreza – reunirá, em uma mesma produção, os pontos de vista justapostos das diferentes disciplinas, sem que os autores das disciplinas os tenham visto ou lido, e sem que um trabalho editorial tenha ressaltado a ligação entre as diversas visões.

2.2. Uma **investigação interdisciplinar** se caracteriza por um segundo grau de ligação entre as disciplinas, que completa, por exemplo, a exploração de um mesmo problema – a luta contra a pobreza – pelo fato de essa exploração ter sido compartilhada oralmente ou por escrito. Esse intercâmbio impregna mais ou menos os pontos de vista: fala-se de uma interdisciplinaridade centrípeta (processos de esponja), que pode se converter em centrífuga se essa impregnação se transfere para outro objeto. Por exemplo, em uma dimensão interdisciplinar de uma investigação sobre a luta contra a pobreza, os intercâmbios com o historiador permitiram com que eu – ciência da educação – me conscientizasse da história dessa luta. E essa sensibilização trouxe à tona outras formas históricas de viver ou de encarar a questão.

Grau de abertura e interação	Nome do movimento	Exemplos
0 – "Conjuto específico de conhecimentos que tem características próprias quanto aos planos de ensino, formação, métodos e matérias." (UNESCO 1972)	Unidisciplinaridade	As disciplinas universitárias: – "exatas", do número (Matemática, Astronomia, Física, Química, Biologia), – "humanas" (Teologia, Filosofia, Direito, Letras, História, Sociologia, Psicologia).
1 – **Justaposição** de várias disciplinas que tratam de um mesmo objeto	1 – **pluridisciplinaridade** **multidisciplinaridade**	Ex.: Exploração pluridisciplinar de um mesmo problema, tema. Ciência da Educação, História, Direito, Ecologia, Luta contra a pobreza.
2 – **Interação** sobre um ou vários elementos discipliares: matéria, métodos, objetivos e conceitos. Colaboração com relações de equivalência, de predominância, de dependência.	**Interdisciplinaridade** – centrípeta (procedimento de esponja) – centrífuga **Codisciplinaridade** – entrelaçamento entre as disciplinas e – co-construção de significado a partir de um mesmo problema.	
3 – **Transações através e além das disciplinas** 3.1. Como ponto de partida, abertura a elementos inclusive não disciplinares (problemas, métodos, saberes). 3.2. Durante o processo, abertura a reflexões metadisciplinares. 3.3. No final, abertura a unidades posdisciplinares (epistemologia, metodologia, matéria). Novo paradigma.	3 – **Transdisciplinaridade** 3.1. **Transdisciplinaridade sociointerativa** entre especialistas das disciplinas e também entre atores sociais. 3.2. **Transdisciplinaridade reflexiva**: interrogação dos quadros de pensamento. 3.3. **Transdisciplinaridade paradigmática** intenção de construir um novo paradigma unificador.	Saberes de luta

QUADRO Nº 1
Representação dos movimentos uni-, pluri-, inter-, transdisciplinar segundo os graus de abertura e interação disciplinar.*

O termo codisciplinaridade é utilizado para significar a dimensão 'com' e 'entre'. "Mais que um emaranhado de laços entre as disciplinas em questão, trata-se de evocar uma *co*construção de significado a propósito de um mesmo objeto de estudo" (Blanchard – Laville Cl., 2000, p.59), o copensamento pode chegar até a produzir codisciplinariamente conhecimentos novos. Esta coprodução interdisciplinar é apresentada aos poucos como o máximo de relações possíveis entre as disciplinas. O 3° grau transdisciplinar é formado por uma abertura 'além' das disciplinas, que se lança a uma investigação não disciplinar, aparentemente aventureira e perigosa.

2.3. O **terceiro grau de ligação** disciplinar se abre a transações cognitivas que, através e entre as disciplinas, vão "além" delas:

– Este "além" pode intervir desde o início da investigação, ao abrir-se a elementos não disciplinares. Por exemplo, na investigação sobre a luta contra a pobreza, ao integrar todos os 'lutadores' diretamente envolvidos como colaboradores com seus próprios conhecimentos procedentes da sua experiência. A partir daí, constrói-se então uma *investigação transdisciplinar sociointerativa* que associa, além dos representantes de disciplinas científicas, também atores sociais. Ainda precisam ser construídas linguagens, metodologias, objetivos para comunicar minimamente, de maneira produtiva e heurística.

– As construções comuns durante a investigação dos meios de comunicação se abrem para reflexões metadisciplinares sobre os quadros de pensamento de cada um, entre eles os disciplinares. Pode-se falar então de uma *transdisciplinaridade sociorreflexiva.* Na investigação transdisciplinar sobre a luta contra a pobreza, especialistas das disciplinas e atores sociais permaneceram bloqueados durante seis meses por causa das opiniões opostas sobre seus conhecimentos.

O desbloqueio foi possível graças ao descobrimento de uma estrutura biocognitiva profunda, "além" das disciplinas.

– Este "além" das disciplinas de certas estruturas biocognitivas trouxe à tona aos transdisciplinares mais ousados algumas saídas *paradigmáticas posdisciplinares.* Levar em consideração novos campos de conhecimento através de novos objetivos pode trazer à tona novas metodologias e novas epistemologias. Por exemplo, para criar uma universidade transdisciplinar de investigação de luta contra a pobreza é preciso saber como criar novas interações sociocongnitivas entre os intelectualmente mais pobres e mais ricos. A "Transdisciplinaridade" de Basarab Nicolescu representa, sem nenhuma dúvida, de maneira mais evidente e estruturada, este *paradigma transdisciplinar.* Voltaremos a ele para mais detalhes. Nosso objetivo é responder questões mais pragmáticas: como realizar uma investigação transdisciplinar? Como validá-la? Renderemos a essas questões pragmáticas apresentando quatro pesquisas.

II – QUATRO INVESTIGAÇÕES TRANSDISCIPLINARES

Vimos que o enfoque transdisciplinar situa-se como se fosse a crista de um movimento de ligação entre as disciplinas que se abrem, através delas mesmas, a um "além" possível, ou seja, a vários "além" possíveis.

2.1. **Vários "além" disciplinares possíveis**

De fato, essas investigações não se reduzem a um "além" hipotético da construção de uma nova unidade cognitiva enciclopédica extraordinária que, ao transcendê-las, engloba todas as disciplinas. Paradoxalmente, este "além" posdisciplinar mais longínquo é o que se impõe aos poucos em primeiro lugar.

Certamente surgiu do pólo de pensamento unitário que, não confrontado com o da realidade múltipla, impulsiona um desejo desaforado de unificação uniforme. A dinâmica transdisciplinar se enraíza no desejo/necessidade de conhecimento unitário. É a força e também o perigo de se tornar totalitário, se este desejo fica cego em relação à complexidade e aos diferentes níveis da realidade. É contra esse perigo de único pensamento possível no horizonte que se lançam os adversários mais lúcidos da transdisciplinaridade. E eles têm razão; esse desejo unitário é tão forte que muito rapidamente se converte em patológico se não se confronta humildemente com a complexidade luxuriante e tenaz das outras realidades, cuja consideração deu origem precisamente ao nascimento das disciplinas.

A transdisciplinaridade se inscreve também no pólo objetivo da necessidade da rígida lei das coisas. O enfoque transdisciplinar nasceu e se desenvolveu porque o recorte disciplinar clássico não conseguia tratar bem todos os problemas objetivos propostos.

"Por uma dessas coincidências estranhas, sobre as quais a História guarda os segredos, a mecânica quântica, a Primeira Guerra e a Revolução Russa surgiram praticamente ao mesmo tempo. Violência e massacres sobre o plano do visível e a revolução quântica sobre o plano do invisível. Como se os espasmos visíveis do velho mundo estivessem acompanhados da aparição discreta, apenas perceptível, dos primeiros signos do novo mundo" (Nicolescu, B. 1996, p.26)

Junto também começa praticamente o primeiro manifesto da transdisciplinaridade redigido por Basarab Nicolescu, físico teórico da mecânica quântica.

Não é tanto o desejo exagerado da unidade mais recente que nos faz ter pressa em tratar novos problemas esquecidos sobre as disciplinas abordados pelas investigações transdisciplinares, mas a necessidade vital. É o caso das quatro investigações que vamos comentar brevemente.

2.2. **Problemas transdisciplinares: primeiro "além" de base**

As questões que suscitam investigações transdisciplinares são, antes de tudo, aquelas que tratam de problemas sociais e cognitivos transdisciplinares: a luta contra a grande pobreza, a luta contra a poluição (aérea), a luta contra a exclusão social ao tratar de relacionar a formação dos jovens com os problemas de evolução dos postos de trabalho e o desenvolvimento territorial; e também uma experiência médica confrontada com a oposição clássica entre medicina cientista e medicina moderna.

Levar em consideração os problemas não exclusivamente disciplinares é o primeiro "além" básico que nos parece mínimo para qualificar essas investigações como transdisciplinares.

As quatro têm como objeto problemas que vão "além" das disciplinas, mesmo que tenham também uma dimensão disciplinar. Em um dado momento – entre 15 e 30 anos para as quatro – esses problemas se livraram da fronteira dos objetos normais, ordinários, habituais de pesquisa. Foram inseridos nas disciplinas, graças aos professores/pesquisadores dessas disciplinas, ou através dos doutorandos que perseguem seu próprio objeto de investigação.

Da quatro pesquisas, duas são investigações de doutorado individuais e duas são investigações coletivas, uma da dimensão europeia para luta contra a pobreza e outra da dimensão franco/quebequense para a luta contra a poluição. O problema transdisciplinar de investigação não é, portanto, mantido por uma mesma base social, o que determina objetivos, métodos e produção de saberes muito diferentes.

2.3. **O cruzamento de conhecimento. Quando o Quarto Mundo e a Universidade pensam conjuntamente**

"O cruzamento de saberes. Quando o Quarto Mundo e a Universidade pensam conjuntamente" é a investigação que dispõe de uma base social mais ampla e heterogênea. O autor coletivo "Grupo de Investigação Quarto Mundo – Universidade" é composto de 32 atores/autores que pertencem a três subgrupos diferentes.

– *Os universitários*: 12 pesquisadores e professores que representam oito disciplinas: Direito, Economia, Ciências da Educação, Medicina, Física, Criminologia, História e Sociologia.

– *Os atores/autores de base:* 15 pessoas que vivem a experiência da luta direta e cotidiana pela sobrevivência em uma situação de extrema pobreza no movimento *Ayuda a Toda Destreza – Cuarto Mundo (ATD – Q Monde*). Essas pessoas recebem, merecidamente, a denominação de militantes.

– *Os voluntários/permanentes do movimento ATD:* cinco pessoas que se comprometem voluntariamente, durante vários anos, em ações de luta contra a pobreza ao lado daqueles que a vivem à força.

O objetivo do projeto era duplo: produzir o saber comum da luta contra a pobreza ao cruzar esses conhecimentos e construir, para essa produção, um trabalho de equipe de pesquisa/ação/formação mediante uma tríplice aliança: universidade/profissionais/público.

A concepção desses dois ambiciosos projetos motivou o apoio dos 32 atores/autores para formar uma equipe pedagógica de seis pessoas, assim como um Conselho Científico de sete personalidades.

O projeto franco/belga foi realizado durante cinco anos, de 1993 a 1998, com financiamento europeu e se materializou em uma obra que alguns qualificam de histórica, principalmente em função de sua metodologia e epistemologia de transdisciplinaridade sociointerativa construída e experimentada.

Atualmente se prolonga em um segundo programa: o programa de coformação entre militantes da erradicação da miséria e formadores de atores profissionais. O objetivo do programa é produzir um referencial de formação em conhecimento recíproco e em colaboração com os mais desfavorecidos, que pode resultar em um diploma de nível universitário.

QUADRO Nº 2: Quatro investigações trandisciplinares

Títulos	**O cruzamento de saberes** *Quando o Quarto Mundo e a Universidade pensam conjuntamente.*	**Sobre o ar** *Ensaio sobre a ecoformação.*	**Transações socioecológicas e formação/desenvolvimento.** *Investigação/ Formação com pastores transumantes pluriativos nos Pirineus Atlânticos.*	**Práticas Médicas, formações e transdisciplinaridade** *Contribuição à construção de um modelo biocognitivo de formação da pessoa.*
Autores	**Grupo de investigação Quarto Mundo** Universidade Universitários: 12 (8 disciplinas) Profissionais/ formadores: 5 Pessoas de QM: 15	**Gaston Pineau e colaboradores** Universitários: 9 (7 disciplinas) Pessoas/testemunhas: 7	**Dominique Bachelart** 5 grupos de atores em colaboração (ORG agric, prof., polit., form. e jovens)	**Patrick Paul**
Objetivos (Axiologia)	Construir um proceso de autoemancipação social por uma tríplice aliança (Univ.-Pro.-Público)	Construir uma educação ambiental através do desenvolvimento de uma sensibilidade ecológica.	Construir uma formação/desenvolvimento aberta sobre os entornos naturais, socioprofissionais e locais.	Construir um modelo biocognitivo transdisciplinar de formação da pessoa.

QUADRO Nº 2: Quatro investigações trandisciplinares (continuação)

Epistemologia	Epistemologia aberta: investigação da pluridade de saberes e de sua legitimidade (saberes formais, de exp. e de ação). Epistemologia construtiva, construir novos saberes conjuntamente (cruzamento mediante uma escritura comum).	Epistemologia sistêmica e simbólica.	Epistemologia transversal, transacional por triangulação formativa multipolar.	Epistemologia transdisciplinar: – da complexidade paradoxal – do terceiro incluído – e dos diferentes níveis de realidade
Metodologia	-Metodologia de investigação/ação/formação. -Engenharia de alternância socioformadora de fertilização cruzada de saberes.	-Metodologia de investigação coletiva através de produções individuais de identidade e tratamento dos problemas. -Estruturação sistêmica	Metodologia transversal que articula progressivamente: – investigação/ diagnóstico – investigação participante – investigação/ ação exist.	História de vida profissional e história de vida imaginária.
Problemas	A luta contra a grande pobreza.	A luta contra a poluição atmosférica.	Religar a formação dos jovens à evolução dos empregos e ao desenvolvimento local sustentável.	A experiência médica que questiona a oposição clássica entre duas correntes: uma de tendência cientista, monista e materialista; a outra de tendência tradicional, holista e vitalista.

2.4. "Sobre o ar. Ensaio de ecoformação"

Esta investigação está mais personalizada em termos de autores: apresenta um nome "e colaboradores".

Trata-se de uma investigação coletiva, mais interdisciplinar do que trans no que diz respeito às interações sociais. Porque seus principais autores são universitários: nove deles representam sete disciplinas. Os não disciplinares contribuíram com curtos relatos de experiências culminantes. E os especialistas nas disciplinas produziram separadamente seu próprio capítulo, alguns deles inclusive sem terem se visto ou lido mutuamente os trabalhos. A pesquisa colocaria a transdisciplinaridade no nível da estruturação sistêmica de conjunto, que consegue relacionar fortemente, de uma maneira nova e sinérgica, esses trabalhos, ao mesmo tempo em que provoca uma cadeia vital de comportamentos aéreos (sobre o ar): respirar, arejar, arejar-se, habitar o céu e a terra, aerodinamizar-se. Esses cinco comportamentos que ganham importância ecológica estruturam o livro.

O grande e complexo trabalho de estruturação "de conjunto" trouxe à tona reflexões metadisciplinares que me faz qualificar esta investigação de transdisciplinaridade reflexiva, questionando os quadros de pensamento para construir outros mais adaptados ao problema de que se trata. Ajusta-se, assim, o desenvolvimento de uma educação para o entorno, que se apóie ao máximo na construção de uma educação pelo entorno (ecoformação).

Essa construção precisa de uma aprendizagem de sutil sensibilidade em relação a diferentes influências materiais. Atualmente, a metodologia e a epistemologia desenvolvidas na primeira iniciação à ecoformação continuam no interior de um Grupo de Investigação sobre a Ecoformação (GREF). O segundo livro foi concluído: "As águas ecoformadoras". Um terceiro está em preparação, enfocando a ecopedagogia terrestre. Esta comunicação é mantida com uma grande esperança de colaboração com seu grupo[2], em particular sobre essa fonte de educação ecológica transdisciplinar. Evidentemente é necessário justificar sua urgência e importância.

2.5. **Transações socioecológicas e formação/desenvolvimento. Investigação/formação com pastores transumantes pluriativos nos Pirineos Atlânticos**

A qualificação de transdisciplinaridade reflexiva encaixa-se bem, na minha opinião, também na investigação de doutorado de Dominique Bachelart, entitulada *Transacciones socio-ecológicas y formación-desarrollo. Investigación-formación con pastores transhumantes pluri-activos en los Pirineos-Atlánticos*. O primeiro capítulo começa assim: "'Trasumância: a lenta marcha em direção ao 'trans'". E termina destacando "o projeto de grande alcance que representa o aprendizado de uma epistemologia transversal e multirreferencial". "Uma coisa é identificar intelectualmente o interesse por se emancipar do sistema de representação binário do mundo e da lógica do terceiro excluído; por outro lado, é mais difícil educar-se dentro da lógica contraditória e deixar-se guiar na compreensão dos movimentos de atualização de potencialização de fenômenos e através de uma tomada de consciência de nossas contradições, ao ir em direção a um sentimento de unidade dos antagonismos" (p.463).

Transdisciplinaridade reflexiva e ao mesmo tempo sociointerativa, já que realizou sua investigação em colaboração com cinco grupos de atores que pertencem a organizações agrícolas, profissionais, políticas, formativas e com jovens menos organizados. Converter em heurística essa

[2] *O autor Gaston Pineau se refere à colaboração iniciada com o GIAD, Grupo de Investigación y Asesoramiento Didáctico da Universidade de Barcelona, dirigido por Saturnino de la Torre.*

base social transdisciplinar complexa fez com que construísse um processo de formação/desenvolvimento, que articulasse progressivamente investigação/diagnóstico, investigação/participação e investigação/ação existencial.

2.6. "Práticas médicas, formações e transdisciplinaridade. Contribuições à construção de um modelo biocognitivo de formação da pessoa"

Essa quarta investigação, como a precedente, é também uma investigação de doutorado e de dupla importância, já que seu autor, Patrick Paul também é médico.[3] Faz com que o termo transdisciplinaridade do título indique a centralidade explícita do projeto transdisciplinar da investigação.

Este trans está presente em todos os níveis, axiológico, epistemológico, metodológico e praxeológico: em direção à construção de um modelo biocongnitivo transdisciplinar de formação de uma pessoa.

O fato de P. Paul ser fisicamente o único ator/autor desta investigação não pode nos deixar esquecer que já é doutor em medicina e que deseja realizar uma nova tese em Ciência da Educação. A amplitude e o vigor dos debates com seu diretor de pesquisa (eu mesmo) indicam que as transações cognitivas não são somente interdisciplinares, mas também, e sobretudo, trans. Porque cada um se obriga a ir "além" de suas fronteiras disciplinares até a gênesis do modelo através da formação permanente de 20 anos de práticas médicas.

A metodologia é particularmente original. P. Paul constrói sua história de vida sobre os acontecimentos e imaginários para descobrir como vinte anos de experiências profissionais e existenciais – diurnas e noturnas – contribuíram

[3] *Este trabalho de Patrick Paul deu origem ao livro* Formation du Sujet et Transdisciplinarité – Histoire de vie profissionnelle et imaginale, *publicado pela TRIOM em 2008:* Formação do Sujeito e Transdisciplinaridade – História de vida profissional e imaginal

para lhe dar uma formação biocogntiva. Esta metodologia é possível graças ao registro de seus sonhos desde os 20 anos de idade. Tais registros proporcionam a oportunidade de analisar sua história de vida imaginada. Falta o cruzamento dos acontecimentos biocognitivos mais diurnos, profissionais, formativos e produtivos.

Epistemologicamente, o modelo se constrói com "os três pilares" da transdisciplinaridade, que cada vez mais se concretizam como sendo "os níveis de realidade, a lógica do terceiro incluído e a complexidade". (Nicolescu B. 1996, p.68)

III – ESTRATÉGIAS DE REDES EM INVESTIGAÇÃO/ AÇÃO/FORMAÇÃO

Ao falar da *Transdisciplinaridade e formação* apresentaremos três aquisições/resultados desta experiência de investigação transdisciplinar em redes.

– O primeiro diz respeito a uma nova teorização da formação. A abertura da aprendizagem em todos os setores da vida obriga a ir "além" da definições clássicas da educação. A força heurística dos prefixos permite a abertura paradigmática de uma nova concepção da formação humana. Não há formação sem transformação, ou seja, alternância entre formação formal e informal em auto-, hetero- e ecoformação. Apresenta o paradigma de antropoformação "em dois tempos, três movimentos".

– O segundo desenvolve três formas de investigações transdisciplinares que estruturam o livro. Uma forma básica sociointerativa de abertura da investigação a outros *partenaires* sociais diferentes dos investigadores disciplinares, uma forma reflexiva que questiona os quadros teóricos e metodológicos de investigação e, além disso, uma forma paradigmática que se choca com as evoluções epistemológicas e metodológicas reveladas pelas formas precedentes.

– Finalmente, o terceiro, já mencionado, desenvolverá a estratégia de redes transportável a outros campos distintos daquele da formação.

3.1. Em direção a uma antropoformação em dois tempos (formações formal e informal) e três movimentos (formações pessoal, social e ecológica)

A grande abertura da aprendizagem em todos os setores da vida obriga a tirar de cena teorias educativas clássicas que reduziam a educação à ação de gerações adultas (pais/professores) em detrimento da educação dos jovens. Este *reconhecimento* da necessidade das aprendizagens permanentes para formar o ser humano é o que MORIN (2003) chama de "a revolução da aprendizagem". Esta revolução deve ser compreendida em dois sentidos. A aprendizagem é apresentada como o fator principal de formação humana, sobrepondo-se aos fatores genéticos ou sociais, considerados anteriormente como predeterminantes. E, por outro lado, a aprendizagem é vista como um movimento recursivo, um emaranhado estranho formado pela unidade humana com a diversidade e a heterogeneidade não humanas.

Para a compreensão desta revolução de aprendizagem, os três pilares da transdisciplinaridade se mostraram particularmente frutíferos para sair do paradigma pedagógico/positivista da educação e começar a construir um paradigma antropoformador à altura das aprendizagens que devem ser consideradas. Os "ismos" "unicasuais" das disciplinas foram substituídos amplamente por prefixos que serviram para dar conta dos trajetos que tentam dar forma e sentido a níveis diferentes de realidade, terceiros incluídos e paradoxos que devem ser tratados.

– A autoformação foi construída paradoxalmente com o enforque ternário (G. PINEAU, "Autoformação e enfoque ternário", capítulo 8 – Noël DENOYEL, "Alternância tripolar e razões experimentais " à luz da semiótica de PEIRCE). Os diferentes níveis de realidade permitiram chegar a obter um modelo muito claro (P. GALVANI "A autoformação, uma perspectiva transpessoal, transdisciplinar e transcultural", capítulo 9).

– A ecoformação apareceu progressivamente como a reinclusão de um terceiro material excluído durante muito tempo, por causa de uma investigação com pastores transumantes (Dominique BACHELART "Trajetos de investigação socioecológica: um caminho lento em direção à transdisciplinaridade", capítulo 3).

– A co- e a heteroformação (pólo social da formação) foram particularmente trabalhadas na ocasião de uma investigação/ação/formação europeia, que reagrupava representantes do Quarto Mundo e dos universitários (Pascal GALVANI, "Fertilização cruzada de saberes e engenharia de alternância socioformativa", capítulo 2).

– Para terminar, o conceito de antropoformação foi elaborado com a finalidade de dar conta dos movimentos centrípetos paradoxais, que tentavam unificar esses movimentos de socialização, ecologização e de personalização de fortes tendências centrífugas. Este movimento de construção paradigmática posmoderna e transdisciplinar de antropoformação tem uma relação histórica com os primeiros grandes modelos filosóficos predisciplinares, assim como mito da caverna de PLATÃO (Patrick PAUL, "O conceito de antropoformação", capítulo 10 e "Sujeito, autoformação, antropoformação e níveis de realidade", capítulo 11).

3.2. – Três formas de investigação transdisciplinar a distinguir para sinergizar o longo caminho em direção ao "trans"

Como assinala de forma certeira o autor de uma investigação transdisciplinar sociointerativa com pastores transumantes, uma coisa é reconhecer os limites dos enfoques disciplinares, e outra é emancipar-se e construir outros enfoques novos, com, entre e "além" (D. BACHELART, p.53). Estes reconhecimentos disciplinares – pluri, inter e trans – comportam transações evolutivas mais ou menos revolucionárias e exigem aprendizagens multiformes. Esses últimos desencadeiam trajetos de investigação pessoal e profissional complexos, amplos, trabalhosos, situados social, temporal e espacialmente. Esses trajetos de aprendizagem paradigmáticos podem assumir várias formas entre a prática e a teoria, o empirismo e a abstração, a indução e a dedução e, inclusive, a transdução. É por isso que as investigações transdisciplinares parecem não se apresentar em um estado suficientemente concluído, mas ao contrário, parecem inserir-se em um processo complexo de construção. É o segundo sentido do título *Investigações transdisciplinares em formação.* E as construções em um domínio particular – produzidas aqui no campo da formação – podem ser esclarecedoras para todos os domínios.

As investigações transdisciplinares no campo da formação do Departamento de Ciências da Educação e da Formação podem ser agrupadas em três tipos. Vão desde pesquisas coletivas que mobilizam por inteiro um grande número de atores sociais distintos (formas sociointerativas) até investigações individuais que interrogam aos quadros de pensamento disciplinar (forma reflexiva) ou se propõe seriamente a superá-los. O ponto comum é tratar um problema que supera a disciplina concreta, por exemplo: a luta contra a pobreza, contra a poluição, contra a exclusão, a favor da saúde.

3.2.1.– *A forma sociointerativa de base social ampla extradisciplinar*

Esta forma agrupa investigações coletivas sobre os laços de união com a ação, a formação, o desenvolvimento e a intervenção. No campo da formação, trata-se inclusive de construir um duplo traço de união entre investigação, ação e formação. A construção desses laços de união exigem superar fissuras disciplinares entre investigadores e atores sociais, sejam eles profissionais ou não (população de base relativamente excluídas das atividades clássicas de pesquisa: usuários, clientes, beneficiários, benévolos, marginalizados, excluídos).

A primeira parte da obra apresenta dois tipos dessas formas de investigação transdisciplinar sociointerativa. Uma com populações em situação de pobreza extrema (o programa de investigação/formação/ação Quarto Mundo – Universidade, Pascal GALVANI) explicita a engenharia específica de alternância socioformativa inventada para chegar a uma fertilização cruzada de saberes. O outro trata de um longo trajeto de investigação sócioecológica de dez anos com pastores transumantes (Dominique BACHELART).

3.2.2. – *A forma reflexiva de interrogação dos marcos disciplinares*

Esta forma reflexiva desenvolve um trabalho metacognitivo de interrogação dos marcos de pensamento e de ação, mobilizados da forma precedente. Este desenvolvimento não é sempre possível, mas sua possibilidade constrói um nível superior de lucidez por abstração reflexiva (Jean PIAGET) e conduz a uma consciência cognitiva crítica (Paulo FREIRE).

A segunda parte da obra apresenta quatro investigações deste gênero.

– "Em direção à transdisciplinaridade" (capítulo 4) e "O imaginário e a transdisciplinaridade entre o universal e o singular " (capítulo 6). O autor de ambos é Patrick PAUL.

– "O significado do significado" de Gaston PINEAU.

– "Alternância tripolar e razão experiencial à luz da semiótica de Peirce" de Noël DENOYEL.

3.2.3. – *A forma pragmática de construção transdisciplinar*

Esta forma reagrupa investigações que trabalham frontalmente as evoluções e revoluções axiológicas, epistemológicas, metodológicas e praxiológicas propostas de tal maneira que aparecem vinculadas às formas precedentes. Quando se fala de investigações transdisciplinares, pensa-se nesta forma máxima. No entanto, reduzir as investigações transdisciplinares a esta única forma epistemologicamente muito aguda supõe um risco importante de fugas abstrativas e de redução da base sociointerativa. Distingui-las sem eliminar as demais foi determinante para fazer justiça à força de cada uma das formas e otimizar assim a sinergia desejada aportada por essa tríade.

A terceira parte do livro apresenta também quatro investigações deste tipo paradigmático:

– "Autoformação e enforque ternário" (Gaston PINEAU)

– "A autoformação: uma perspectiva transpessoal, transdisciplinar e transcultural" (Pascal GALVANI)

– "O conceito de antropoformação" e "Sujeito, autoformação, antropoformação e nível de realidade" (Patrick PAUL)

3.3. – Estratégias de investigação transdisciplinar em redes de aprendizagem recíproca

Como mencionado na introdução, uma única estratégia de redes de aprendizagem recíproca permitiu as aquisições precedentes. Considerando a dinâmica de transição atual na construção de investigação transdisciplinares, parece útil propor globalmente esta estratégia para a falta de políticas institucionais centrais. Por causa de seu estado emergente de transição, a aprendizagem da transdisciplinaridade só pode ser levada a cabo na ação, e na ação por meio de interações com os outros. Não há trans sem inter.

Esses outros não são sempre os mais próximos. Os representantes disciplinares ainda ocupam, em grande parte, os postos centrais de ensino e de pesquisa. Entretanto, os atores/investigadores transdisciplinares são emergentes e muito dispersos. Na prática, o meio de aprendizagem recíproca em rede revela-se de grande valor heurístico. A rede é a forma ágil de organização social transversal para converter as distâncias formadoras. Com essa forma flexível de organização social transversal, parece correto experimentar e verificar a pertinência daquilo que Marylin FERGUSON chamava "a instituição do nosso tempo": "A rede é uma matriz de exploração pessoal e de ação de um grupo. De autonomia e de relações. Paradoxalmente, uma rede é ao mesmo tempo íntima e expansiva. Contrariamente às organizações verticais, é possível mantê-la e ao mesmo tempo aumentar sua qualidade pessoal e local. Não é preciso escolher um papel em uma comunidade ou em uma escala mais global. É possível assumir os dois." (1981, p.161)

É por essa razão que a proposta do congresso de Locarno, de envolver as oficinas de investigação transdisciplinar (ART) e as unidades de formação de investigação transdisciplinar em redes, nos parece sempre atual (UFRT) (Cf. Basarab NICOLESCU, 1998).

CONCLUSÃO

Para desenvolver essas três aquisições – estratégia de investigação em redes, obtenção de sinergias a partir das três formas de investigação, construção de uma antropoformação – a coleção criada «Interfaces e transdisciplinaridade» pode ser um meio importante de catalização e socialização das produções. Limita-se às ciências humanas e médicas, insistindo em:

– enfoques que permitam pensar a complexidade do sujeito através de e além dos objetos disciplinares;

– pontos de vista que permitam precisar as interfaces entre as práticas, as representações sociais e teorizações;

– interações entre investigações, ações e formações.

REFERÊNCIAS

BACHELART, Dominique (1999). *Transactions socio-écologiques et formation-développement. Recherche-formation avec des bergers transhumants pluri-actifs dans les Pyrénées-Atlantiques*, Thèse de Doctorat en Sciences de l'éducation, Université de Tours.

FERGUSON, Marylin (1980). *Les enfants del Verseau, pour un nouveau paradigme.* Paris: Calmaux-Léoy.

Groupe de Recherche Quart Monde (1999). *Le croisement des savoirs. Quand le Quart-Monde et l'Université pensent ensemble.* Paris: les éditions de l'Atelier.

MORIN, E., MOTTA, R., CIURANA, E. R-. (2003). *Éduquer pour l'ère planétaire.* Paris: Balland.

NICOLESCU, Basarab (1994). Transdisciplinarité: effet de mode ou tournant de la pensée, *Tranversales* n° 25.

NICOLESCU, Basarab (1996). *La transdisciplinarité, Manifeste*, Paris: Editions du Rocher. (*O Manifesto da Transdisciplinaridade.* São Paulo: TRIOM)

NICOLESCU, Basarab (1998) *Compte-rendu de la Conférence mondiale de l'enseignement supérieur*, Comission 2 "Éducation, transdisciplinarité et politique de civilisation". Paris: UNESCO.

PAUL, Patrick (2001). *Pratiques médicales, formations et transdisciplinarité. Contribution à la construction d'un modèle bio-cognitif de formation de la personne.*

PAUL, Patrick y PINEAU, Gaston (coord.) (2005). *Transdisciplinarité et formation.* Paris: L'Harmattan, collection. «Interfaces et transdisciplinarité».

PINEAU, Gaston et al. (1994). *De l'air. Esai sobre l'écoformation*. Paris, Montreal: Sciences et Culture, Païdéia.

PINEAU, Gaston (2004). *Temporalidades em formaçao*. São Paulo: TRIOM.

Capítulo 4

O Poder da Palavra

Significado e alcance da linguagem transdisciplinar e ecoformadora

Saturnino de la Torre
Catedrático em Didática
da Universidade de Barcelona

Podemos chegar a conhecer a estrutura do mundo se conhecemos a estrutura da linguagem – Wittgenstein

A palavra é o veículo da mente, a ferramenta mais poderosa que o ser humano possui para se comunicar, para chegar ao mundo interior das pessoas, para se apropriar do seu entorno, para expressar seu potencial criativo. – S. de la Torre

RESUMO

Este capítulo tem como objetivo fazer com que tomemos consciência da força da linguagem e do discurso da construção de qualquer realidade, seja ela política, social, educativa ou da própria vida. A linguagem é como uma visão ou elemento quântico, através do qual percebemos, construímos e compreendemos o mundo que nos rodeia. Vamos moldando a realidade desejada através da linguagem e das palavras. Os políticos, vendedores, publicitários e pregadores sabem muito bem disso. Assim, após analisar a linguagem da vida, da profissão e da ciência em termos semióticos, questiona-se por que é necessário recorrer a uma nova linguagem coerente com o olhar transdisciplinar e ecoformador.

Palavras-chave: poder da palavra, linguagem, ecoformação, neurolinguagem, ecossistêmico.

1. CENÁRIO PARA SENTIPENSAR

O mar, um cenário de admirável beleza e simbolismo para desnudar a alma, para mergulhar em ideias e sentimentos, para sossegar os ânimos agitados pelo estresse ou para meditar sobre a vida. O mar é esse sábio conselheiro que pode representar o "outro eu" com o qual às vezes dialogamos. O eu real e o eu desejável, ético. Porque a história que quero contar tem a ver com esse diálogo entre o maestro (Neruda) e o aluno (o carteiro). Na minha opinião essa é uma das cenas mais belas e mais ricas em significado ecoformador, por integrar experiências diversas através da metáfora. É fascinante ver como o mero linguajar literário é capaz de transformar a pessoa, a ponto de ela crer em si, de descobrir seu poder de criar metáforas e com elas dominar o mundo dos sentimentos e do amor. De atrair o amor de sua admirada Beatrice através do imã da palavra. Vejamos um extrato de *O carteiro de Neruda* (Skarmeta, 1997, 23ss – *O Carteiro e o Poeta*, Ed. Record, trad. Beatriz Sidou), excepcionalmente encenado por Philippe Noiret (Neruda) e Massimo Troissi (o carteiro) no filme *O Carteiro e o Poeta.*

— Você fica aí parado como um poste, diz Neruda.

— Cravado como uma lança?

— Não, quieto como uma torre de xadrez.

— Mais tranquilo que um gato de porcelana?

— É indigno que você fique me submetendo a todo tipo de comparações e metáforas.

— Como é, Don Pablo?

— São modos de dizer uma coisa comparando-a com outra.

— ...

— Eu bem que gostaria de ser poeta!

— Todos são poetas no Chile. É mais original que você continue sendo carteiro.

— É que se eu fosse poeta, poderia dizer o que quero.

— E o que é que você quer dizer?

— Bom, é justamente este o problema. Como não sou poeta, não posso dizer.

— Se quer ser poeta, comece a pensar enquanto caminha. Agora vá para a enseada pela praia e, enquanto observa movimento do mar, pode ir inventando metáforas.

— Dê-me um exemplo!...

— Olha este poema: "Aqui na Ilha, o mar, e quanto mar. Sai de si a cada momento. Diz que sim, que não, que não. Diz que sim, em azul, em espuma, em galope. Diz que não, que não. Não pode sossegar. Me chamo mar, repete se atirando contra uma pedra sem convencê-la. E então, com sete línguas verdes, de sete tigres verdes, de sete cães verdes, de sete mares verdes, percorre-a, beija-a, umedece-a e golpeia-se o peito repetindo seu nome." O que você acha?

— Estranho.

— "Estranho!" Mas que crítico mais severo!

— Não, Don Pablo. Estranho é como eu me sentia quando o senhor recitava o poema.

— Vamos ver se se desenreda um pouco, porque não posso passar toda a manhã desfrutando o papo.

— Como se explica? Quando o senhor dizia o poema, as palavras iam daqui para ali.

— Como o mar, ora!

— Pois é, moviam-se exatamente como o mar. Eu me senti "estranho", porque com tanto movimento fiquei enjoado.

— Você ficou enjoado...

— Claro! Eu ia como um barco tremendo em suas palavras.

— "Como um barco tremendo em minhas palavras", ressalta Neruda.

— Sabe o que você fez, Mario?

— O quê?

— Uma metáfora!

— Mas não vale porque saiu só por puro acaso.

Mario levou a mão ao coração e quis controlar um repente desaforado que lhe subia pela garganta e que lutava para sair por entre os dentes.

O carteiro pegou sua bicicleta, tocou contente a buzina e com um sorriso tão amplo que abarcava o poeta e o todo o entorno, disse:

— Até logo, Don Pablo.

— Até logo, rapaz....

Essa é uma das cenas mais belas e mais significativas do filme. Conseguiu criar metáforas e com elas expressar os sentimentos mais doces e impactantes para impressionar Beatrice. Isso porque a palavra tem uma força transformadora na formação da vida, na política e no trabalho. Seu poder e sua fraqueza servem para ferir, para mentir ou enganar, mas também para expressar o amor. Em um momento, o acusado de usar as palavras do poeta se defende: "a poesia não é de quem a escreve, mas de quem necessita dela". Um pensamento profundo que reflete a dimensão humana e social da poesia e consequentemente da palavra e da linguagem.

De fato, reconhecendo sua capacidade de criar metáforas, as palavras de Neruda dão a confiança e a segurança que o carteiro precisava para alcançar essa meta tão sonhada. Essa é a magia e o mistério do formador, quando abre horizontes novos através do reconhecimento sincero. Todo professor tem experiências dessa natureza. A neurociência e a neurolinguística explicariam o fenômeno com base nos neurotransmissores, como por exemplo a acetilcolina.

2. PODER E ALCANCE DA PALAVRA

A palavra, diz S. Torre (2004, 24) em *Diálogos com o mar*, é um instrumento utilizado por nós para transmitir nossos pensamentos, ideias, emoções e estados de ânimo. É a descoberta mais assombrosa dentre todas feitas pelo ser humano desde suas origens. A palavra nos permite entrar no âmbito mais profundo da alma humana, permite nos comunicarmos, transmitir conhecimentos científicos ou literários. A palavra tem, entre outros, o poder destruidor de um veneno, a força criativa de um medicamento, a magia sedutora para apaixonar-se, o espírito de transcender, a capacidade de curar e estancar, o poder de construir e de formar. A palavra pode, sem dúvida, ajudar-nos a superar a adversidade e encontrar o sentido positivo da vida. Para o neurocientista E. Castañón (2005), a palavra é o maior instrumento de comunicação entre os humanos.

Quando digo *palavra* penso em um dos códigos mais elaborados e complexos da linguagem, peculiar ao ser humano. A linguagem é uma forma de expressão de qualquer ser vivo. A linguagem é tão complexa quanto for necessário. Todo ser vivo se comunica de alguma maneira com seus semelhantes. O ser humano o faz de múltiplas formas e com várias linguagens, através das quais pensa, sente, comunica-se, interage, transcende.

2.1. A palavra na vida e na profissão.

A linguagem é, de certo modo, um organizador conceitual da realidade. Através da linguagem não só tentamos compreender, mas também explicar e dominar aquilo que nos rodeia. É por causa dela que contamos com tantas manifestações e variações de atividades humanas. Cada uma das formas tem sua própria finalidade e nos transmite uma maneira de entender a realidade. A realidade não é única para todos, mas de certo modo se expressa através da linguagem utilizada. Assim, a linguagem coloquial ou popular tem a finalidade comunicativa de fatos, ideias, sentimentos, e projeta a *realidade vivida.* A linguagem poética e literária tem suas próprias regras baseadas nos recursos metafóricos, simbólicos e estéticos, baseando-se sobretudo na realidade imaginada. O quadro seguinte sintetiza essas linguagens e a palavra criativa subjacente em cada uma delas. Uma palavra eficaz, com força para conseguir a transformação própria em cada campo.

Campo e linguagem **Palavra de**	Funções e poderes (forma simplificada)	Tipos de realidade subjacente em cada âmbito e linguagem.
Amantes	Apaixonar, seduzir, fascinar, emocionar, atrair, agradar, embelezar, despertar e compartilhar os sentimentos.	Realidade sonhada, busca da felicidade.
Professores	Impactar, envolver, comprometer, provocar *sentipensar*, estimular, enfatizar, ajudar a aprender, ensinar, promover valores.	Realidade ideal, aquela que se aspira através de valores educativos.
Educador Social	Integrar em sociedade, ajudar, animar, apoiar iniciativas, educar.	Realidade como integração social.
Artista	Impressionar, expressar beleza, apreciar, representar a realidade.	Realidade recriada, imaginada, transformadora.
Poeta, escritor	Sentir, compartilhar, expressar o mundo interior, transformação social, denúncia.	Realidade interior, imaginada, recriada.
Publicitário	Persuadir, convencer, atrair, valer-se de todas as linguagens.	Realidade: consumo de produtos anunciados.
Político	Convencer, persuadir, impelir as massas, simular, enganar (meias-verdades), debater, melhorar.	Realidade interpretada pela ideologia política.
Advogado	Convencer, argumentar, defender, persuadir, simular.	Ganhadores/perdedores.
Pregador, sacerdote	Convencer, ganhar adeptos, realizar ritos.	Realidade espiritual e transcendente.
Médico	Animar, curar, tranquilizar, alentar, medicar.	Vida saudável.

Jornalista (jornalismo)	Informar, noticiar os acontecimentos, persuadir, conscientizar, denunciar abusos de poder,	Realidade como eco de ideologia política.
Humorista	Divertir, alegrar, agradar, fazer rir, criticar, conscientizar, denunciar.	Lado divertido da realidade.
Cientista	Compreender, descobrir, argumentar, explicar, simbolizar.	Realidade interpretada e explicada com base nas evidências.

Com essa rápida descrição de alguns campos e suas respectivas linguagens, constatamos que a palavra tem força transformadora e que em cada caso tem funções diferentes e faz descobrir uma maneira de entender a realidade. Como se nota, a realidade do artista, do poeta ou do escritor não é a mesma do político, do docente ou do científico. Como diz Zukav, *cada palavra que pronunciamos contém energia (...), toda intenção põe energia em movimento.* Mas onde está a sua criatividade? Sem dúvida na maneira de utilizá-la, de forma a atingir eticamente seu objetivo e recriar ou transformar uma parte desta realidade a que se dirige. Não basta emitir as palavras, no caso daqueles que as utilizam para convencer, vender ou ensinar; é preciso fazê-lo de forma ética, a partir de valores e visando melhorias sustentáveis com relação a pessoas, processos e instituições.

Sim, a palavra é o recurso mais poderoso do docente e formador, dos pais, amigos e conhecidos, para que construam cada um a sua personalidade. Boa parte de seu êxito profissional está no uso que se faz da palavra. Uma palavra infeliz pode ferir para sempre um estudante, enquanto que uma palavra amável e alentadora em um momento crítico pode abrir-lhe as portas do futuro. (Torre, 2004)

O que caracteriza a palavra e a linguagem criativa? Façamos uma analogia da flecha e do arqueiro.

- A palavra é como uma flecha, sendo o *alvo a alma do destinatário.* Se a flecha acerta o centro, terá conseguido mover e comover de acordo com seu objetivo. Sem alvo, a flecha da palavra perde o sentido.

- A palavra não é uma flecha qualquer. Não é feita de material rígido, mas de energia que adota a forma de um *raio ramificado,* de onda e de luz. É flexível, variada, rica em matizes e suscetível a interpretações. Basta visualizar as ramificações de um raio na tormenta para compreender melhor o significado e alcance da palavra.

- *O arco é tensionado pelo sentimento*, a emoção, a persuasão, a cumplicidade ou o entusiasmo. O emocional determinará a potência e intensidade com que essa flecha será disparada. É a energia desencadeante do raio.

- A palavra nunca atua sozinha. Sempre está acompanhada da *tripla estrutura básica:* linguagem, paralinguagem e cinética. É a tríade da força, da direção, o ajuste que proporciona muitas vezes a própria experiência.

- O arqueiro utiliza todos os *recursos da mente e do coração* (saber, saber fazer, sentir). Vale-se em cada caso da invenção, do engenho, da ocorrência, do humor. Mas também da sensibilidade e do compromisso.

- O arqueiro utiliza a surpresa, a intriga, o suspense como estratégias que favorecem o envolvimento. São como complementos que reforçam a eficiência e a eficácia. A palavra criativa *joga com a surpresa.*

- *A palavra criativa impacta, deixa sinais,* marca. Não morre no ar nem se desfaz ao bater no alvo. Atingi-lo significa que o objetivo foi atingido e essa marca permanece no decorrer do tempo.

• *O importante não é o que sai, mas o que chega,* o efeito que tem. Quantas vezes nossas palavras tiveram um sentido totalmente contrário àquele que buscávamos! Decisões ou acordos que nunca foram selados. É preciso colocar-se no lugar do receptor, no lugar do alvo mais do que no do arqueiro. Quem recebe é aquele que dá sentido e é esse que deveria prevalecer. Pouco adianta que o vendedor grite e o docente mostre o que sabe, se não houver quem compre ou aprenda. Isso nos leva a ver o todo como um processo em que cada elemento exerce seu próprio papel.

• *Transformação e valentia.* Para que uma ideia, palavra, plano ou decisão possa ser chamado criativo, é preciso que comunique, compartilhe e transforme. Não existe nenhuma fórmula secreta para a criatividade. Se houvesse alguma, seria aquela inspirada no "Cirque du Soleil", quando L. Heward e J. Bacon (2005, 47) escrevem: "Para mim, a criatividade consiste, acima de tudo, em ser corajoso, em desejar correr riscos, em provar coisas novas e em compartilhar a experiência com os demais".

Para S. Pinker (1997), a linguagem se diferencia de outro tipo de comunicação em quatro pontos fundamentais:

1) *Criatividade.* A literatura nos mostra o alcance ilimitado do manejo da linguagem. Um número limitado de signos e fonemas dá origem a trilhões de construções verbais. Quando falamos ou escutamos, associamos uma relação ao argumento estabelecido, recriando significados mediante a 'capacidade generativa'. Graças a essa capacidade conseguimos nos expressar segundo normas e regras próprias, de forma que quanto mais se domina esse código ou língua, mais diferenças são estabelecidas. Uma palavra nos traz à mente uma ampla gama de significados, dependendo da experiência. Palavras como amor, ternura, paixão, guerra, morte... desencadeiam ideias e emoções o tempo todo.

2) *Forma.* As palavras têm um significado e a semân-

tica se ocupa desse estudo. As formas de linguagem são regidas em cada idioma por uma estrutura que combina a morfologia, a morfossintaxe. Para compreender o significado é preciso estar familiarizado com os fonemas ou o sentido das palavras na nossa própria língua. A palavra "Jaire" não nos diz muita coisa, mas se ouvimos "salve!" possivelmente nos vem à mente episódios romanos.

3) *Conteúdo*. A palavra permite um tipo de comunicação denotativa muito mais precisa do que qualquer outra linguagem, pelo menos no que diz respeito à transmissão de ideias e significados. Somos capazes de comunicar pensamentos concretos, abstratos, situações reais ou imaginárias que possam ser reforçadas através de gestos, posturas, movimentos e variações de voz.

4) *Uso*. Para os seres humanos, a linguagem é um meio de comunicação social, uma forma de nos projetarmos em direção ao outro e o outro em nossa direção. "Se a palavra não existisse... o silêncio explodiria no mundo." Através da palavra falamos de nós mesmos, mantemos nossa história e costumes, chegamos ao coração e à mente dos demais. Como vimos anteriormente, muitas das profissões baseadas na relação humana se apoiam na palavra oral ou escrita. Entre 3 e 6 anos, a criança aprende por volta de uma palavra nova a cada uma hora e meia.

É inegável que a palavra faça parte da vida e da profissão. A palavra pode mudar as pessoas, estimulá-las, entusiasmá-las, despertar os sentimentos de afeto e amor, abrir-lhes novos horizontes... ou, por outro lado, pode feri-las até níveis de profunda depressão. Dependerá do grau de apego. Todos nós temos alguma pequena ou grande experiência desse efeito duplo, provocado por palavras amáveis e palavras ásperas, ofensivas, duras.

Em suas memórias, Salvador E. Luria conta que um encontro casual com Rita, uma antiga professora, nas ruas de Roma, instigou-o a estudar um tema que o levaria a ganhar o prêmio Nobel de medicina em 1969. Uma conversa determinou seu futuro e o futuro da bacteriologia. Há conversas que mudam a vida e a ciência. Um conselho, algumas palavras podem mudar o rumo de nossos estudos, de nosso trabalho, de nossas vidas. Se voltarmos à origem de nossos temores ou de nossos amores, de nossas amizades ou de nosso trabalho, possivelmente encontraremos algumas palavras registradas na memória. *Em minhas aulas na universidade, lembro-me como a simples expressão 'ótimo, você foi muito bem', dita diante dos alunos no fim da aula, desencadeou enorme descarga emocional em uma aluna. No dia seguinte, ela trouxe uma descrição do que havia sentido e como havia esperado ouvir algo semelhante nos anos anteriores. Foram 15 anos sem o reconhecimento pessoal que tanto necessitava! E ele chegou através de um gesto e de algumas palavras.* Esse é o poder e a magia do docente.

Vejamos os mecanismos neurológicos subjacentes à palavra.

2.2. A palavra que ama e fere. Um olhar a partir da neurociência.

A especialização progressiva e a superespecialização foram afastando-nos das visões globais e integradoras do ser humano. De certo modo, fomos nos desumanizando ao compartimentar suas funções perceptivas, cognitivas, emotivas ou reativas da realidade. A partir da física, da biologia e da neurociência, constata-se a inter-relação, no nível neuronal, entre as operações mentais e os estados emocionais.

Quando a palavra fere... de R. Castañón (2005) talvez seja a obra de neurociência que aborda com mais clareza e contundência os efeitos neurológicos da palavra. A palavra, afirma Plontonov, citado por Castañón, em virtude de toda a vida passada de um homem adulto, está relacionada com todos os estímulos externos e internos que chegam aos hemisférios cerebrais, podendo provocar as mesmas ações ou reações que tais estímulos. Os efeitos neurofisiológicos de uma corrente elétrica, uma ferida, uma bofetada, uma carícia ou um beijo de uma pessoa querida tem muito a ver com o efeito produzido pela palavra, quando vai acompanhada da imagem.

A sede anatômica da linguagem pode ser identificada na 31ª semana de gestação, o que nos induz a pensar que esta não deriva da experiência, mas sim da condição humana. Essa programação neurogenética determina sequências bastante universais, passando pelo gorjeio, balbucio, expressões monoverbais, palavras-frase, estruturação da língua, habilidades comunicativas progressivamente mais complexas. Para Friederice, do Instituto Max Plan (2003), ao perceber uma expressão verbal, o sistema cerebral tenta primeiramente registrar as unidades fônicas mediante a análise acústico/fonética. Em seguida, ocupa-se do processamento semântico. Mas se a carga genética é importante, a influência do meio ambiente afetivo e dos estímulos auditivos também são considerados. Um bebê com muitos estímulos verbais acompanhados de uma paralinguagem emocional (que as mães conhecem bem) tem uma maior probabilidade de desenvolver as predisposições comunicativas. Enquanto os filhos de pais da classe trabalhadora entram em contato com 1200 palavras por hora, aqueles dependentes de ajuda social recebem a metade, o que contrasta com os filhos de pais com estudos ou profissionais liberais, que chegam a escutar 2100 palavras por hora (Castañon, 2005, 123).

A. Damasio, um neurocientista conhecido, especialista no estudo do cérebro e da linguagem há mais de duas décadas, afirma que a capacidade da linguagem humana de desenvolve por meio da interação de três tipos de estruturas de sistemas neuronais: a) um grupo de sistemas neuronais localizados em parte do hemisfério direito e em parte do hemisfério esquerdo, que representa a interação não linguística entre o corpo e o seu ambiente; b) um centro neuronal localizado geralmente no hemisfério esquerdo, onde estão representados os fonemas, a sintaxe e as cadeias léxicas; c) um grupo mediador entre os anteriores, capacitando para elaborar conceitos e palavras (Castañón, o.c.124).

Friederici (2003) constata que o cérebro processa primeiro a estrutura gramatical e em seguida o conteúdo semântico da frase, colaborando intimamente na linguagem de ambos os hemisférios. Parece que as mulheres têm um processo de reação diante da informação mais rápido do que os homens, já que enquanto elas necessitam de 200 milissegundos, o homem precisa de cerca de 750 milissegundos. Será efeito da cultura ou diz respeito a assuntos genéticos? Mas para o nosso estudo, o que nos interessa dessa contribuição neurológica é que quando se fala com maior convicção, a participação cerebral nas zonas de linguagem e cognitivas é maior.

A palavra termina marcando profissões e atitudes de vida. O hipócrita, o mentiroso e o político corrupto recorrem às palavras não para alcançar a verdade, mas para manipular as pessoas e alcançar seu próprio benefício. "Através da comunicação", afirma Castañón (2005, 132), "o ser humano se revela e através dela conhecemos as pessoas." A configuração das línguas modelou, de alguma maneira, nosso ser e nosso pensamento, por isso a transcendência da relação entre os hábitos, as atitudes e a palavra. Quando a palavra não expressa tudo, recorremos à música, ao canto, à pintura, ao movimento. A linguagem humana é uma maravilha da criação, pois com somente

20 fonemas em espanhol e cerca de 40 em inglês, somos capazes de criar mundos conceituais, científicos, literários ou poéticos quase infinitos. Cada visão ou concepção recorre à criação da própria linguagem para transmitir tais experiências ou verdades.

Depois dessa análise, não nos resta a menor dúvida de que a palavra é construtora de pensamentos, atitudes, relações e de uma determinada visão de mundo. Basta contrastar a mesma notícia em jornais de ideologias diferentes para ver que "a verdade" não existe, mas que os fatos são vistos e interpretados através da linguagem, que por sua vez é uma manifestação social. O fato de matar uma pessoa é qualificado de ato violento ou incidente, sendo que na realidade é um assassinato; enquanto uns falam de solidariedade e justiça perante as vítimas, outros falam simplesmente de um processo de paz. Por que a política, o jornalismo e inclusive a ciência entram às vezes na guerra de palavras? Porque as palavras marcam uma determinada visão de mundo. Poucas vezes são neutras. Vão carregadas de emoções, intencionalidade, ideologia. Não é por acaso que J. Mallart (2002, 220) defende a importância da linguagem na educação como primordial e reconhecida em todo o mundo.

Exatamente por isso defendemos uma nova linguagem na construção do conhecimento e na educação, que reflete durante toda a vida.

3. A NOVA LINGUAGEM TRANSDISCIPLINAR E ECOFORMADORA

Os conceitos de transdisplinaridade e ecoformação não são somente dois termos a mais que nos abrem novas portas. São constelações conceituais e é preciso situá-las dentro do paradigma ecossistêmico descrito por M. C. Moraes (1997, 2003, 2004). São cosmovisões, nas quais experiências e descobrimentos relacionados ao ser humano e seu sentido no cosmos têm novos significados. Buscam explicações mais amplas e profundas através da psicologia evolucionistas, da física quântica, da geociência, da cosmologia, quando se trata de campos disciplinares emergentes.

O ideograma anexo nos brinda com uma visão que rompe com a estrutura binária, para dar entrada em uma visão triárquica ou tetrárquica. Os conceitos e fenômenos educativos e sociais não se contrapõem, mas se complementam. Nele vemos a hierarquia dos conceitos vinculados a cada um dos campos.

Do conceito fonte "**Transdisciplinaridade**" saem três campos conceituais principais:

a) *O campo científico, epistemológico e metodológico* de construção do conhecimento, com seus três níveis de realidade, a teoria da complexidade e o *terceiro incluído* da lógica não aristotélica. Esses níveis de realidade, variável na terminologia segundo os autores, podem se concretizar no plano do sensível, material próprio do macrocosmos. No plano da energia mental, energia sutil, energia etérica, entidades, arquétipos de Jung ou consciência coletiva. No plano da consciência cósmica, campo Psi, campo akásico, vazio quântico, inteligência suprema, divindade superior para os crentes. Deste modo, o campo de investigação se abre a fenômenos excluídos pela metodologia clássica. A Trans busca a articulação dos saberes provenientes das ciências, das artes, da filosofia, da sabedoria tradicional, da experiência, para nos dar, permanentemente, novos modos de perceber e descrever a realidade, as relações entre as realidades em sentido amplo e "o real" ou intangível. O tumor é tão real quanto a percepção psicossomática dele mesmo.

b) *O campo de ação ecologizada,* que se manifesta na formação integral do ser humano através da sua relação com o mundo (ecoformação), com os outros (coformação, heteroformação), consigo mesmo (autoformação) e com a consciência do próprio ser (ontoformação), que acontece tanto no âmbito formal quanto não formal. O entorno, o meio ambiente é o cenário propício para essa formação integradora, porque revela os vínculos entre a pessoa, a sociedade, a natureza e o cosmos. Por isso, a visão ecoformadora deve ser essencialmente planetária, como defendem Morin, Pineau, Moraes, Gutierrez.

c) *O campo da atitude transdisciplinar* ou de vida, que busca a compreensão e a complementaridade do que ocorre na vida e no universo. Tenta compreender a complexidade das relações entre os sujeitos (alteridade), dos sujeitos consigo mesmos na busca pelo sentido e finalidade (autotélica), e dos sujeitos com os objetos que os rodeiam (atitudes planetárias). A atitude transdisciplinar busca a transformação do ser humano em sua totalidade, ao se relacionar com os outros e com "o outro". Adota como ponto de referência os valores humanos, o desenvolvimento da consciência, da criatividade, a defesa do meio ambiente, a solidariedade e o desenvolvimento sustentável, a convivência em harmonia de culturas, raças e crenças distintas. Uma atitude transdisciplinar está aberta ao novo, não confundindo as diferentes manifestações da realidade com "o real".

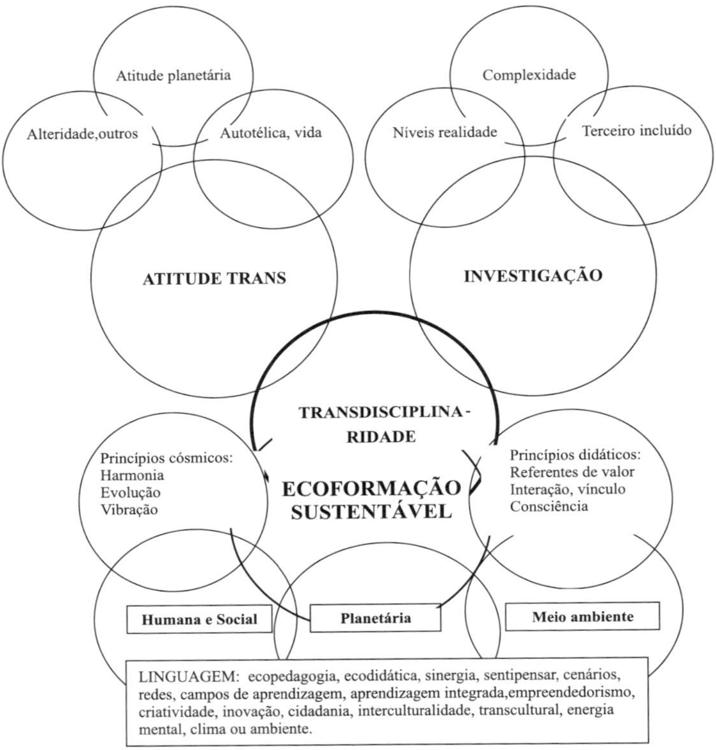

Sem dúvida a linguagem "trans" e "eco" tem também sua ideologia e seu olhar sobre a realidade, a investigação e a vida propriamente dita. Mas é uma "ideologia" baseada nos valores humanos, na sustentabilidade do desenvolvimento, na solidariedade e na convivência intercultural, na cidadania, na participação social, no respeito pela natureza e no meio ambiente. É uma linguagem que parte da evolução, que se difunde com a vibração e se mantém em harmonia. Prefere a complementaridade à confrontação ou à polaridade e, se recorre a ela, é como estratégia de superação. Utiliza as analogias, as metáforas e a linguagem simbólica por proporcionar visões mais globais e relacionais, mais sugestivas e imaginativas. A linguagem "trans" e "eco" parte das relações, dos elos e dos vínculos para chegar à compreensão. No nível metodológico, prefere falar da estratégia ao invés de método, de evidências ao invés de experiências, de intersubjetividade ao invés de objetividade, de incertezas ao invés de certezas, de polinização ao invés de generalização. Não é determinista, mas sim possibilista, buscando o lado positivo das coisas, aberto ao desconhecido, ao transcendente transpessoal.

O quadro abaixo ilustra alguns dos conceitos e terminologias mais frequentes sob o olhar Trans e Ecoformador.

Campo disciplinar	Temáticas, emergências	Palavras-chave	Conceitos-chave em formativa
Teoria do Todo	Bifurcação (Prigorine)	Emergência	Actante
Antropologia cultural	Atitude Trans	Atitude criativa	Aprendizagem unibiótica
Antroposofia	Atratores	Auto-organiza-ção	**Campos de Aprendizagem**
Biotermodinâmica	Ayurveda	Autopoiesis	Cidadania
Biologia sistêmica	mudança	Ciberespaço/tempo	Clima criativo
Budismo, crença oriental	Campo "Psi"	Complexidade	**Clima, ambiente**
Teoria da comple-xidade	**Campo akásico**	Consciência cósmica	**Consciência**, níveis de con-sciência
Teoria de sistemas	Caos/ordem	Corporiedade	Corporiedade
Nanotecnologia	**Ecologia**	Ecossitêmico	Cosmopédia
Cosmologia	Efeito mariposa	Emergência	Criatividade
Análise junguiana	Emocionalidade	Emergente	Criatividade paradóxica
Epistemologia	Emoções	Estruturas dis-sipativas	Cultura digital

Ecopedagogia	**Energia**	Holografia, holograma	Ecoeducação
Teoria do caos	Física quântica	holomovimento	Ecoformação, ecodidática
Espiritualismo	fractais	Incertezas	Educação holística
Ética	Resiliência	Indeterminação	Educação intercultural
Física quântica	Investigação trans	Inteligência emocional	Educação planetária
Genética	Kronos	Lei da harmonia	Emocionalidade
Geociência	Metodologia trans	Lei da evolução	Energia mental
Informática	Paradigma ecossitêmico	Lei da vibração	**Entornos virtuais**
Metafísica	Pensamento complexo	Níveis de realidade	**Cenários de aprendizagem**
Neurociência	Pensamento/ emoção	Ordem implícita	Impacto didático
Parapsicologia	rizomas	Recursividade	Interação didática
Trans-história	Saúde, cura	Religação	Mente/corpo
Psicologia positiva, fluir	Sincronicidade	**Sentipensar**	Momentos
Psicologia transpessoal	Terceiro incluído	Sinergia	Noosfera
Semiótica	Transcultural	Vibração quântica	Polinização
Teologia liberação	Trascendência		Redes de aprendizagem
Zoossemiótica	Vazio informado		**Resiliência**
Teosofia	Vórtice (Laszlo)		**Sentipensar**
			Sinergia didática
			TICs
			Wikipedia

Desenvolver todos esses conceitos ocuparia um capítulo inteiro. Salientamos aqui que a linguagem não é estéril, mas leva uma carga de significado e emoção. Cada palavra leva sua carga emotiva, cognitiva e pragmática. Assim, mencionar termos como sentipensar, sinergia ou harmonia, não só nos situa em um olhar transdisciplinar, mas também tem efeitos neurológicos de relaxamento, bem-estar e autonomia. Por outro lado, se utilizo termos como experimentação, controle, confrontação, prova objetiva... eles desencadearão imagens de frieza ou das vivências que cada um tem desses controles ou provas objetivas em um exame, por exemplo.

A linguagem simbólica e metafórica exerce um papel relevante nesse complexo processo de revelar e compreender as múltiplas facetas da realidade. Enquanto o pensamento lógico/dedutivo é mais analítico e linear, a linguagem metafórica é mais holística, compreensiva e relacional, permitindo-nos uma compreensão mais global e coerente dos fenômenos estudados. Metáforas como a do tornado, a espiral de desenvolvimento, processos de emergência e transformação, as fases da mariposa, os tecidos enquanto redes, os entornos ecológicos, os cenários ou o próprio conceito de 'campo de energia' proveniente da física, são potentes organizadores conceituais da realidade social e educativa. (ver Documento Trans de Barcelona)

"*Entendemos a ecoformação como uma maneira sistêmica, integradora e sustentável de entender a ação formativa, sempre em relação com o sujeito, a sociedade e a natureza. O caráter de sustentabilidade só é possível quando se estabelecem relações entre todos os elementos humanos.*" (Documento de Barcelona)

Educar não é transformar os sujeitos com base no conhecimento. Deve ser uma transformação sustentável, interativa, comprometida, consciente, social e planetária. *Educar para humanizar*, essa é a linguagem da ecoformação. Como se afirma na mesma obra (Torre-González) isso significa aprender a viver em sintonia com *as três leis do universo: a evocação, a harmonia e a vibração.* Elas regem e governam além do saber científico e das políticas humanas. Estão aí, ao alcance de todos nós, para serem descobertas. Valem para os humanos, os seres vivos, as plantas e os seres inertes, para as ondas sensíveis e imperceptíveis, para o material e o espiritual, para o presente, o ausente e o transcendente.

Na tentativa de agrupar os novos conceitos em torno dos campos disciplinares, da linguagem epistemológica, da linguagem da metodologia de investigação e linguagem formativa, imaginamos um enorme espiral que vai recorrendo cada um desses âmbitos cada vez mais concretos. Todos coerentes com um enfoque ecossistêmico. Assim, no campo disciplinar, encontramo-nos com saberes provenientes da geociência, da biogenética, da sociologia, da física quântica, da química orgânica, da psicologia transpessoal, da espiritualidade, da etnomatemática, da neurociência ou da cosmologia. Alguns dos prêmios Nobel como Eisntein, Heisenberg, Binnig, Prigogine e Wheeler contribuíram para essa mudança revolucionária no modo de conceber a realidade e o conhecimento científico da mesma.

Dessas disciplinas surge uma nova linguagem, em que encontramos palavra-chave como campos (Psi, Akásico), complexidade, ressonância mórfica, energia quântica, sinergia, holografia, fractais, estruturas dissipativas, enação, nanotecnologia, hiperespaço, holomovimento, transpessoal...

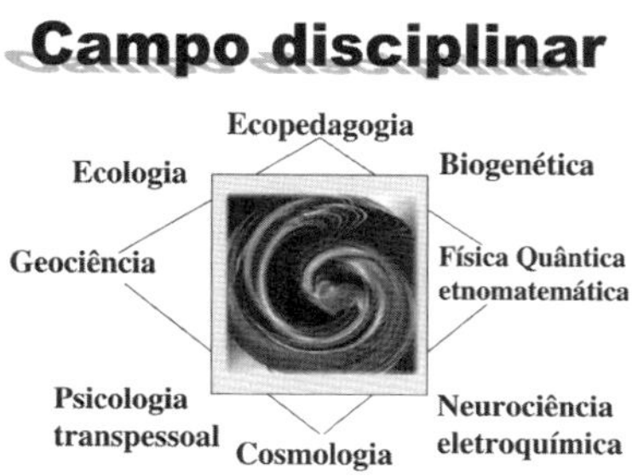

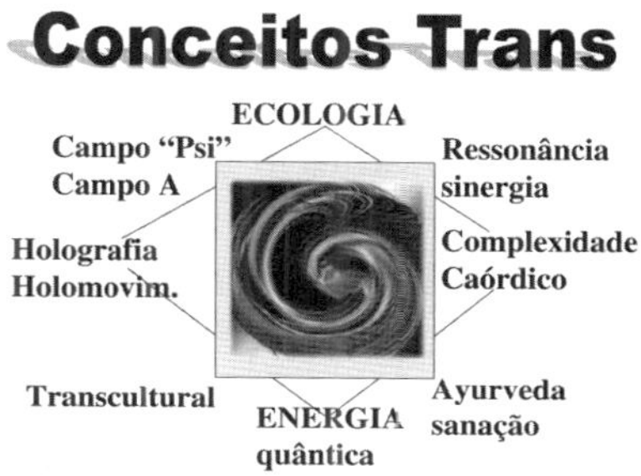

A partir de um ângulo epistemológico e metodológico, dotamo-nos de uma nova linguagem caracterizada por palavras-chave mais conceituais como: complexidade, autopoiesis ou auto-organização, autonomia, enação, emergência, interatividade, bifurcação, recursividade, casualidade não linear ou circular, isomorfismo, incerteza. Outras apontam mais concretamente para a metodologia e critérios de racionalidade como intersubjetividade, interatividade, transportabilidade, polinização, confirmabilidade, evidências (Moraes, 2004, Torre e Moraes 2006, Torre, 2006).

De que forma essa nova visão paradigmática influi na educação? É preciso elaborar novos códigos verbais para expressar uma nova forma de entender a formação? Em caso afirmativo, que tipo de linguagem e terminologia se adéqua melhor a essa visão ecoformadora, interativa com o meio, planetária? As teorias e sua linguagem não surgem repentinamente, mas vão sendo criadas pouco a pouco, com a contribuição de todos aqueles que compartilham desse novo olhar. Vale citar o que chamaríamos de *ecoformação como sendo a transformação do ser humano como um todo, ao se relacionar com os outros e com o meio, de maneira sustentável*. Nessa breve descrição, estão condensados os principais elementos. Isso nos leva a pensar essa nova linguagem do ponto de vista pessoal e vital, das relações, do meio ambiente e do cosmos. É verdade que o "eco" tem um gênesis no meio ambiente, o significado de **nexo relacional** entre o todo e as partes, e nos leva a ampliá-lo para a vida, a profissão e a ciência.

Os conceitos principais da ecoformação levariam em consideração em termos curriculares: a consciência (motor de mudança), o desenvolvimento humano e referências de valor (metas), energia mental, sentipensar (princípios de ação), atores principais (professores, alunos e outros agentes), campos de aprendizagem e cenificação (estratégias), momentos, desaprender (processos), climas, ambientes (nutrientes formativos), melhoria, inovação e qualidade (avaliação). Conscientes de que é uma aproximação superficial, caminhamos em uma direção com novos recursos comunicativos, baseados na palavra. A palavra não só comunica ideias, mas também visões, emoções e convicções.

Ao abrir sua obra *A Alegría de enseñar,* R. Alves (1996) expressa-se com primor com o seguinte pensamento: "*Ensinar é um exercício de imortalidade. De alguma forma continuamos a viver naqueles cujos olhos aprenderam a ver o mundo através da magia de nossas palavras. Assim, o professor nunca morre."*

SÍNTESE E CONCLUSÃO

Fizemos um percurso conceitual da transdisciplinaridade e da ecoformação através da linguagem. Coletamos evidências da mudança de paradigma fundamentada em movimentos científicos provenientes da física, neurociência e outros campos disciplinares. Constatamos que a linguagem não é assética nem neutra, mas que determina uma forma de pensar, de se relacionar e de ver o mundo. A palavra comunica ideias, visões, emoções e convicções. A palavra cria pensamentos e realidades. Podemos chegar a conhecer a estrutura do mundo através da linguagem, afirma Wittgenstein.

A transdisciplinaridade é um olhar interativo e dialógico da realidade (entre, através e além das disciplinas), que busca uma compreensão coerente e global da realidade em suas múltiplas formas e níveis de emergir, com base na capacidade compreensiva e na intencionalidade do observador.

A ecoformação é uma maneira sistêmica, integradora e sustentável de entender a ação formadora, sempre em relação ao sujeito, a sociedade e a natureza. O caráter de sustentabilidade só é possível quando se estabelecem relações entre todos os elementos humanos. A ecoformação ajuda a encontrar o sentido e a missão que nos faz estar aqui, com nossa própria história de êxitos e contrariedades, buscando o crescimento do espírito e não somente o intelectual ou cultural, o desenvolvimento humano sustentável e a conservação do planeta, que é a conservação da vida.

A linguagem filtra todo o conhecimento científico, professoral e, portanto, educativo. É por isso que um novo olhar demanda uma nova linguagem, na qual prevaleça a complementaridade sobre a confrontação, a integração sobre a fragmentação, os aspectos dinâmicos e relacionais sobre os estruturais, o humano, o social e o solidário sobre o tecnológico, a utilidade e polinização sobre a elucubração, a atitude aberta com relação às incertezas e os erros, sem ater-se tanto às certezas. E nesse marco de crenças, vale a pena falar do sentipensar, da energia mental, da aprendizagem, do desaprender, dos cenários e rede, de momentos.

REFERÊNCIAS

ALVES, R. (1996): *La alegría de enseñar*. Barcelona: Octaedro.

CAPACCHIONE, L. (1999): *El diario creativo*. Madrid: Gaia ediciones.

DAMASIO, A. (2003): *O mistério da consciência*. São Paulo: Companhia das Letras.

DAMASIO, A. (2005): *Em busca de Espinosa*. São Paulo: Companhia das Letras.

DE LLANOS, E. (2005): "El cambio organizacional como oportunidad decrecimiento personal", en Ponti, F. y otros, *Tanto creces, tanto vales*. Barcelona: Granica.

EGAN, K. (1999): Fantasía e imaginación: su poder en la enseñanza. Madrid: Morata.

FRIAÇA, A. e outros (coord.) (2005): *Educação e transdisciplinariedade III*. São Paulo: TRIOM.

GUTIÉRREZ, F., PRADO, C. (2004): *Ecopedagogía y ciudadanía planetaria* .Játiva: Diálogos.

KRAMER, F. (2003): *Educación ambiental para el desarrollo sostenible*. Madrid: L Catarata.

LAMATA, R. (2005): *La actitud creativa. Ejercicios para trabajar en grupos la creatividad*. Madrid: Nancea.

LASZLO, I. (1999): *El cosmos creativo. Hacia una ciencia unificada de la materia, la vida y la mente*. Barcelona: Cairos.

LASZLO, I. (2004): *La ciencia y el campo akásico*. Madrid: Nowtilus.

MALLART, J. (2002): Competencias básicas y enseñanzas mínimas del currículo de lengua. *Revista Educación*, nº 329, p.219-239.

MARTÍNEZ MIGUÉLEZ, M. (2004): *Transdisciplinariedad y lógica dialéctica*. Internet.

MAYOR ZARAGOZA, F. (2000): *Un mundo nuevo*. Barcelona: UNESCO. Círculo de lectores.

MORAES, M. C. (1997): *O Paradigma Educacional Emergente*. Campinas/SP: Papirus.

MORAES, M. C. (2003): *Educar na biología do amor e da solidariedade*. Petrópolis/RJ: Vozes.

MORAES, M. C. y TORRE, S. (2002): Sentipensar bajo la mirada autopoiética o como reencantar la educación. Revista *Creatividad y Sociedad*, nº 2, p.45-56.

MORAES, M. C. (2004): *O pensamento eco-sistêmico: educação, aprendizagem e cidadania no século XXI.* Petrópolis/RJ: Editora Vozes.

MORIN, E. (1981): *El Método 1. La Naturaleza de la Naturaleza*. Madrid: Cátedra. (*O Método 1. A Natureza da Natureza*. Porto Alegre: Medidional.)

MORIN, E. (2003): *Los siete saberes necesarios para una educación de futuro*. Barcelona: Paidós. (*Os sete saberes necessários à educação do futuro.* São Paulo: Cortez.)

MORIN, ROGER-CIURANA, MOTTA (2003): *Educar en la era planetaria*. Barcelona: Gedisa.

NICOLESCU, B. (2000): *O manifesto da transdisciplinaridade*. São Paulo: TRIOM.

NICOLESCU, B. (2004): Reforma da educação e do pensamento: Complexidade e transdisciplinaridade. En http://www.engenheiro2001.org.br/curriculos.htm.

NICOLESCU, B. et all. (2000). *Educação e transdisciplinaridade*. Brasília: UNESCO.

NICOLESCU. B. e BADESCU, H. (coord.) (2001): *Stephane Lupasco – O Homem e a Obra*. São Paulo: TRIOM.

O'CONNOR, J. y MCDERMOTT, I. (1998): *Introducción al pensamiento sistémico: recursos esenciales para la creatividad y la resolución de problemas.* Barcelona: Urano.

PEAT, F. D. (1999): New Science, New Vision. http://www.fdavidpeat.com/

PEREZ ESCLARÍN, A. (2005): *Educar para humanizar*. Madrid: Narcea.

PINEAU, G., BACHELART, D. y otros (1995): Habiter la terre. *Ecoformation terrestre pour une consciente planétaire*. Paris. Montreal: Paris, Harmattan.

PINEAU, G. y otros (1994): *De l'air. Essai sur l'ecoformation*. Paris.

Montreal: Paris, Montreal: Paideia.

PINKER S. (1997): Lenguaje. En *Neurociencia y conducta*. Madrid: Prentice Hall.

SIDELSKY, R. (1991): *El poder creador de la mente*. Barcelona: Robin Book.

TEÓTIMO SCOZ, J. (2002): *Aprendizagem. Um enfoque unibiótico*. Blumenau: Odorizzi.

TORRE y VIOLANT (Dirs) (2006): *Comprender y Evaluar la creatividad*. Málaga: Aljibe.

TORRE, S. y MORAES, M. C. (2005): *Sentipensar. Fundamentos y estrategias para reencantar la educación*. Málaga: Aljibe. (*Sentipensar – Fundamentos e estratégias para reencantar a educação*. Petrópolis/RJ: Vozes.)

TORRE, S. y MORAES, M. C. (2006): Investigar en creatividad bajo el pensamiento complejo. En Torre y Violant *Comprender y evaluar la creatividad*. vol 2. Málaga: Aljibe.

TORRE, S. de la (1998): El cartero (y Pablo Neruda) o el poder de la palabra creativa, en Torre, S. (Coord.): *Cine para la Vida*. Madrid: Octaedro.

TORRE, S. de la (2003): *Dialogando con la creatividad*. Barcelona: Octaedro.

TORRE, S. de la (2004): *Diálogos con el mar*. Barcelona: Alertes.

TORRE, S. de la (2005): *Aprender de los Errores*. Buenos Aires: Magisterio de la Plata.

TORRE, S. de la (2006): *Creatividad aplicada*. Buenos Aires: Magisterio de la Plata.

TORRE, S. de la y VIOLANT, V. (2006): *Comprender y evaluar la creatividad*. Málaga: Aljibe.

TORRE, S.; PUJOL, M. A.; RAJADELL, N. (coord) (2005): *El cine, un entorno educativo*. Madrid: Nancea.

VILCHES, A. y GIL, D. (2003): *Construyamos un futuro sostenible. Diálogos de supervivencia*. Madrid: Cambridge, University Press.

WILBER, K. (2003): *Los tres ojos del conocimiento*. Barcelona: Kairós.

Capítulo 5

A Formação do Professor Pesquisador

30 Anos de Pesquisa

Ivani Catarina Arantes Fazenda
Professora titular do
Programa de Pós-Graduação em Educação
Currículo da PUC SP

Ao desenvolver nossos estudos buscando acrescentar dados à construção de uma teoria da Interdisciplinaridade na Educação, passamos trinta anos investigando o cotidiano de professores do ensino fundamental, médio e superior. Desenvolvemos muitas pesquisas e orientamos um grande número de pesquisadores.

Nessa trajetória, verificamos que a teoria que vem sendo construída somente se legitima na ação, então fomos experimentando formas diferenciadas de observação e registro das ações cotidianas de professores.

Neste texto, objetivamos descrever o sentido do movimento provocado na pesquisa interdisciplinar em seus procedimentos metodológicos.

Nossa busca revelou professores muitas vezes perdidos

na função de professar, impedidos de revelar seus talentos ocultos; anulados no desejo da pergunta, embotados na criação; prisioneiros de um tempo tarefeiro, reféns da melancolia; induzidos a cumprir o necessário, cegos à beleza do supérfluo (FAZENDA, 94, 98, 99, 00, 01, 02 e 03).

Encontramos, também, que a repercussão à adesão de propostas de formação inicial ou continuada desperta neles o desejo de se tornarem pesquisadores, mas poucas vezes conseguem discutir o sentido e o valor da pesquisa em suas vidas. Sabemos que para esse dilema existem inúmeras alternativas. As escolhidas neste momento aproximam-se de dilemas de ordem teórico/metodológica que vimos enfrentando em nossa tarefa de formar professores pesquisadores.

– Como retecer histórias interrompidas?

– Como estimular a alfabetização em linguagens novas?

– Como recuperar a memória de fatos sombrios?

– Como valorizar a linguagem singular?

– Como auxiliar na descoberta de talentos?

– Como estimular a leitura das entrelinhas?

– Como cuidar da leveza e da beleza do discurso sem macular a crítica?

– Como legitimar a autoria do outro sem ferir a própria?

– Como acompanhar a lentidão da metamorfose sem precipitar o desfecho?

– Como auxiliar na descoberta do melhor estilo?

As dez questões aqui colocadas merecerão tratamento analítico pormenorizado. Este texto é o esboço de um próximo livro que pretende aprofundar a discussão a respeito das perguntas aqui formuladas, apresentando subsídios à construção de uma metodologia de investigação interdisciplinar.

Para respondê-las, decidimos relembrar alguns aspectos da construção teórica interdisciplinar. Nossa busca nos principais centros mundiais de referência na área da Interdisciplinaridade revelou quatro princípios que norteiam o caminho das pesquisas que orientamos desde 1986:

- Espera
- Humildade
- Respeito
- Desapego

Para tanto, muito temos nos servido da interlocução constante com os denominados Centros de Referência da Investigação Interdisciplinar, onde acompanhamos a evolução dos estudos sobre a recuperação das histórias de vida, o aprofundamento dos recursos propiciados pela hermenêutica, os cuidados e o valor do uso de metáforas, os avanços nas questões da subjetividade e a importância atribuída à dimensão simbólica. Principalmente reportamo-nos às universidades de Tours, na França, Nova de Lisboa e Sherbrooke, no Canadá.

Os resultados dos estudos na área da Interdisciplinaridade apontam para as dificuldades de intervenção e para seus cuidados. As questões metodológicas da investigação interdisciplinar, esboçadas em tempos anteriores, hoje já se consolidam em procedimentos de pesquisa. Torna-se imperativo, neste momento, reafirmá-las, pois ao formar o professor pesquisador, verificamos que não apenas o formamos para uma determinada pesquisa, mas percebemos que o trabalho, dessa forma diferenciada de investigar, acaba por desencadear outros atributos até agora não considerados nas pesquisas convencionais sobre educação. Ao formar o professor pesquisador sob o enfoque interdisciplinar, entre outros aspectos, estaremos ao mesmo tempo recuperando aspectos de sua autoestima, prejudicados pelo sucateamento a que nossa profissão nos conduziu. O professor, quando iniciado nessa forma de investigar, contagia imediatamente toda a sala de aula, a escola e a comunidade.

DO QUE JÁ DISSEMOS, E HOJE ACRESCENTAMOS...

Como preâmbulo, neste momento decidimos rever antigos escritos, acrescentando dados novos aos já elaborados. Esse exercício nos lança novas luzes sobre as teorizações a respeito da forma de investigar em Educação.

Em 1994, ao publicar o livro *Interdisciplinaridade, História, Teoria e Pesquisa,* hoje em sua 11ª edição, dedicamos três capítulos à descrição dos desafios metodológicos vivenciados pelo professor pesquisador.

Naquele momento havíamos orientado 30 pesquisas, entre dissertações de mestrado e teses de doutoramento. Hoje, 2004, já nos aproximamos de 80. Convidamos você, leitor amigo, a essa aventura de reler o velho com olhos de novo. Desta forma, estaremos vivenciando mais uma vez um dos principais fundamentos da atitude interdisciplinar.

Quando nos referimos, naquele momento, aos princípios formulados por Antonio Nóvoa, nosso parceiro no momento em que tratávamos das Histórias de Vida, alertávamos para o perigo de categorizá-las dentro de barreiras disciplinares. Melhor explicando:

Categorizações disciplinares podem apenas nos auxiliar na elucidação de aspectos generalizadores e superficiais. Se aí permanecemos, corremos o risco de perder a riqueza dos detalhes singulares que podem nos conduzir a uma compreensão mais apurada de aspectos importantes, que nem sempre a generalização contempla.

Histórias de Vida, quando devidamente recuperadas, permitem-nos a conjugação de olhares singulares das ações educativas. Cada pesquisa que tem a História de Vida como procedimento, requer configuração própria, cuidados diferenciados, porque sugerem movimentos novos no delineamento de ações. No projeto de construção de uma teoria da interdisciplinaridade, detivemo-nos na explicitação de ações educativas. A pergunta que hoje fazemos é a seguinte: por que foi importante partirmos delas em nossas pesquisas? A resposta pode ser em parte explicitada pela afirmação de que as questões da interdisciplinaridade precisam ser trabalhadas numa dimensão diferenciada de conhecimento – daquele conhecimento que não se explicita apenas no nível da reflexão, mas, sobretudo, no da ação. Assim sendo, vai exigir do pesquisador um envolvimento tão profundo com seu trabalho que irá ao encontro de uma estética e uma ética próprias, singulares. Somente quando o pesquisador encontra sua estética e sua ética interior e as projeta numa dimensão transcendente estará exercendo a atitude interdisciplinar.

Que tipos de ação poderiam ser escolhidos para serem pesquisados? Essa é uma indagação frequente. Como resposta, temos nos reservado o direito de nova pergunta: qual o grau de compromisso que o pesquisador demonstra com a ação a ser pesquisada? Na resposta a essa interrogação estão contidos princípios fundamentais à execução de uma investigação interdisciplinar, tais como comprometimento, envolvimento e engajamento. Perceber o grau de envolvimento do pesquisador com o objeto de pesquisa envolve um trabalho paralelo de investigação sobre a intencionalidade e a origem das pesquisas. Gaston Pineau, em seus mais recentes estudos (2001, 02 e 03), categoriza este trabalho numa tríplice dimensão: direção, significação e intenção. Vários dos trabalhos por nós orientados nesses três últimos anos dialogaram recriando o esquema tripartite de Pineau. Esse esquema foi particularmente interessante na medida em que auxiliou nossos pesquisadores na compreensão e organização de suas práticas (VIEIRA, FAZENDA, TUFANO, 2001, disponíveis na biblioteca da PUC/SP). Da mesma forma, a partir desses primeiros ensaios, outros pesquisadores aperfeiçoaram os procedimentos metodológicos reconstruindo de forma diferenciada o esquema inicial. Estamos nos referindo às pesquisas realizadas por MATOS, GONÇALVES, CASCINO, GASPARIAN, 2003 e, mais recentemente, CARVALHO e JOSGRILBERT, 2004 (também disponíveis na biblioteca da PUC/SP).

Há quatro anos intensificamos nossa parceria com Gaston Pineau que, ao longo das três últimas décadas, dedicou seus estudos às questões das Histórias de Vida. Para Pineau (2002), as Histórias de Vida definem-se como pesquisa e construção de sentido, ampliando não apenas o espaço da grafia, mas o da palavra, da comunicação oral, da vida. Amplia também as múltiplas possibilidades de expressão, tais como a fotografia, a tela, o teatro, o rádio, o vídeo, o cinema, a televisão e a internet. Ela permite ao pesquisador a saída do "eu" ("*moi*") a um "ser com". Pineau, em sua última obra, realiza uma façanha rastreando os trabalhos dos principais pesquisadores da História de Vida. Seu objetivo foi demonstrar como as ações cotidianas podem transformar-se em pesquisa e como as pesquisas podem transformar-se em formações diferenciadas. Cita também outro parceiro nosso, René Barbier, em seus estudos de 1996, quando falava da importância da pesquisa ação e da evolução desta forma peculiar de pesquisar quando a ação se transforma em formação. A pesquisa/ação/formação é um campo emergente neste momento, um dos mais importantes nas investigações sobre educação. Histórias de Vida vêm sendo consideradas não apenas formas de investigação, mas também práticas de formação. Elas não apenas possibilitam a teorização e categorização das práticas empíricas, mas a articulação dialética das duas polaridades não excludentes – prática e teoria. Pudemos revisitar, ao lado de Pineau, a bibliografia mais significativa sobre Histórias de Vida e outro parceiro teórico que encontramos foi Guy de Villers, quando se interroga sobre as relações entre clínica e formação. Há muito tempo, melhor dizendo, 1986, quando orientamos nossa primeira mestranda, Sueli Grimaldi Moreira, ousamos falar das relações entre a Clínica e a Sala de Aula. Nossas ferramentas eram ainda incipientes. Utilizávamos timidamente o referencial da Psicologia Analítica e ainda assim com muito cuidado, porque naquele momento essa ciência era vista como algo estranho por parte dos pesquisadores em educação. Os resultados diziam que era importante investirmos no jeito de ser próprio de cada professor e de cada aluno, em sua tipologia, como dizemos hoje do caráter terapêutico que existe quando essa relação é encontrada. Naquele momento ousamos até construir tabelas com números para tentar demonstrar a cientificidade de nossos achados. Hoje os procedimentos metodológicos foram ampliados e já temos como verificar a possibilidade das Histórias de Vida constituírem-se em processos maiêuticos de sujeitos, projetos e trajetos, que informam, formam e projetam professores para um outro patamar de vida.

CONSIDERAÇÕES PRELIMINARES

Não pense o leitor que uma pesquisa dessa natureza nasce do acaso, ou seja, do desejo involuntário que pode surgir de narrar a própria vida. A pesquisa que denominamos interdisciplinar nasce de uma vontade construída. Seu nascimento não é rápido, exige uma gestação prolongada, uma gestação em que o pesquisador se aninha no útero de uma nova forma de conhecimento – a do conhecimento vivenciado e não apenas refletido, a de um conhecimento percebido, sentido e não apenas pensado. Esse processo de nidação que o pesquisador vivencia inicialmente o leva a uma revisão da bibliografia que veio norteando sua formação – uma releitura do que mais o marcou em sua concepção de educação. Nesse processo ele vai adquirindo a percepção de sua própria interdisciplinaridade, melhor dizendo, de sua singular atitude frente ao contexto. A espera que esse processo de gestação determina começa a gerar novas dúvidas. O professor pesquisador passa a duvidar das teorias sobre educação existentes, duvidar no bom sentido, no sentido de percebê-las imperfeitas e incompletas, de duvidar que elas possam explicitar, da forma como estão elaboradas, suas intercorrências práticas decorrentes de uma dúvida maior – a de que algo de sua prática vivida possa estar contribuindo para a explicitação das imperfeitas teorias sobre educação já construídas, bem como da beleza das que se tornaram clássicas.

Das dúvidas construídas e trabalhadas surge um desafio – o desafio de criar teoria, uma teoria nascida de uma prática intensamente vivida. Esse desafio vai se explicitando na superação de múltiplos obstáculos. O primeiro deles, diria o mais fundamental, é vencer as amarras pessoais, deixar o peito aberto para que flua dele toda a emoção que a ação praticada provocou. Esse processo é mais longo ou tão longo quanto o da nidação da teoria, pois exige uma adesão irrestrita ao processo de desvelamento da prática, exige o rompimento com estereótipos adquiridos no passado, rompimento com descrições padronizadas, exige a descoberta do símbolo que gestou e sustentou toda a prática vivida. Esse símbolo, também como já dissemos, é próprio de cada um, portanto exige do pesquisador um tempo próprio de maturação, uma forma própria de narrar e descrever, uma forma própria de reorganizar a ação, uma estética própria na apresentação e, sobretudo, exige de cada um o compromisso com o desvelamento de uma ética própria que determina seu próprio modo de ser – o que o marca, o distingue, o personaliza como ser único, habitante e construtor de uma forma própria de educar.

A pesquisa interdisciplinar exige, portanto, a busca da marca pessoal de cada pesquisador – a busca de sua "marca registrada".

SOBRE O QUE IDENTIFICA OU MARCA A PESQUISA INTERDISCIPLINAR

A pesquisa interdisciplinar distingue-se das demais por revelar, na sua forma de abordagem, a marca registrada do pesquisador.

O exercício de buscar sua marca registrada envolve uma viagem interior, um retrocesso no tempo, em que o autor, ao tentar descrever a ação vivenciada em sua história de vida, identifica-se com seu próprio modo de ser no mundo, no qual busca o encontro com sua metáfora interior. Assim, percebe-se pescador aquele que tece a rede, que a constrói, que sabe sobre sua função, suas formas e finalidades, que tem muito claro o propósito com que pode pescar (bota ou peixe), e que por isso, sobretudo, sabe que sua tarefa consiste em aproveitar, transmutar tanto a bota em peixe, quanto o peixe em bota, desvelando o valor próprio, não exclusivo de cada um e, portanto, interdisciplinarmente percebido.

O ENCONTRO DA METÁFORA INTERIOR

O encontro dessa metáfora interior, fundamental nessa forma de investigação, nem sempre ocorre no início do processo, pois sua identificação exige um domínio quase que pleno da situação vivida que, apenas ocasionalmente, transparece numa intuição inicial. Na maior parte das vezes, esse encontro só vai ocorrer após várias narrações, descrições e análises preliminares das ações a serem pesquisadas.

Citamos o pescador – marca registrada de uma de nossas orientandas. Outras tantas passarei a analisar. Esse exercício de descoberta da metáfora interior permite ao pesquisador um contato tão profundo com seu próprio eu, que o obriga a uma percepção em totalidade do seu papel no mundo e do papel dos outros que com ele interagem.

Para exemplificar a relação que se estabelece entre o sujeito pesquisador e o objeto a ser pesquisado, servimo-nos do trabalho de uma orientanda nossa que, ao descrever o processo de interação ocorrido entre os professores da instituição que pesquisava, recorreu ao recurso de uma analogia colhida no recôndito de uma fábula da literatura infantil – O caracol e a flor.

O movimento da ação descrita pela pesquisadora poderia ser sintetizado numa direção que diremos de dentro para fora, ou seja, a identificação das marcas presentes em seus sujeitos revela-se no modo de viver de uma formiga, cigarra, caracol ou borboleta, personagens da historinha escolhida. Digo de dentro para fora porque antes de identificar a marca de seus sujeitos, a pesquisadora precisou investigar qual seria o papel que uma formiga, uma cigarra, um caracol ou uma borboleta desempenharia na sociedade dos animais. Esse nível preliminar de investigação a conduziu a detalhes na compreensão da própria experiência vivida. Conseguiu identificar não apenas as características dos sujeitos observados, mas também as ações exercidas em seu processo interativo. O recurso da metáfora permitiu a ela, pesquisadora, colocar-se na pele de seus sujeitos, compreendendo-os no limite de suas especificidades, na essencialidade de seus talentos.

Outro movimento frequentemente constatado em nossas pesquisas é aquele que ocorre de fora para dentro. Outro exemplo de pesquisa por nós orientada foi marcado pela transgressão. Por que e como a transgressão foi marca da ação pesquisada? O pesquisador trazia uma descrição exterior, que privilegiava sua ação docente ocorrida em determinado curso, numa determinada instituição, com todos os sucessos e fracassos que um cotidiano contém, porém com um diferencial: professor respeitado por sua forma diferenciada de trabalhar. Aparentemente todos os elementos da ação a ser pesquisada estavam descritos numa primeira redação, porém o que faltava? Faltava a explicitação do movimento interior da ação, sua metáfora interior. A descrição da prática vivenciada pelo pesquisador, volto a afirmar, era meticulosa, com detalhes, porém detalhes de alguém que pesquisa o fato, do lado de fora apenas. O processo de compreensão do movimento interior da ação a ser pesquisada ocorreu num processo maiêutico, no qual o acompanhei numa viagem ao interior de sua pesquisa, uma viagem na qual o conduzi, tendo o quadro-negro como tela e o giz como protagonista. Quadro-negro e giz desenharam a mim e a ele num movimento próprio da sua ação exercida. Era um movimento de negação e construção do ato educativo ao mesmo tempo, poderíamos dizer paradoxalmente, visto que algo de diferente havia no processo de apreensão das sínteses aparentemente contraditórias. Essa característica própria do movimento que vimos desenhado nos indicou uma metáfora à qual denominamos transgressão. Há muitos anos orientamos esse pesquisador – sua viagem solitária transformou-se em pesquisa, foi dissertação de mestrado, posteriormente livro com várias reedições. O processo continuou no doutorado e segue na produção de livros que hoje alimentam as bibliotecas das escolas.

Assim como este, outros educadores por nós orientados, quando descobrem o jeito de ser próprio que os forma educadores, acabam por disseminar esse procedimento metodológico de investigação que os tornou únicos, acabam por provocar o vir à tona da identidade latente do aluno, seu talento adormecido. Um educador que se aninha nessa forma de investigar interdisciplinarmente nunca mais pede demissão da pesquisa – ela acaba fazendo parte de seu cotidiano de vida pessoal e profissional. Assim, eles prosseguem em seus doutorados, livre-docência, titularidade, publicam seus achados, formam pesquisadores orientando, presidem fóruns de educação, associações de classe, reitorias de Universidades. Adquirem até força para interferir nas decisões macro ou micro das políticas de Educação.

Outra evidência, a que esse exercício de apropriação da metáfora interior conduz, trata da necessidade de uma descrição pormenorizada anterior da prática vivida. A partir, muitas vezes, da repetição de pequenos detalhes é que nos permitimos perceber a essência do movimento ocorrido. De fora para dentro e de dentro para fora constituiu-se, nos exercícios das ações pesquisadas, a possibilidade de confronto entre a ação praticada e a ação vivida.

O MOVIMENTO DE INTEGRAÇÃO: LINEARIDADE E CIRCULARIDADE

Outro movimento próprio, encontrado na apreensão das metáforas interiores, é denominado linearidade/circularidade. As ações descritas em nossos primeiros trabalhos costumavam contemplar os elementos sequencialmente vividos. O conjunto dessas ações objetivava facilitar a compreensão da totalidade da ação pelo próprio exercício a que já se está habituado – sequência lógico/cronológica. Porém, nossas sequentes pesquisas comprovaram que a linearidade dessas descrições é insuficiente para explicitar todas as contradições. Por isso, investimos nossos esforços na descoberta de outro movimento: a circularidade. O exemplo de que nos servimos foi vivido por outra orientanda na descoberta de sua metáfora interior – o labirinto. Ao investigar o interior do discurso de alguns coordenadores de curso, tentando explicitar suas ações, a pesquisadora depara-se com um impasse, um labirinto. O desenho do labirinto chega à sua mente com toda a força do momento no qual se encontrava. A imagem que sua mente captava era a de quadrados concêntricos cuja saída não se explicitava. Melhor explicando, ela própria encontrava-se com todo material coletado, paredes do labirinto, porém colocava-se no centro desse labirinto – estava enclausurada sem vislumbrar qualquer saída para seus dados. O impasse colocou-se a mim, sua orientadora: em que medida o labirinto descrito pela pesquisadora seria apenas representativo da ação que ela tentava elucidar, ou seria representativo de seu próprio momento vivido na pesquisa? Há que se esclarecer que sua narrativa em vários momentos nos apontava para uma identificação com o objeto pesquisado. Sua história de vida tinha sido marcada pelo desempenho do papel de coordenadora de curso num labirinto, objeto de seu estudo.

O emaranhado ou labirinto que descrevia resultava, em grande parte, da impossibilidade de separar seu papel de pesquisadora de seu objeto pesquisado. Procedemos, então, à seguinte orientação – para tornar clara a saída do labirinto fazia-se necessário um distanciamento da ação (ver o fenômeno de fora). Analisar o labirinto de dentro para fora ou de fora para dentro – linear ou circularmente – conduziu-a, finalmente, à imagem do labirinto ideal, à essência de sua metáfora na qual todo o exercício de viver os contrários se manifestava. A conclusão teórico/prática que esse exercício revelou foi a seguinte: não importam as voltas que o labirinto contenha, o importante é perceber que ele sempre contém entradas e saídas – o movimento exercido de fora para dentro ou de dentro para fora, linear e circularmente, permite ao pesquisador apropriar-se da ação na sua totalidade, portanto interdisciplinarmente. A pesquisadora prosseguiu em seu doutorado na ampliação desse conceito primeiro. Constituiu um grupo de pesquisadores, alguns deles hoje já doutores. Porém, ao analisar a forma como ainda orienta, certifico-me de que a marca da orientação primeira foi tão determinante que a constituiu pesquisadora singular, aquela que sempre volta ao centro do labirinto perguntando-se como Sócrates: qual o porquê de tudo isto? Para tanto, uma vez mais se afasta, analisa de fora e certifica-se da força minotáurica que um labirinto encerra. Ao mesmo tempo que ele a aprisiona no desejo da pesquisa, a liberta da cegueira da ignorância.

A força da metáfora interior persegue o pesquisador em suas sequentes pesquisas e dissemina-se entre seus orientandos. Quando descobrimos isto pela primeira vez, há muitos anos atrás, tivemos apenas uma intuição genérica do fato. Hoje tentamos pesquisar os desdobramentos de nossas intuições primeiras.

Passamos a investigar o caráter intelectivo de nossas intuições, então servimo-nos preferencialmente dos estudos de Bergson, Dilthey, Husserl. Em certas pesquisas chegamos até a captar o caráter emotivo e volitivo das intuições, embora nosso objeto de pesquisa sempre tenha sido a intelecção, a apreensão do conceito em sua metamorfose. Nossa investigação dos conceitos presentes no ideário pedagógico caminhou para a investigação de sua forma, nos contornos linguísticos, intelectuais e existenciais, portanto nos múltiplos olhares que um conceito contempla.

Essa foi a trajetória que nos conduziu à construção do *Dicionário em Construção – Interdisciplinaridade* e das seguintes pesquisas que a partir daí orientamos. Trabalhar com conceitos numa dimensão interdisciplinar é nosso desafio como pesquisadores nesta década. Recentemente nos aproximamos dos estudos de Gauthier, ao confirmar a importância da metáfora como referência, não apenas para o sujeito que pesquisa, mas para o grupo que dela compartilha.

SOBRE AS FORMAS SIMBÓLICAS ENCONTRADAS NAS PESQUISAS

Uma das formas dos analistas junguianos interpretarem as influências do inconsciente coletivo e dos arquétipos na estruturação básica da personalidade humana é através da análise de mandalas. Presentes tanto nas manifestações simbólicas da atualidade quanto naquelas encontradas entre os primitivos, as mandalas sugerem a emersão de contradições e a visualização de polaridades. Os analistas junguianos reconhecem nelas uma forte presença arquetípica. A referida presença arquetípica, tão evidenciada nas mandalas pesquisadas no âmbito da psicologia analítica, é encontrada nesses estudos sobre as teses por nós orientadas, quando procedemos à descoberta das metáforas interiores. Gauthier também nos acompanha na importância que atribui aos passos de captura de conhecimentos a que a mandala nos incita.

A mandala adquire, nos trabalhos por nós orientados, a configuração de uma imagem desenhada ou descrita sob a forma de roda, bolha, caracol, labirinto, muro, cerca, rede, teia, tecido, luz, sombra. Essa imagem acompanha o pesquisador durante todo o processo de pesquisa e muitas vezes é tão marcante que acaba por identificar a pesquisa e seu próprio autor.

Na pesquisa interdisciplinar, a descoberta de si mesmo, do mais interior do que somos, conduz-nos à explicitação de como nos representamos. Nesse caminho de interiorização o objetivo do pesquisador é a busca de uma nova forma de conhecimento. É caminho, no qual em certo momento o pesquisador passa a tomar contato com seu universo imagético. Nele descobre algumas mandalas, as que a ele são mais próximas, passando, então, a descrevê-las. Na descrição, as imagens que surgem representam aspectos do objeto peculiar aos estudos ao qual o pesquisador vem se dedicando. Em nosso caso, o objeto de estudos é a interdisciplinaridade, portanto, a imagem sempre acaba contemplando aspectos da totalidade do conhecimento numa espiral ascendente que nos movimenta em direção à **sacralidade**. A *pré-visão* de totalidade auxilia o pesquisador na explicitação do caminho a ser percorrido, ajudando-o a compô-lo, a contá-lo com maior tranquilidade, numa maior inteiridade. Acredito mesmo que parte desse poder de síntese que essas imagens detêm é incorporada à identidade do pesquisador, auxiliando-o posteriormente na recomposição de outros aspectos de sua vida.

Por isso um misto de alegria e medo toma conta do pesquisador ao entrar em contato com a representação de suas imagens (mandalas). A evidência disso pode ser constatada na dificuldade que demonstra ao vivenciar a contradição emergente dessas imagens. Isso para nós consiste no desafio maior a que esse tipo de pesquisa nos encaminha. Entretanto, consideramos ser esta a tarefa maior da pesquisa interdisciplinar, pois ao permitir a emergência de contradições, exige o trabalho criterioso com polaridades. Esse exercício vivido na sua plenitude permite a revisão e a construção de novas teorias a respeito da educação.

A conclusão mais abrangente a que a análise das pesquisas nos conduz é a seguinte: quando buscamos evidenciar a atitude desenvolvida nas pesquisas realizadas, não pretendemos criar novos estereótipos, mas procedimentos diferenciados da forma de pesquisar.

CRIANDO PROCEDIMENTOS ALTERNATIVOS

Nossa primeira interlocução sobre a necessidade de

enfrentar o desafio de criar procedimentos diferenciados na investigação da Educação foi com Magda Soares (1992), quando debatemos na última CBE a necessidade de que as pesquisas falassem da própria existência do pesquisador. Em 2000, no Colóquio Internacional sobre Interdisciplinaridade, no Canadá, voltamos a discutir a questão com Gerard Fourez (2001), quando tratamos da necessidade que o pesquisador tem de encontrar suas próprias ilhas de racionalidade e nelas fazer-se representar. Hoje, 2004, relendo nossa correspondência pessoal com Gusdorf em trinta anos de diálogo, compreendo que as ilhas de racionalidade somente poderão reconciliar-se numa dimensão de tranquilidade, de Paz.

Mais recentemente, 2002, 2003 e 2004, nossos encontros com Gaston Pineau certificaram a importância da busca da essencialidade do encontro do sentido da pesquisa e nele o encontro das ilhas de paz anunciadas por Gusdorf há anos atrás. Estamos, ao longo destes últimos anos, trabalhando no ensaio de procedimentos alternativos aos desafios metodológicos a que a pesquisa em Educação nos tem conduzido e hoje, mais do que ontem, reafirmamos a necessidade de buscar o sentido da pesquisa na vida do pesquisador.

Acreditamos que a via possível da produção de conhecimento na área da educação e o sentido da pesquisa na interdisciplinaridade escolar estariam na consideração desse aspecto basilarmente salientado.

Nossas reflexões são também compartilhadas por René Barbier, ao afirmar que a produção de conhecimento teórico nasce diretamente da práxis da pesquisa. No tipo de pesquisa denominado por ele pesquisa/ação existencial, o que se espera não é alcançar um resultado, mas, sobretudo, poder teorizar o próprio processo de ação. Isso, segundo Barbier, em vários de seus últimos escritos, traz problemas muito difíceis tanto no plano do que convencionalmente denominamos pesquisa, quanto no plano pessoal do pesquisador que a exerce.

Acreditamos que o motivo principal pelo qual conseguimos reunir tão heterogêneas e significativas pesquisas abordando e fundamentando questões emergentes de uma teoria da interdisciplinaridade seja o fato de o nosso grupo ter sido formado pelo que Barbier denomina filósofos em atos – pessoas que aceitam pesquisar questões de fundo a partir da existência cotidiana, educadores comprometidos que acreditaram na relevância de seus trabalhos e que, portanto, exerceram a audácia de pesquisá-los.

Continuando nossa análise ainda sobre os pesquisadores que orientamos, diríamos ainda, com Barbier, que em todos eles encontramos um traço comum – a vibração com o que fazem. Essa vibração foi, a nosso ver, o móvel da vontade que impulsionou essas pesquisas. Acreditamos que ela aparece nos seres que possuem o sentido existencial e interno da totalidade da vida. Esse tipo especial de pesquisador, o interdisciplinar, principalmente porque adquire o sentido do valor do seu trabalho, empenha-se em reparti-lo com os outros, principalmente porque percebeu o valor que sua experiência pode ter para seus colegas educadores e para a história da educação.

Porque compreende seu universo de ações e de significados, o pesquisador interdisciplinar aceita dividir sua própria percepção do mundo e dos homens. Isso tem demandado também um tipo especial de pesquisador, aquele que com sensibilidade compreende os outros e, portanto, a efetivação do exercício do respeito ao outro e da espera (na medida em que poucos são ainda os que aceitam esse tipo especial de trabalho e pesquisa).

O processo de pesquisar procedimentos para investigar a interdisciplinaridade demandou uma formação especial na forma de pesquisar, que é a marca de todo esse trabalho, a formação para a escuta sensível – escuta aos seus achados ainda não revelados (muitas vezes nem a si mesmos), escuta paciente e sensível, a melhor forma de retratar e analisar esses achados, escuta sensível à forma de socializá-los e divulgá-los.

A todo esse processo de aquisição dessa escuta sensível na pesquisa denominamos, como Barbier, **amor**. Esse sentimento – o amor – é o que possibilita apoiar-se na emoção e, ao mesmo tempo, libertar-se dela. A explicitação desse amor na pesquisa interdisciplinar melhor adquire contornos de um rigor epistemológico quanto mais oceanicamente contemplar ou expressar a plenitude da emoção vivida na ação praticada. Muitas vezes, a maneira de expressar essa forma própria de pesquisar adquiriu contornos na mítica ou na poética, não no aspecto racional dos mitos e dos símbolos, mas no aspecto de sua sensibilidade.

Assim sendo, acreditamos que através dessas pesquisas conseguimos revelar também o lado artista, o lado poético, o lado sensível dos educadores, que nesse exercício de investigar tornaram-se pesquisadores.

Quando se fala de amor, de arte na academia e, principalmente, na pesquisa, há que se falar questionando, duvidando, principalmente quando se fala em amor oceânico, novamente citando Barbier.

Entretanto, falar de amor oceânico é diferente de vivê-lo, e todos esses pesquisadores dele participaram, demonstrando-o não apenas pelas palavras escritas, mas pelo sentido das ações praticadas que a pesquisa possibilitou registrar e desvelar.

REFERÊNCIAS

FAZENDA, I. C. A – *Dicionário em Construção: Interdisciplinaridade*. São Paulo, Editora Cortez, 2001.

__________ – Integração como proposta de uma nova ordem na Educação, em *Linguagens, espaços e tempos*. Rio de Janeiro, Editora Agir, 2000.

__________ – *Interdisciplinaridade: qual o sentido?* São Paulo, Editora Paulus, 2003.

__________ (org) – *Didática e Interdisciplinaridade*. São Paulo, Editora Papirus, 1998.

__________ – *Interdisciplinaridade – História, Teoria e Pesquisa*. Campinas, Editora Papirus, 1994.

__________ (org) – *Práticas Interdisciplinares na Escola*. São Paulo, Editora Cortez, 1991.

__________ – *Interdisciplinaridade – um projeto em parceria*. São Paulo, Edições Loyola, 1991.

__________ – *Integração e Interdisciplinaridade no ensino brasileiro: efetividade ou ideologia*. São Paulo, Edições Loyola, 1979.

FOUREZ, G – *Fondements épistemologiques pour L'interdisciplinarité*, em Lenoir, Rey, Fazenda – *Les fondements de L'interdisciplinarité dans la formation à L'enseignement*. Canadá, Éditions du CRP/UNESCO, 2001.

LENOIR, Rey, Fazenda – *Les fondements de L'interdisciplinarité dans la formation à L'enseignement*. Canadá, Éditions du CRP/UNESCO, 2001.

PINEAU, G – *Les Histoires de Vie*, Paris, PUF, 2002.

__________ e outros – *Chemins de formation au fil du temps*, nº 6 – Les écritures de soi, Université de Nantes, 2003.

Capítulo 6

O Tornado Transdisciplinar na Investigação Educativa

M. Teresa Anguera Argilaga[4]
Faculdade de Psicologia –
Universidade de Barcelona

Introdução

Nos últimos anos, houve um interesse inusitado pela transdisciplinaridade no amplo campo das Ciências Sociais, mais especialmente na investigação educativa. Depois dos debates polêmicos sobre pluridisciplinaridade, multidisciplinaridade e interdisciplinaridade, surge impetuosamente a transdisciplinaridade com uma vivacidade avassaladora, mas também submetida a uma intensa polêmica.

Apesar de o termo ter surgido já em 1970 no âmbito das discussões sobre epistemologia da ciência (MORIN, 1977), ainda estamos bem no olho do furacão. Por esse motivo, é preciso ter uma boa dose de prudência e cautela, virtudes aconselháveis quando se percorre um caminho tumultuado de qualquer corrente, seja ela física, o

[4] *Endereço eletrônico de contato: tanguera@ub.edu*

fluxo de água, ou expressa em linguagem figurada, uma corrente intelectual.

1. ANALOGIA DO TORNADO NO PERFIL DA TRANSDISCIPLINARIDADE

Na última década, essa corrente apareceu como um movimento intelectual e acadêmico, impulsionado pela UNIESCO e pelo CIRET (Centro Internacional de Investigações e Estudos Transdisciplinares) (UNESCO-CIRET, 1997). Os estudos que surgem a partir desse movimento dão ênfase à confluência dos saberes, a sua interação e integração recíprocas ou a sua transformação e superação.

A transdisciplinaridade pretende, como *leit motive*, abordar e investigar a realidade em toda a sua complexidade (Espina, 2003), levando em consideração, como indica Nicolescu (1999), que sua finalidade última é a compreensão do mundo presente, em que a unidade de conhecimento é um dos imperativos.

Em termos figurativos, referimo-nos ao tornado como fenômeno um tanto convulsivo, mas cheio de energia, que pode simbolizar a transdisciplinaridade. Supõe-se que alguns determinados campos ficarão desordenados, para em seguida se reorganizar. Essa nova ordem exige que nos despojemos do domínio exercido sobre um objeto determinado, pois esse objeto nem existe.

A partir da perspectiva transdisciplinar, considera-se a realidade como multidimensional, estruturada em vários níveis, substituindo assim a visão da realidade unidimensional abordada a partir de cada disciplina – não podemos esquecer que essas disciplinas foram estruturadas e fundamentadas há cem anos (Canals, 2004). Daí o prefixo "*trans*", que significa, simultaneamente, *entre* as disciplinas, *através* das disciplinas e *além* de toda disciplina (Carta da Transdisciplinaridade, 1994).

O estatuto do transdisciplinar (Klein, 2004), ao surgir como uma nova forma de compreensão do mundo, impulsiona a geração de novas metáforas que revelam as novas inter-relações e perspectivas, como o *intertexto*. Para seu desenvolvimento será preciso uma nova abordagem metodológica e um marco epistemológico em que se funde e ganha sentido e significado. Inclusive, sem a necessária cautela, a transdisciplinaridade foi considerada como novo *paradigma científico* (González, 2004).

Segundo Mandonegui (2004), o interesse pela transdisciplinaridade se concentra na dinâmica que se produz com a ação simultânea de vários níveis de realidade. Seus três pilares são: a existência e percepção desses diferentes níveis de realidade, o surgimento de novas lógicas (como a do terceiro incluído) e a emergência da complexidade (Morin, 1995).

A partir da base se constrói a metodologia da investigação transdisciplinar, que aborda as problemáticas da elaboração, articulação, reorganização, transmissão e comunicação dos conhecimentos entre, através e além das disciplinas estabelecidas.

Neste sentido, a transdisciplinaridade representaria uma perspectiva radicalmente distinta daquelas das multi e interdisciplinaridades, visto que sua finalidade já não ficaria inscrita no marco da investigação disciplinar. Não é demais advertir que o conceito de transdisciplinaridade ainda está sujeito a um debate quanto ao seu significado e à sua aplicação (Motta, 2002; Klein, 2003). Inclusive há quem questione sua possibilidade real como conceito (Alvargonzález, 2003), já que exigiria relações de transformação nas disciplinas científicas e entre elas, modificações essas que iriam contra a organização e autonomia das mesmas. Mas, mesmo se tal possibilidade fosse aceita, existe o risco de entender o transdisciplinar como uma metaciência – uma espécie de visão totalizante de todos os saberes disciplinares – ou como uma nova disciplina com pretensões de competência vantajosa com relação às demais. De toda maneira e se é possível livrar-se deste risco, convém destacar que o transdisciplinar representa, antes de tudo, uma atitude (Carrizo, 2003), um desejo e uma intenção de abordar a realidade sem suprimir sua complexidade, sem ater-se a visões redutoras ou fragmentadas da mesma, como acontece habitualmente desde a perspectiva das disciplinas isoladas. Nesse sentido, pode-se estabelecer uma aproximação entre o inter e o transdisciplinar, pois ambas as posições compartilham da referência "relações recíprocas, atividades de cooperação, interdependência, intercâmbio e interpenetração" entre as disciplinas, ou seja, das "dinâmicas interativas que têm por consequência uma transformação recíproca das disciplinas relacionas em um campo/sujeito/objeto/contexto determinado" (Motta, 2002, p.3).

A primeira questão que deve ser considerada é a delimitação do problema de estudo, a partir de uma perspectiva "trans". Trata-se de uma pergunta sobre o objeto (Balsinger, 2004), e deverá, em primeiro lugar, questionar o lugar da Educação no interior das Ciências Sociais e os debates com outras Ciências (Naturais, Exatas, da área de Saúde).

Esta é uma tarefa irrefutável que não pode esperar, já que os debates que abordam a Educação como disciplina devem trazer pistas de como o objeto de estudo foi configurado a partir de interseções, tensões e lacunas com debates que ultrapassam o corpo conceitual próprio da disciplina.

É possível que o "trans" mostre a impossibilidade de um objeto total, puro e próprio, inserir-se na investigação educativa. Será provavelmente uma alternativa que nos coloca diante de alternativas que não são de exclusivo domínio, mas que resultam pertinentes na hora de nos realocarmos diante de um novo contexto. É preciso dar uma reviravolta no clássico entendimento sobre o motivo pelo qual se estuda aspectos que não são educativos (biologia, matemática, sociologia, psicologia, antropologia etc), propondo uma estratégia de integração. Não construímos o objeto como uma somatória de saberes, e daí a necessidade de um debate permanente que gere um canal de discurso, através do qual circule permanentemente a insistente pergunta pelo objeto sobre o qual desejamos saber. Como diz González (2004), dessa forma cada espaço se transforma em uma busca, de forma que os caminhos se cruzam, convivem e só assim dão passos em direção a outros saberes.

Na investigação educativa, será necessário estabelecer, em primeiro lugar, qual é o objetivo, ou seja, o que a educação visa para se constituir como um domínio de saber e prática. O *trans* será uma "saída" possível para uma pergunta que não quer calar: a indagação pelo objeto e por sua configuração como disciplina – ou paradigma? (Ginemo Perelló, 2002) – a partir de tensões e debates que excedem o próprio corpo conceitual da disciplina (Lawrende & Després, 2004).

2. O LONGO CAMINHO TRANSDISCIPLINAR PODE SER INICIADO COMO DISCIPLINA METODOLÓGICA?

O tornado, enquanto está ativo, gera uma imensa confusão, assim como sérios danos, e objetos de diversas naturezas são derrubados e mudam de lugar.

Na investigação educativa, a analogia do tornado partiria de um ponto de encontro inicial, a partir do qual é possível seguir em qualquer direção, sem posicionar-se em algum sentido concreto, mas com objetivo de dispor de todos os graus de liberdade para se deixar conduzir em uma ou outra direção, velando sempre pelo lema do *trans*. Elaboração, articulação, reorganização, transmissão e comunicação dos conhecimentos entre, através e além das disciplinas estabelecidas.

Por outro lado, referimo-nos à investigação educativa que significa aquisição de conhecimento científico, e por isso, conhecimento objetivo que poderia ser alcançado por diversos investigadores independentes, sem vínculos, de nenhuma maneira, às conotações individuais de cada um.

Sem dúvida, trata-se de uma certa quadratura do círculo, na qual deverão operar ações diversas que joguem com o máximo de flexibilidade, mas garantindo o caminho em direção à aquisição de conhecimento objetivo em uma trilha altamente complexa. De nada serviria construir um conhecimento personalista, que seria fragmentado por natureza, e que nunca teria sua sobrevivência assegurada. Assim, não só é necessário, mas também imprescindível, disciplinar-se metodologicamente, medida nada popular no mundo do *trans*.

A partir desses breves comentários, vamos nos concentrar no primeiro passo que seria encaminhar a perspectiva *trans* na investigação educativa e que consistiria em uma aproximação da delimitação de unidades de estudo, vinculada à natureza do objeto.

Para tanto, deveremos contemplar o "fato" educativo com um *continuum*, que se apresenta como uma sucessão de episódios, eventos, incidências etc, desenvolvidos em uma estrutura fragmentada, marcada por normas temporais estabelecidas (como a duração de cada sessão formal de aula) ou sem elas (a resolução de um conflito, dure o tempo que durar). Considerando que uma investigação empírica requer que se coloque à disposição, ao menos convencionalmente, unidades de formação (entenda-se realidades ou artifícios que geram dados), é preciso estabelecer os critérios adequados para segmentar conceitualmente este fluxo informativo continuado em elementos de informação que adotaremos como unidades básicas de registro, codificação ou análise.

Essas unidades podem ter uma grade diversidade e amplitude e em diferentes momentos nos pronunciamos acerca das vantagens e inconveniências da molecularização e molarização (Anguera, 2005; Anguera y Blanco, 2003; Izquierdo y Anguera, 2000, 2001, 2002). Existe um *continuum* entre o molar e o molecular (Bakeman y Gottman, 1989), sem esquecer o caráter relativo desses termos, já que na mediação de um conflito na escola, por exemplo, uma proposta que tenda para um consenso parcial pode ser considerada uma unidade molecular, de acordo com uns objetivos encaminhados para prevenir o *mobbing*; entretanto, a consideração de tal proposta poderia ser vista como uma unidade molar em outra investigação, se o objetivo fosse a análise das estratégias prévias – e, por sua vez, cada uma delas estaria formada por diversas ações – desenvolvidas amplamente com ambas as partes em litígio, a fim de possibilitar a ação propiciadora de consenso parcial.

Em outras palavras, qualquer unidade terá um caráter (relativamente) molar ou (relativamente) molecular, dependendo da perspectiva contemplada. Assim sendo, a dimensão contínua a que nos referimos situa-se entre dois pólos ou extremos prioritariamente molares e moleculares, entre os quais se cruzam vantagens e inconveniências.

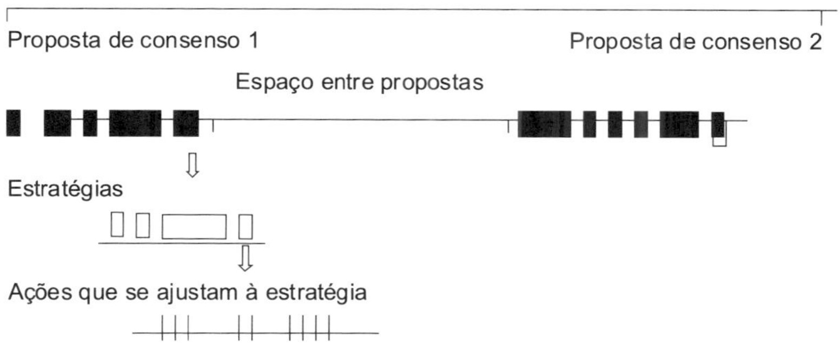

Figura 1. Estrutura hierárquica de unidades delimitadas em um continuum, onde se observava como uma unidade dotada de determinada molaridade se decompõe em unidades mais moleculares ao longo de uma dimensão contínua.

Esta hierarquização de unidades, embora seja trabalhoso colocá-la em prática, requer uma reflexão profunda acerca das posições extremas de molaridade e molecularidade, sempre com pleno conhecimento de seu caráter profundo. A dinâmica da perspectiva *trans* ajusta-se com a focalização diversificada do objeto de estudo.

Na Figura 2, o duplo processo é apresentado simbolicamente, o qual nos levará a assumir uma posição no *continuum* que se estabelece entre os dois pólos, o molar e o molecular.

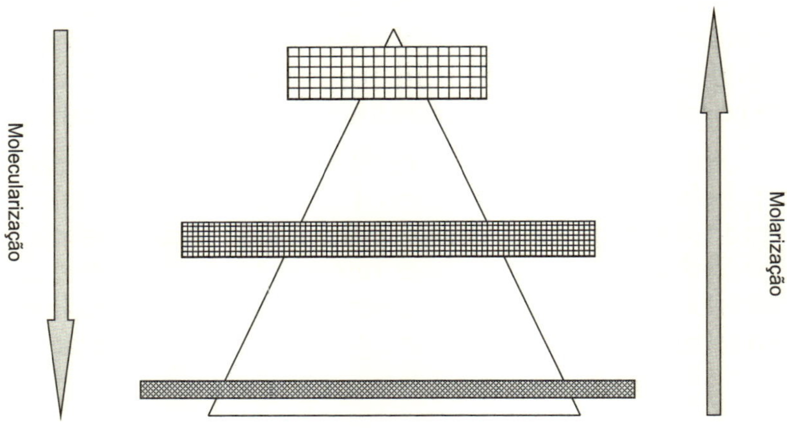

Figura 2. Molecularização e molarização na delimitação de unidades [Extraído de Anguera, 2005, p.128].

No entanto, é preciso lembrar que cada uma destas posições extremas supõe uma grande vantagem e um grande inconveniente, como indicado na Tabela 1.

	Vantagens	Inconvenientes
Molecular	Maior objetividade	Desfocado
Molar	Maior vertebração	Risco de subjetividade

Tabela 1. Vantagens e inconvenientes na dicotomia molar/molecular.

A delimitação da unidade de conduta, a partir de nosso ponto de vista, obedece, sem dúvida, à específica precisão dos objetivos e, além disso, deve se ajustar aos seguintes critérios modulares:

a) Cada unidade de conduta deve poder se delimitar; ou seja, distinguir-se e diferenciar-se da anterior ou posterior. Seguindo o mesmo exemplo, cada uma das ações que contribuem para formar uma estratégia.

b) Cada unidade de conduta deve ter a possibilidade de ser denominada. A escolha de um nome específico ajuda, em grande parte, na aquisição de sua própria identidade e na diferenciação de outras unidades de conduta semelhantes. Ao pensar em ações de reflexão sobre a capacidade de decidir de cada aluno, na existência de diferenças interindividuais etc, cada uma delas será assegurada como unidade com identidade própria, uma vez que podem ser denominadas.

c) Para que uma unidade de conduta possa assumir essa categoria, deve ter a possibilidade de definir-se, captando suas nuanças. Com este terceiro critério modulador, garante-se a identidade própria da unidade estabelecida.

Cumpridos os três requisitos indicados para a fixação de unidades (chamamos coloquialmente "regra dos três Ds": delimitável, denominável e definível) e em função do objetivo pretendido, poder-se-á estabelecer um planejamento de investigação em cada estudo.

O caráter da transdisciplinaridade do *saber em trânsito*

e transferível segue na linha do enfoque da lente pesquisadora a distintas distâncias do objetivo, como um *zoom* que navega da molecularidade à molaridade e vice-versa.

3. OLHANDO PARA O FUTURO

E depois o quê? Se o investigador transdisciplinar concorda com esse marco minimamente regrado – não se pode esquecer que falamos de investigação, que tem em sua essência a existência de regras, mesmo que sejam altamente flexíveis –, tem um longo caminho a percorrer, que hoje só é possível delinear, mas é possível planejar nas questões essenciais, como um conjunto de andaimes que sustentam um edifício.

No trecho anterior, detivemo-nos ao passo inicial da delimitação de unidades, altamente flexível nos trajetos ascendente e descendente. Mas imediatamente será preciso estabelecer o desenho, entendido com um plano de atuação na investigação educativa transdisciplinar que interesse e que seja sempre subordinado ao objetivo, este difícil objetivo entre, através e além das disciplinas, que o autor ou autores de cada investigação deverão delimitar com todo cuidado e rigor.

E o desenho não é outra coisa que uma estratégia empírica que nos acompanhará durante o processo, mas especialmente nas etapas de compilação, gestão e análise da informação, que fornece a realidade do objeto sobre o qual versa a investigação. Logicamente, o espectro de possibilidades é extremamente amplo e heterogêneo, que segue na linha flexível do *trans*, mas não se pode assumir garantias de rigor que não se opõem à perspectiva poliédrica que oferece a realidade educativa.

Questões como a compilação de informação, a natureza – habitualmente heterogênea – de certos dados (categóricos, originais etc), o tipo de possíveis instrumentos (autoinformes, entrevistas estruturadas ou em profundidade, registros observacionais, testes psicológicos, escalas, transcrições de discussões em grupo etc), a possível diversidade de participantes (comunidade educativa formada por diferentes coletivos, entorno familiar na sua relação com o centro educativo etc), e muitas mais, vão estruturar a espinha dorsal de um processo que terá de traçar seu caminho com o tempo, mas que a bússola deverá orientar sem prejudicar no sentido autêntico do que pretende toda a investigação.

SÍNTESE

Escreveu-se muito sobre a transdisciplinaridade nos últimos anos, embora continue sendo uma grande incógnita a forma de compatibilizar a sua essência – sem dúvida valente e até transgressora (Horlick-Jones & Sime, 2004) – com a rotina diária de uma investigação educativa, realizada de acordo com alguns parâmetros que ainda são desconhecidos.

Sem dúvida, fará falta uma boa dose de empenho, imaginação e adaptação de normas disciplinares, para avançar com passo firme nesse caminho. Já na primeira etapa será preciso a delimitação do objetivo e o estabelecimento de unidades que facilitem uma posterior obtenção de informação, e não estão em absoluto isentos de dificuldade; pelo contrário, provavelmente será o passo mais difícil para o qual será preciso, sem dúvida, uma compacta formação conceitual nos respectivos âmbitos de cada caso, com o olhar no *leit motive* da transdisciplinaridade.

Uma vez resolvida essa questão inicial, abrem-nos múltiplas possibilidades para prosseguir na investigação, que deverão ser esclarecidas e desenvolvidas progressivamente.

REFERÊNCIAS

ALVARGONZÁLEZ, D. (2003). Transdisciplinariedad. *El Catoblepas, 11*, 12. Documento en línea, disponible en: http://www.nodulo.org/ec/2003/n011p12.htm

ANGUERA, M. T. (2005). Registro y análisis de datos al servicio de la comprensión de la complejidad en deportes de equipo. En R. Martín Acero y C. Lago, *Deportes de equipo. Comprender la complejidad para elevar el rendimiento* (p.133-164). Barcelona: Inde.

ANGUERA, M. T. y Blanco, A. (2003). Registro y codificación en el comportamiento deportivo. En A. Hernández Mendo (Coord.), *Psicología del Deporte (vol. 2). Metodología* (p.6-34). Buenos Aires: Efdeportes (*www.efdeportes.com*).

BAKEMAN, R. y GOTTMAN, J. M. (1989). *Observación de la interacción: Introducción al análisis secuencial*. Madrid: Morata.

BALSIGER, P. W. (2004). Supradisciplinary research practices: history, objectives and rationale. *Futures, 36*, 407-421.

CANALS, A. (2004). Variables para la investigación supra disciplinaria. *Educación y TIC*. Documento en línea, descargado el 22 abril 2004 de http://weblog.educ.ar/educacion-tics/archives/001527.php

CARRIZO, L. (2003). El investigador y la actitud transdisciplinar. Condiciones, implicancias, limitaciones. En: L. Carrizo (Coord.), *Transdisciplinariedad ycomplejidad en el análisis social*. Montevideo: UNESCO, p.51-73. – Documento en línea, disponible en: http://www.claeh.org.uy/archivos/Documento_MOST_TransdisciplinariedadyComplejidad.pdf

CARTA DE LA TRANSDISCIPLINARIEDAD. Convento de Arrábida, noviembre de 1994. Documento en línea, disponible en: http://www.filosofia.org/cod/c1994tra.htm

ESPINA, M. (2003). Complejidad y pensamiento social. En: L. Carrizo (Coord.), *Transdisciplinariedad y complejidad en el análisis social*. Montevideo: UNESCO, p.11-32. Documento en línea, disponible en: http://www.claeh.org.uy/archivos/Documento_MOST_TransdisciplinariedadyComplejidad.pdf

GIMENO PERELLÓ, J. (2002). De las clasificaciones ilustradas al paradigma de la transdisciplinariedad. *El Catoblepas, 10*, 13. Documento en línea, disponible en http://www.nodulo.org/ec/2002/n010p13.htm

GONZÁLEZ, G. (2004). Acerca de lo trans-disciplinario. *Innovación Académica*. Documento en línea, disponible en http://psicologia.academica.cl/formacion_transdisciplinaria.html

HORLICK-JONES, T. & SIME, J. (2004). Living on the border: knowledge, risk and transdisciplinarity. *Futures, 36*, 441-456

IZQUIERDO, C. y ANGUERA, M. T. (2000). Hacia un alfabeto compartido en la codificación del movimiento corporal en estudios observacionales. *Psicothema, 12* (Supl. nº 2), 311-314.

IZQUIERDO, C. y ANGUERA, M. T. (2001). The rol of the morphokinetic notational system in the observation of movement. En Ch. Cavé, I. Guaïtella et S. Santi (Eds.), *Oralité et Gestualité. Interactions et comportements multimodaux dans la communication* (p.385-389). Paris: L'Harmattan.

IZQUIERDO, C. y ANGUERA, M. T. (2002). Propuesta preliminar de un alfabeto morfo-cinésico común en el marco de la metodología observacional: Cuestiones clave y componentes básicos. *Metodología de las Ciencias del Comportamiento, vol. especial*, 305-309.

KLEIN, J. (2003). Transversalidad: Discurso, integración y evaluación. En: L. Carrizo (Coord.), *Transdisciplinariedad y complejidad en el análisis social*. Montevideo:

UNESCO, p.33-50. Documento en línea, disponible en: http://www.claeh.org.uy/archivos/Documento_MOST_TransdisciplinariedadyComplejidad.pdf

KLEIN, J. T. (2004). Prospects for transdisciplinarity. *Futures, 36*, 515-526.

LAWRENCE, R. J. & DESPRÉS, C. (2004). Futures of transdisciplinarity. *Futures, 36*, 397-405.

MANDONEGUI, M. (2004). Interdisciplinariedad y educación matemática en las dos primeras etapas de la Educación Básica. *Educere, 8* (26), 301-308. Documento en línea, disponible em http://www.saber.ula.ve/cgi-win/be_alex.exe?Documento=T016300001682/2&term_termino_3=&Nombrebd=saber

MORIN, E. (1977). *La méthode. 1: La nature de la nature*. Paris: Seuil. (*O Método 1. A Natureza da Natureza*. Porto Alegre: Medidional.)

MORIN, E. (1995). *Introducción al pensamiento complejo*. Barcelona: Gedisa.

MOTTA, R. (2002). Complejidad, educación y transdisciplinariedad. *Polis. Revista Académica Universidad Bolivariana*, vol. 1, nº 3, p.1–21. Documento disponible en: http://www.revistapolis.cl/3/motta3.pdf

NICOLESCU, B. (1999). *La transdisciplinarité*. Monaco: Du Rocher. Trad. por Consuelle Falla. Documento en línea, disponible en: http://perso.club-internet.fr/nicol/ciret/espagnol/visiones.htm

UNESCO-CIRET (Centro Internacional de Investigaciones y Estudios

Transdisciplinarios) (1997). *Declaraciones y Recomendaciones del Congreso Internacional: ¿Qué Universidad para el mañana? Hacia una evolución transdisciplinar de la Universidad*. Locarno, Suiza (30 Abril – 2 Mayo). Documento en línea, disponible en http://www.unesco.org/most

Capítulo 7

Quem Somos Nós?

Níveis de realidade e de consciência

Gabriel Sanz
Didática e Organização Educativa
Universidade de Barcelona

RESUMO

Pretendemos certa aproximação crítica aos planejamentos básicos do filme, que valorizamos com muito interesse a partir da perspectiva transdisciplinar e educativa, revelando alguns de seus pressupostos ideológicos, trazendo algumas chaves interpretativas e explicando, na medida do possível, determinadas categorias centrais e sua inter-relação: a liberdade criativa sobre a realidade entendida a partir da mecânica quântica, a visão holística do Universo e como a plenitude e a felicidade significam fazer escolhas para chegar à unidade com o todo.

Também tratamos de abordar e desenvolver alguns valiosos pontos do filme, entre os quais vale destacar: como incide, na nova perspectiva educativa, a necessidade de que o ser humano assuma seu próprio projeto de autoconstrução, a importância do olhar interno, o valor do conhecimento da realidade, a necessidade de mudança histórica em profundidade e a geração de uma nova consciência individual e coletiva.

Palavras-chaves: conhecimento, percepção, formação integral, consciência, pensamento/emoções.

INTRODUÇÃO

O presente trabalho tem como audacioso objetivo abordar, dentro das margens permitidas pela extensão de um artigo em obra coletiva, uma análise do filme, que tem o mérito de apresentar ao grande público, de uma forma compreensível e com sequência de enorme força visual, questões filosóficas, científicas, espirituais, sobre as quais se planeja uma profunda revolução cultural. Trata de abordar inquietudes e temáticas de certa maneira já latentes – a divulgação e expectativas do filme o confirmam – em uma parte significativa da população. Mais especificamente está dirigida, de acordo com a opinião de seus diretores, ao movimento de criações culturais atualmente estendidas a diversas camadas profissionais dos Estados Unidos e da Europa, que buscam novos enfoques da realidade e uma nova formulação de suas inquietudes e projeções sociais.

O filme também traz à tona reflexões e indaga a construção da consciência pessoal a partir de perguntas essenciais. Mais concretamente e segundo uma de suas diretoras (El País, 05/05/2006), pretende abrir um diálogo para descobrir onde está a união entre a realidade e nossa mente, a partir dos conhecimentos da física quântica e dos descobrimentos sobre o funcionamento do cérebro humano.

É um filme com argumentos simples, mas no fundo muito complexo. Portanto, não é fácil decifrá-lo devido ao acúmulo de opiniões de especialistas reconhecidos. Também não é nada fácil ou acessível fazer uma síntese temática de seu extenso roteiro – deve-se considerar uma duração aproximada de 50 minutos – já que ele é apresentado sem argumentar ou desenvolver as categorias básicas (mente, consciência, realidade etc), nem suas fontes de inspiração e, consequentemente, ao mesclar o científico com o filosófico, espiritual e psicológico, produz certa confusão, como se estivéssemos perdidos, mas com a sensação otimista diante da possibilidade que o futuro oferece. Também foram criticadas a fragilidade de algumas declarações, apresentadas como sendo consenso científico sem sê-lo, e as declarações incompletas de alguns cientistas. Por isso, foram questionadas, entre outras, as considerações agnósticas cristãs ou de racionalidade filosófica e científica.

As coordenadas ideológicas/culturais em que o roteiro argumentativo está inserido, dizem respeito à constatação, pelos menos por uma parte dos analistas mais lúcidos de diversos campos de saber, de que estamos em uma encruzilhada histórica enquanto Humanidade, no que diz respeito à necessidade de um novo paradigma ou perspectiva de conhecimento, que comporte igualmente uma mudança do modelo de desenvolvimento, inclusive de civilização. Trata-se de superar o atual nível de consciência cultural coletiva e de evitar um preço excessivo em forma de sofrimentos comuns, tendo em vista as consequências – meio ambiental, redução das liberdades e direitos democráticos e fundamentalismos, guerras preventivas, a miséria e exploração da maior parte da humanidade – trazidas pelo modelo vigente hegemônico sociopolítico cultural.

No entanto, o atual nível sociocultural que poderíamos qualificar de consciência racional, conseguido no decorrer de um longo e difícil período de aproximadamente duzentos anos e que, embora ainda não esteja desenvolvido no mesmo nível em todas as sociedades e por amplas camadas de indivíduos e instituições, sobretudo dos poderes e instituições mundiais, enxerga e confirma a urgente necessidade de uma evolução da consciência sociocultural no sentido da lógica global triédica.

Este nível de consciência coletiva poderia ser configurado como a capacidade de enfrentar os problemas globais, de pensar a partir de diferentes perspectivas, de integrálas e formulá-las de forma criativa, propondo a integração da economia e da política, configurando macroespaços de socialização e de poderes públicos, aplicando a perspectiva sistêmica das ciências, superando o pensamento binário e acima de tudo desenvolvendo um novo enfoque educativo. Para tanto, também é imprescindível o desenvolvimento de uma consciência pessoal profunda, um nível de pessoa humana integrada.

1. FILME: ARGUMENTO E FONTES DE INSPIRAÇÃO

O filme *Quem somos nós?* gira em torno da protagonista Amanda, que busca dar sentido aos acontecimentos de sua vida cotidiana, que pode ser qualificada de mecânica, sujeita a emoções e recordações negativas, subconscientes, sendo ela mesma incapaz de interceder sobre sua realidade, o que causa depressão e o uso continuado de psicofármacos para manter sua vida diária de trabalho e uma convivência normalizada. Este itinerário de pequenos sucessos cotidianos é acompanhado por diversos especialistas e cientistas/pensadores de reconhecido prestígio nos campos da física, neurologia, medicina, teologia, para explicar – mais para os espectadores do que para Amanda – o sentido dos acontecimentos do ponto de vista de seus respectivos saberes.

Fazendo certo exercício de síntese e levando em conta as diversas críticas cinematográficas, poderíamos admitir que a primeira parte do filme trata da liberdade criativa sobre a liberdade entendida a partir da mecânica quântica. Defende a tese de que a realidade se reduz à percepção, que essa se forma pela combinação acima de tudo das emoções/pensamentos e que o sujeito individual é o principal construtor da realidade. Ao ter consciência da relação entre o mundo interno e o mundo externo, o eu individual tem o poder de transformar a realidade graças, acima de tudo, ao poder da mente, já que parte do princípio de que tudo é mente. É preciso enfatizar que este termo é usado com significado equivalente de consciência, alma, espírito.

A segunda parte, relacionada intrinsecamente com a primeira, sem ser sua continuidade, enfoca mais a apresentação da visão holística do universo e como a iluminação, a felicidade são atingidas através de escolhas para chegar à unidade com o todo e alcançar a vida/energia cósmica em harmonia. O mal consiste, portanto, em tudo aquilo que impede ou corta nossas escolhas em relação às possibilidades enriquecedoras da união cósmica. Aqui se desenvolvem, em sequência de grande beleza e interesse, o impacto do emocional no organismo e como os "vícios" são a causa mais grave de desorientação das nossas opções de desenvolvimento em harmonia.

A ideia original pertence a um dos três diretores, W. Arntz, um físico apaixonado pelo cinema, pelos computadores e praticante do budismo, de acordo com alguns críticos. De qualquer maneira, constata-se a estreita relação entre o roteiro original argumentativo e a *Ramtha School of Enlightenment*, entidade que prega a iluminação mediante o exercício de determinadas práticas e cuja médium intervém no filme sem se diferenciar e colocando-se no mesmo nível que outras declarações de cientistas renomados e conhecidos.

O extenso roteiro de estudo do filme foi editado pelo Instituto de Ciência Noetic (IONS) www.noetic.org, uma organização de pesquisa e educação sem fins lucrativos, que dá suporte a um movimento emergente de cidadania globalmente consciente, dedicado a manifestar nossas mais altas capacidades de criar um mundo melhor.

O filme reflete a configuração baseada em perfis budistas e na Nova Era, juntamente com pinceladas de teologia do processo de A. N. Whitehead e considerações embasadas na psicologia transpessoal, fortemente influenciadas pelas religiões orientais e pela psicologia de Jung.

Logo mais pontuaremos alguns traços principais dessas fontes de influência, a fim de entender o contexto em que o discurso fundamental do filme se situa.

Segundo Pannikkar (1966), uma característica essencial do budismo – uma tradição de 2.500 anos – é o fato de não propor crer, mas sim ensinar a viver, a se libertar do sofrimento a partir de um sentido da realidade centrado na coerência. Traz uma sabedoria milenar sobre o funcionamento da mente e uma via em direção à plenitude humana. No entanto, cabe assinalar, como limitação de sua orientação majoritária, o fato de não ter pensado sobre a questão estrutural e a realidade social.

No que diz respeito ao movimento da Nova Era, Ferguson (1998) apresenta diversos significados. Em um sentido amplo, é um movimento de renovação do mundo baseado em uma mentalidade ou ambiente muito variado e extremamente sincrético. Confere uma significação determinante ao conhecimento e à consciência, supervalorizando a possibilidade de impor sobre a realidade exterior o que está, até o momento, somente na mente. Implica uma crença fundamental na perfeição humana, no eu autocriador, segundo uma ordem de valores em que cremos e que alcançamos com nossas próprias forças, considerando que o ser humano já tem uma chispa divina, uma natureza interior, eterna, uma só substância que deve conter em si sua razão de ser e que o vincula com a unidade do todo. Por isso "já somos todos deuses", de acordo com a afirmação de um dos especialistas consultados.

A recusa da tradição, em sua forma tanto social quanto eclesial, resulta em uma forma de sociedade inspirada no conceito moderno do eu individual e em uma sabedoria prévia e superior a todas as religiões e culturas. Também dá por certa a falsidade das pretensões de toda forma de religiosidade tradicional.

2. NÍVEIS DE REALIDADE

A pergunta chave que a protagonista Amanda se faz diz respeito à realidade, considerando que ela a percebe em sua vida cotidiana de uma forma mecânica, que a leva a se sentir e posicionar-se de uma maneira determinista e oprimida, vitimizada, diante da qual não consegue reagir. Ao longo do roteiro, ela trata de adquirir outra cosmovisão, que é possível através dos conhecimentos científicos que já possuímos sobre a realidade. A cena da quadra de basquete chama especialmente a atenção. As possibilidades de jogar a bola são infinitas, mas só terá sucesso aquele jogador que decidir tal e qual demonstram as considerações científicas de diversos especialistas, apoiando-se nas interpretações da mecânica quântica (m.c.), cujo objetivo de estudo é a realidade microfísica. Nesta dimensão, deixamos de ser meros espectadores para converter-nos em atores/espectadores, considerando que a consciência influi na realidade, já que a percepção depende do observador. Nesse nível, a atuação científica se movimenta mais, já que produzimos aparências que mais tarde não poderão ser justificadas da maneira clássica, pois a realidade permanece sempre em segundo plano. Isso quer dizer que a realidade não existe de forma absoluta, mas como probabilidade, e é a presença do espectador que permite sua existência concreta.

Consideramos que a questão central da realidade e esse enfoque em concreto devem ser explicitados mais detalhadamente e esclarecidos a partir das considerações e debates atuais da mecânica quântica (m.c.) e da racionalidade filosófica.

2.1. A realidade segundo a mecânica quântica (m.c.)

Os especialistas nesse tipo de física consideram a realidade em múltiplas dimensões (segundo a teoria das cordas, nosso Universo possui onze dimensões), mas espacialmente poderíamos considerar basicamente três: o grande, o pequeno e a complexidade. O consenso científico atual parece afirmar que a natureza não está definida de todo, não conhecemos suas propriedades específicas e consequentemente existe o parâmetro da indeterminação/liberdade. Mas não se nega o princípio da realidade, existe a realidade em si.

O conceito de realidade na mecânica quântica parte da interpretação de Copenhague – a mais aceita nos meios científicos. Essa escola considera que o objetivo da ciência física não é tanto conhecer o mundo real – e isso quer dizer representá-lo adequadamente – mas prever acontecimentos que possam ocupar um lugar dentro de nossas coordenadas experimentais.

Esta interpretação dominante foi e é questionada por uma posição E-P-R-B, sigla que resume as atitudes de figuras relevantes da física como Einstein, Podolsky, Rosen e Bohm. Para descobrir essa posição, consideramos muito adequadas as palavras de Ortega e Gasset (1975, 18) "o grave é que o indeterminismo é o contrário do que a tradição considerava conhecimento. Porém, mais decisivo é que essa indeterminação do elemento material provém do fato de o experimentador, ao observar o fato, não o observa, mas o fabrica. Assim, não pode haver nada mais antagônico do que 'conhecer a realidade e fazer a Realidade'".

A partir do principio da não localização, Bohm desenvolveu outra interpretação de mecânica quântica, validada cientificamente pelos experimentos Aspects. É conhecida como modelo holográfico. Basicamente considera que existe um universo infinito, não local, holográfico, que contém nosso universo local finito e sua ordem explícita. O universo finito é de pura e verdadeira informação. As variáveis ocultas são a quantidade/quanta de informações que passa pelo campo quântico a partir da ordem implícita à ordem explicita do universo local. Uma vez que duas partículas tiveram contato, permaneceriam sempre unidas, mesmo que se supere o limite da velocidade da Luz. A matéria é transformada por essa informação em proporção ao seu nível evolutivo. Portanto, há níveis mais densos com menos informação e sentido e outros mais sutis, com mais informação. Consequentemente, o mundo macroscópico está regido pela determinação, mesmo que tenha núcleos/nichos de indeterminação.

2.2. Considerações filosóficas em torno da realidade

Contata-se que a explicação filosófica da realidade não ocupou muito espaço na história da filosofia ocidental, mas que se desenvolveu mais extensamente na chamada filosofia perene, denominação que segundo Huxley (1992) foi formulada por Leibniz, que dá conta de uma sabedoria antiga, universal das diversas culturas. Um de seus axiomas fundamentais é a formulação *grande cadeia do ser* que contém implícita a ideia de que a realidade não é monodimensional, mas sim pluridimensional, existindo, portanto, uma série de graus ou níveis. Ideia que também foi desenvolvida por estudiosos da Paleontologia, Biologia e Psicologia.

Outra distinção básica que encontramos no saber filosófico e em determinadas perspectivas científicas é produzida entre as categorias Real e Realidade. A escola psicanalítica francesa de Lacan, que se diz científica, faz a distinção entre o Real, o Simbólico e o Imaginário. Concentrando-nos no primeiro termo e sintetizando seu significado, encontramos que o Real é incompreensível, inacessível; é aquele que não pode ser nomeado, que se interrompe no simbólico e persiste. O Real é o traumático, é um buraco no interior do simbólico. Assim, a busca pelo Real é impossível, não é a verdade, o real não é a realidade.

O problema principal segundo Toboso (2005) está no fato de o Real, apesar de ser em essência indescritível e impensável, poder se utilizar do que existe no tempo e por isso não encarna sempre uma mesmice, ou só poder se embasar em uma entidade globalizadora única, que não está no tempo e que, portanto, é sempre a mesma.

O conceito de realidade é um termo utilizado frequentemente por Freud para designar, no psiquismo do sujeito, aquilo que apresenta uma coerência e uma resistência comparáveis àquela da realidade material. Trata-se fundamentalmente do desejo inconsciente e dos fantasmas relacionados (Le Planche, 1974).

Outra abordagem significativa nesse sentido provém da tradição da sabedoria budista. Do vazio surge uma energia vital que preenche o universo, sendo a vida humana fruto dela. Seria equivalente à transformação contínua de onda em partícula e vice-versa, mas diferente do nada, entendido como ausência de realidade. Outro científico a considerar este tema é Popper (1996), para quem o importante não é o que está aí, mas o que será. Segundo a concepção popperiana, no presente só temos antecipações – fenômenos – da realidade que serão ou não encontradas no final.

Outro filósofo referência no tema de reflexão sobre a

realidade é X. Zubiri (1992). Ele também afirma que o ser humano não alcança, é incapaz de assimilar a realidade primordial e essa incapacidade é suprida pelo logos e pela razão. Para esse filósofo, realidade "é o que há, exista ou não uma mente humana que a conheça, sempre que aquele cuja realidade se afirma não seja absurdo. Reais são as galáxias não descobertas; não real é o triângulo redondo". No âmbito matemático, por exemplo, a divisão por zero seria não real.

A realidade, a partir da perspectiva qualitativa, poderia ser configurada por parâmetros entre os que cabe destacar: determinante, constitutiva, inacessível, de liberdade/indeterminação, de informação, sujeita a um dinamismo evolutivo de processos em que emergem novas realidades (níveis de realidade) não dedutíveis do antigo e em que se dá o acaso e a descontinuidade.

Este desenvolvimento se estrutura em um modelo de espiral como uma oligarquia, totalidade/parte, isto é, que se dá uma articulação de entidades autossuficientes, que por sua vez fazem parte de uma ordem crescente, mais complexa, de todos progressivamente maiores. Tudo o conjunto comporta, segundo Koestler (1987), um incremento da totalidade, integração e centricidade.

A realidade também é transfinita, ou seja, o sistema da totalidade/partes do cosmos não é uma totalidade/parte em si mesmo e direcional convergente ou produto do acaso/divergente sem sentido específico. A mecânica quântica possibilita ambas as leituras/interpretações.

Hoje em dia a ciência constata na evolução um processo no tempo, em direção a sistemas cada vez mais complexos. No entanto, a existência da consciência e da liberdade no ser humano, que surgiu da evolução da matéria e a partir dos dados do processo evolutivo cósmico e biológico, permite admitir a explicação de um sentido a esse processo, enquanto se constata a presença, em todos os níveis do ser, do desejo/impulso de um desdobramento cósmico, de conseguir ser.

A outra interpretação também remete, é claro, à complexidade do processo, mas não reconhece nele nenhuma direcionalidade ou sentido. É somente um fato, que o simples só pode evoluir para a complexidade, a qual, ao proporcionar uma vantagem frente ao meio, assegura sua sobrevivência, mas só está regida pelo acaso e pelas leis da natureza. Nessa linha, o biólogo Maturana (1997) assinala que o processo evolutivo é acima de tudo um desvio, uma questão de provar tudo, uma contínua exploração de possibilidades inéditas.

A partir das considerações dos autores assinalados na bibliografia, principalmente Koestler (1987), Wilber (1996) e Chardin (1967), o resumo dos níveis de realidade que apresentamos seria:

- cosmos/biogênese.
- antropossociogênese.
- holístico (quando a evolução dos outros níveis pode chegar a confluir (totum) conforme sua articulação e assim a ser participado/compreendido como unidade global).

3. PERCEPÇÃO, MENTE, CÉREBRO, CONHECIMENTO

Uma das abordagens básicas é que a realidade se reduz à percepção, e esta aos pensamentos e emoções, para provar que a realidade só existe ou é criada em nossas mentes.

E assim parece ser nos domínios já examinados da mecânica quântica e da biotecnologia, da nanotecnologia. Por exemplo, a partir de um computador se pode criar uma realidade nova, até agora inexistente, que os especialistas chamam ontologia informática, através da qual um dia seja possível simular a realidade até o ponto em que o usuário não possa notar a diferença entre o real e o virtual.

De acordo com a filosofia crítica (escola de Frankfurt etc), embora concordemos que o ser humano é concebido como um nó de relações e transforma-se à medida que muda essa síntese que conflui nele, é essencial determinar a vinculação da construção de si mesmo a partir da religação com a realidade, do esforço, das mediações, sobretudo para não cair na escola de pensamento que nega a realidade e segundo a qual, por exemplo, acredita-se que possa chover, mesmo sem precipitação alguma, mas simplesmente porque alguém imagina que está chovendo e emocionalmente queira que chova.

Segundo Zubiri (1992), estamos de fato religados, temos a experiência dessa imposição, desse fundamento ou poder do real, já que ele se impõe como último, possibilitante, além da nossa vontade, estabelecendo a "experiência como comprovação física da realidade".

Os seres humanos vivem ora na realidade, ora como aspiração além do limite de nossas possibilidades naturais do entendimento com o real. Podemos experimentar a realidade que nos rodeia até o ponto de nos inclinarmos ao fundamento da mesma. As divergências surgirão na hora de discernir intelectualmente e optar com a vontade diante desse fundamento.

Portanto, a questão básica é a articulação constitutiva dos diferentes níveis de realidade no ser humano em relação à sua evolução, ou seja, como construir sua concepção e utilização da realidade para seu próprio desenvolvimento. Do contrário, conforme vimos no filme *2001, Uma Odisseia no Espaço*, as pessoas podem terminar dominadas pelo sistema de informação que elas mesmas criaram.

Seguindo as considerações de Zubiri, consideramos que o princípio último do conhecimento é a realidade e que ela nos constitui como seres humanos. Como já confiou Berkeley, ser é perceber. A percepção depende sim do sujeito, do estilo de vida, dos sentidos, do cérebro e não da realidade que está aí. Consequentemente, a igual ativação das áreas neuronais, seja no tempo real ou nas recordações, tal como se propunha no filme objeto deste trabalho, não seria admissível.

O cérebro é o mais sofisticado mecanismo computacional físico e bioquímico (Acarín, 2005), um verdadeiro transformador de energia. O ser humano está capacitado para a apreensão das coisas em relação às realidades, mediante sua inteligência. O doutor H. Gardner, da Universidade de Harvard, demonstrou em 1983 que existem diversos tipos de inteligência para relacionarmos com nós mesmos e com os demais.

De sua parte, Sheldrake (1995) sustenta que a mente não é sinônimo de cérebro e que não permanece encerrada nele, mas se estende pelo mundo que nos rodeia, conectando-nos com tudo o que vemos. Denomina-se mente estendida essa teoria segundo a qual existem campos mentais ou morfogenéticos de modo genérico.

Estes espaços são como autopistas de informação, pelas quais circulam os pensamentos e inclusive a memória da espécie. Consequentemente, pode-se afirmar que a mente tem uma base física, mas o físico também tem uma base mental.

A mente humana – asseguram as fontes budistas – é a manifestação da capacidade que a energia tem de operar sobre seus próprios processos, com base na reflexão, na cognição intelectual e na ação que surge de tal conhecimento. Opera sobre muitos processos energéticos humanos e não humanos.

Quanto ao tema do conhecimento, partimos da afirmação de Heisenberg (1975): o que observamos não é a natureza em si, mas sim a sua exposição ao nosso método de observação.

A cultura ocidental construiu sua grande concepção de realidade mediante a consciência cognitiva como capacidade de correlacionar os fatos, vinculando-a com a forma de compreensão e aquisição de conhecimento, com base na dualidade sujeito/objeto. Nossa mente, dual, e também a linguagem, estão estruturadas sobre a base de incontáveis opostos. As categorias assim adquiridas se valorizam pela validade lógica ou ontológica, porque não só se referem a nossos conceitos, mas permitem compreender a realidade tal como é.

Por outro lado, esse tipo de conhecimento é considerado no Oriente uma limitação imposta sobre uma natureza mais profunda da consciência, como se os objetos e as representações mentais associadas à consciência cognitiva formassem uma rede fechada que velasse a consciência pura. Além disso, essa perspectiva considera que qualquer pessoa possa alcançar a evidência do Real, apesar de ser em essência indescritível e impensável.

Baseando-se em diversas escolas de psicologia, filosofia – sobretudo do germano/suíço Jean Gebser – e fontes da sabedoria tradicional do Oriente e do Ocidente, Wilber (1997) faz referência aos "três olhos do conhecimento", a saber: um olho empírico, um olho racional ou fenomenológico, e um olho contemplativo/intuitivo.

O primeiro seria o olhar próprio da ciência empírico/analítica, o segundo daria conta da abordagem do mundo mental ou da razão (lógica, matemática, filosofia etc), enquanto que o terceiro permitiria o acesso ao mundo transracional.

Assim, a pergunta subsequente é: como é possível confirmar o conhecimento proporcionado por cada um desses olhares? E a resposta pertinente seria, segundo cada uma das três vertentes assinaladas: a apreensão direta, a validação consensual (é o critério de falseabilidade popperiana, na qual o cotejamento dos dados obtidos permitiria a sua confirmação e/ou anulação, total e/ou parcial) e a prescrição instrumental, a qual dá conta de uma metodologia, de um protocolo a seguir.

O conhecimento científico experimental, analítico, que em grego se chama episteme, é o bem fundamentado por seu rigor científico, confiabilidade, racionalidade, generalidade e falibilidade. Parte também de um princípio axiomático, como são a objetividade e a ideologia reducionista, de que o conhecimento completo dos componentes de um organismo comporta a determinação de todos os níveis de emergência possíveis. Para esse tipo de conhecimento, o mundo é, em última instância, cognocível mediante a aplicação dos princípios aceitos e que só essa descrição é absolutamente correta, sendo as demais qualificadas de vagas e subjetivas.

A pretensão de explicar toda a realidade a partir do conhecimento científico experimental é uma argumentação não científica, mas sim cienticista, porque, como disse Hawking (1988, 34), "quando descobrirmos por que existe o universo e por que existimos, saberemos tudo", saberemos o que é o real. O mesmo Wittgenstein, representante do Círculo de Viena, admite que "quando todas as possíveis questões científicas forem respondidas, nossos problemas vitais não terão sido nem sequer tocados" (Monk, 1996, 134).

Em relação ao conhecimento de que a razão daria conta, o nível de consciência racional comporta a capacidade de pensar de maneira abstrata, de compreender os princípios e expressar-se de acordo com a lógica de uma maneira clara e precisa. É um esforço da Humanidade, disposto na forma de descobrimento de princípios culturais, de organização da convivência coletiva como a igualdade, liberdade, cidadania, democracia, laicismo, espaços de socialização que presumem um progresso significativo na História.

Mas existe uma inteligência relacional, outro nível de racionalidade, que Wilber (1997) denomina logicossistemática, dialética, que supõe um enfoque holístico. Implica uma compreensão a partir da perspectiva da Humanidade, da História conjunta, do meio ambiente global. Um dos seus axiomas parte do princípio de que em termos dos elementos mais simples não é possível explicar exclusivamente os sistemas mais complexos. Nessa linha, Capra (1998) argumenta que os sistemas não podem ser compreendidos por meio da análise. Na perspectiva sistemática, as propriedades das partes só podem ser compreendidas a partir da organização do conjunto.

Mas esse nível de conhecimento das realidades também tem seus limites. Gödel (1981) demonstrou que não podemos conhecer toda a realidade racionalmente. O conhecido teorema de Gödel demonstra que não podemos enunciar sistemas lógicos de certa complexidade que sejam coerentes e completos, pois sempre conterão proposições indizíveis, ou seja, aquelas que não podemos dizer se são certas ou falsas.

Da mesma forma, o descobrimento das geometrias não euclidianas, segundo Barrow (1997, 19), "teve um papel fundamental na erosão da crença na verdade obsoluta, que se estendeu à lógica aristotélica, abrindo outras possibilidades em que uma proposição não teria somente dois valores de verdade: verdadeira e falsa. Poderia, pelo contrário, ter três – verdadeira, falsa e nem verdadeira, nem falsa – ou acrescentar um número infinito de condições diversas".

Para abordar determinado nível de realidade, o conhecimento que dá acesso ao mundo transracional, consideram-se as chamadas evidências, definidas por Marina (2005, 58) como "aquela parte impositiva da experiência. O que se impõe como tal à consciência pessoal deve ser aceito como válido desde que não seja desmentido por uma evidência superior".

É um saber experiencial de conteúdo razoável, quando se mostra convincente para admitir determinadas afirmações, cuja demonstração racional não é possível. No entanto, é complementar do saber racional. Sua linguagem, mais que declarativa e lógica, é analógica, metafórica, em forma de histórias. Seus argumentos são verossímeis no sentido de estarem racionalmente bem construídos a partir de resultados, esse sim, estritamente cietíficos, mas sua valorização depende da capacidade de juizo pessoal e livre de cada um.

Mas é um tipo de saber que não podemos incluir na difusa região de "ilusório/idealista". Este campo poderia ser caracterizado da seguinte forma: a) é incontrastável em qualquer sentido, apesar de a representação ser percebida como imagem das coisas tal como são e correspondentes a fatos reais; b) geralmente tende a apresentar como universal e necessário um estado de coisas particular e arbitrário; c) também não se pode chegar a negar a realidade, a repugnar a razão, na medida em que se situa na irracionalidade, que é diferente do não alcançar, da transracionalidade.

Por último, em relação a este tópico, gostaríamos de assinalar a categoria de verdade, como relação autêntica com a realidade, comunicação com a vida, ou seja, "uma propriedade que as ideias vão adquirindo na consciência humana e que nos permite supor que são adequadas à realidade mediante uma contínua verificação. Portanto, existem verdades universais éticas e científicas" (Marina, 2005) e verdades particulares – reservadas ao âmbito da liberdade de consciência – que devem ser subordinadas às universais. Outro filósofo que se interessou pelo tema é E. Trías (1999). Para ele, a verdade – objeto da filosofia – é entendida tanto na arte como na reflexão filosófica, como exemplo, pura transparência ou evidência, postração do signo de concordância (/), que articula palavras em proposições e acontecimentos em sucessões. É um signo de concordânica/disjunção entre o pensar/dizer e o ser, entre o logos e o que se dobra sobre si.

4. NÍVEIS DE CONSCIÊNCIA

É da experiência cotidiana da convivência e das relações sociais e interpessoais, constatar e descobrir diversos níveis de maturidade nas pessoas concretas e como existem sujeitos muito evoluídos em um aspecto e com etapas em desenvolvimento psíquico, mental, emocional não superados ou de nível inferior em outras dimensões da personalidade. Podemos considerar como evidente, portanto, a existência da consciência no ser humano, da autoconsciência, e assim, ao estar constituído, enquanto ser material, por um órgão de maior complexidade como é o cérebro humano, pode-se inferir que também os demais seres da cadeia evolutiva, da qual procede, também possuam igualmente algum nível de consciência.

Uma das propostas mais interessantes de *Quem somos nós?* é ressaltar a importância da potencialidade transformadora da realidade, da consciência individual e coletiva, quando são focalizados os aspectos concretos da mesma. De nossa parte, consideramos necessário remarcar a criação e o desenvolvimento de círculos amplos de pessoas de referência pública e da ação coletiva humanizadora com grande desenvolvimento de consciência como fator de influência para o progresso de espaços de socialização e de níveis culturais coletivos.

Uma das maiores realizações da psicologia evolutiva moderna é o descobrimento de que a consciência humana atravessa distintas fases de desenvolvimento, que constituem tanto níveis ontológicos como cronológicos do desenvolvimento individual e coletivo. Na sabedoria budista, admite-se que a natureza essencial de nossa vida é a consciência, que valoriza mais o ser do que o ter e o fazer. Por outro lado, para Freud, a consciência não pode ser nunca o campo onde estão os conteúdos mais profundos da verdadeira dimensão do ser humano (Lacan, 1995). Não concede à consciência o poder de síntese como o faz a filosofia ou a arte.

A interpretação lacaniana da psicanálise considera como fundamental, no processo de subjetivação, não a consciência, mas sim o inconsciente, o qual, com suas próprias leis, rege a maior parte de nosso funcionamento psíquico e nossos atos. Esta escola pretende dar um estatuto ao desejo inconsciente porque a ética do desejo, entendido como relação do ser com a falta do ser, é o sujeito do inconsciente. É o *plus* do Real, que existe em cada simbolização, o que atua como objeto causa do desejo. É uma pulsão, uma potência combinatória, é o efeito da linguagem sobre o sujeito. A teoria psicanalítica pretende declarar a eterna presença de uma falta como algo que escapa a toda disciplina científica; portanto, o ser humano está movido pelo desejo de um nada incontável. De nossa parte, consideramos que esta perspectiva é compatível com o desenvolvimento dos diversos níveis de consciência e, portanto, discordamos que o inconsciente psicanalítico não seja em absoluto relacionado à consciência.

Também constatamos, como aspecto importante na cultura ocidental, que a aceitação não crítica dos princípios do materialismo científico, mesmo que tenham conduzido a uma dominação assombrosa do mundo físico, colocaram o ser humano ocidental num certo nível de confusão ao tratar de aportar consciência a seu marco de realidade, e dificultam extraordinariamente qualquer compreensão dos processos psíquicos dentro de si mesmo.

A consciência individual está complexamente unida às realidades de referência, ao cérebro objetivo, ao sistema social e aos contextos culturais, valores e cosmovisões coletivas do mundo, à consciência cultural e à ação conseguinte individual e coletiva.

Seguindo os trabalhos de campo de Wilber (1994), os níveis de consciência humana se classificam em: pré-racional, racional e transracional. Este autor explica que há um domínio da consciência racional, que se constitui, portanto, como o centro de gravidade de nossa cultura ocidental. Também, com alguns matizes para sua aplicação na educação, poderíamos considerá-los como: a) níveis pré-conscientes/ mágicos, pré-mentais; b) nível pessoal; c) nível transpessoal.

Algumas das características centrais que consideramos valiosas para a perspectiva educativa em relação aos níveis de consciência seriam as seguintes:

- Se o princípio primordial de conhecimento é a realidade, esta também o será em relação à consciência, que por sua vez cria, gera novas realidades.

- A existência de níveis de consciência se constitui como uma hierarquia, que mostra uma direção a partir de uma evolução menor em direção a uma maior evolução. A matéria tem, nessa perspectiva, um nível de vibração e de consciência inferior aos níveis mais elevados na escala de ser, da complexidade.

- Para compreender um nível de consciência é preciso viver nele e ver o mundo a partir desse nível; advertindo que os níveis de consciência podem sobrepor-se até certo ponto, um nível pode por exemplo começar antes que outro tenha finalizado completamente.

- Podemos reprimir algumas partes de nossa consciência, de modo que permaneçam presas em níveis inferiores, e consumir energia que impeça/dificulte nossa evolução.

• O nível de consciência deve acomodar-se completamente nos níveis mais inferiores, senão a psique se desequilibra em profundidade.

• Existem faixas descontínuas entre os diversos níveis de consciência pessoal, coletiva e cósmica. O caminho de superação de níveis pode estar abarrotado de dificuldades.

• Não se pode realizar o reducionismo dos níveis *pré* ao *trans.* É o que Wilber chama falácia *pré-trans.* O olhar inexperiente tende a confundi-los e a considerá-los os mesmos. No extremo oposto, todo o *pré*-mental/pessoal é transformado em *trans*pessoal, com o qual o inferior se converte automaticamente em superior e o narcisismo infantil é equivalente ao transcendente.

5. PENSAMENTO – EMOÇÕES

Como mencionamos em um tópico anterior deste trabalho, uma das teses centrais do filme é a de que a realidade se reduz à percepção, e esta aos pensamentos e emoções. De acordo com o exposto, existe uma inter-relação entre os níveis de realidade, a percepção – conhecimento e cosmovisão – e a consciência. Por sua vez, o nível de consciência determina o pensamento, emoções e a ação, e por sua vez estes incrementam a consciência. O que acontece nesses níveis influi igualmente no plano corporal e, portanto, tudo o que ocorre no corpo é psicossomático.

Nessa perspectiva, considera-se que os pensamentos, enquanto energia, vibram com mais rapidez do que as emoções e são muito mais poderosos. Que todo pensamento que é acompanhado por um sentimento se manifesta mais rapidamente e com maior força.

Muitas vezes, o que pensamos passa para o subconsciente e se enraíza ali, atuando como reflexo, que influi em tudo, considerando que o pensamento – e a palavra que é pensamento verbalizado – é energia e tem uma grande potencialidade, mesmo com diferentes vibrações, com frequência mais alta e mais baixa. O conjunto de pensamentos positivos gera um determinado nível energético que influi na dinâmica e no clima ou atmosfera. Dessa forma, as nuvens/massas de pensamento de medo, de negatividade que geram ações coletivas ou filmes, e as mídias, mensagens de violência, de destruição, influem nas dinâmicas coletivas e na evolução pessoal.

A "maioria das pessoas não entende que seu vício pelas emoções não é só psicológico, mas também bioquímico", diz o folheto de apresentação do filme. As emoções são apenas substância química impressa holograficamente, diz. Por outro lado, um enredo esplêndido do filme nos permite visualizar a ação das emoções no organismo e como nos movemos impulsionados por aquilo que nos motiva, que nos emociona, seja por uma emoção positiva ou de apego, negatividade/recusa. Segundo a sabedoria budista, isso acontece porque a energia vital se articula no nível emocional e expressa a capacidade que a energia tem de se mover.

A importância da negatividade emocional interior magnética (o medo, a ira, o apego) está no fato de que é um vício impossível de se satisfazer e que gera um estresse interminável para o sistema nervoso ao estar integrada aos circuitos e processos orgânicos e bioquímicos do nosso organismo. Além disso, como a energia emocional é sempre magnética, as emoções atraem outras que existem nos demais, tanto positiva quanto negativamente.

Porém, em contraposição ao conteúdo do filme que menciona o vício pelas emoções negativas como sendo a causa do mal, ou seja, aquilo que impede o autodesenvolvimento, ao construir nosso dia pensamos que ontologicamente o mal, as dificuldades de autorrealização, também são estruturais, assim sendo decisiva a atitude de cada pessoa, como é dito no filme.

É preciso ter em mente que as causas coletivas só podem mudar coletivamente e, portanto, o esforço individual não pode substituir a ação coletiva.

6. CONSTRUIR SEU DIA – LIBERDADE CRIATIVA PESSOAL

O filme afirma que "a maioria das pessoas que considera sua vida entediante e pouco estimulante, não tentou obter conhecimento e informação estimulante".

É uma boa questão, um bom incentivo para sair da letargia, da superficialidade, do mecanicismo das vidas cotidianas, da exploração e alienação que provoca o sistema dominante. No mesmo sentido, Aristóteles já constatava sutilmente que não se pode desatar quem não se dá conta que está atado, e de acordo com o assinalado anteriormente no tópico da percepção, quem quer perceber algo novo deve modificar o que determina seu estilo de vida.

No guia de estudos *¿Qué rayos sabemos de nosotros?* (www.ytuquesabes.es) formulam-se as seguintes questões:

Qual é o poder da intenção? Operacionalmente definida, a intenção envolve diretamente a mente, com significado e eficácia, até um propósito ou resultado. Sheldrake (1995) ressalta que é importante para a transmissão mental.

Como criamos conscientemente nossas vidas? A parte mais difícil é fazer as perguntas adequadas, mas para tanto é preciso aprender o suficiente, evitando que na nova ontologia já não sejamos nós, como os antigos gregos, a fazer as perguntas.

Na criação da nossa realidade pessoal, deve-se dar importância suficiente ao fato de se perguntar quem você é e quem você quer ser, que se traduz no desenvolvimento de certa profundidade vital e existencial. Por isso, é importante notar que o antigo saber aprofundar na realidade em busca do sentido último está agora sendo investigado cientificamente. Segundo Díez Prieto (La Vanguardia 28.5.06) quando exploramos o sentido profundo das coisas, produzem-se oscilações neuronais de quarenta hertz na zona do cérebro.

Realmente somos cocriadores e criamos nossa própria realidade entendida como processo de autocontrole, de encontrar a si mesmo, e criatividade associada à ética e à inteligência, aos desejos, levando em consideração as determinações existentes. Para tanto, é fundamental a atitude diante da realidade vital e a integração dos pensamentos, emoções e ação na vida cotidiana.

É necessário, além disso, desenvolver a capacidade de ver e sentir o que ocorre em nosso interior frente à tirania da normatização externa enquanto único referente para o próprio progresso moral. Segundo Herran (1993), a liberdade criativa pessoal implica a busca pelo ser, mais do que pelo bem-estar, antes do ter ou do fazer.

No entanto, a liberdade criativa pessoal está submetida não somente aos "vícios emocionais", como preconiza o filme, mas também a outras limitações ou determinações que devem estar presentes. Entre elas vale destacar:

a) As limitações de sua condição humana quando as estruturas da mente são duais, dificultando a consciência unitária global e sua ignorância do conjunto da realidade.

b) A realidade do mundo macroscópico regido pela determinação e a influência da ação opressora e alienante que o coletivo, as estruturas e poderes sociais exercem sobre a pessoa: a pobreza, a miséria, as guerras preventivas, a falta de alternativas coletivas viáveis são bem presentes.

c) Outra dificuldade significativa são os falsos programas de felicidade em que os seres humanos acreditam e com base nas quais constroem suas realidades, sua cosmovisão. Sem mencionar que um dos maiores impedimentos para o crescimento é que não somos conscientes de nossas motivações ocultas inconscientes, que são anotadas nos "bancos" de nossa memória, arquivadas nos biocomputadores do cérebro e do sistema nervoso.

7. FORMAÇÃO INTEGRAL

Na página da Web sobre o filme é citada a seguinte frase do escritor A. de Saint-Exupéry: "como se pode questionar o fato de adquirir ou possuir, quando a única necessidade do homem é conseguir chegar a ser e morrer na plenitude de sua existência".

O termo 'integral' foi usado para proporcionar modelos inclusivos, tanto 'dentro' como 'entre' os diferentes campos da ciência. Aplicado ao conteúdo atual da educação, podia-se entender como ajuda ao processo evolutivo da pessoa, a partir de um determinado modelo de realidade, de pessoa, de sociedade, de natureza, de vida. Constituem referentes que podem variar com o tempo e de acordo com a forma de interpretá-los, mas que devem ser conhecidos em seus pressupostos e contextualizados social e historicamente.

Necessita-se um novo olhar educativo da racionalidade humanista, social e sustentável, em relação à autonomia da pessoa, cidadã que participa da construção da sociedade e da natureza desde um determinado modelo de níveis de realidade (Sanz, 2000). Trata-se, de acordo com Guerau de Arellano (1985), de associar educação ao incremento máximo de consciência pessoal, de experiência profunda da vida. O próprio sujeito individual deve assumir a própria autoconstrução, o próprio desenvolvimento dos níveis de consciência e seu processo evolutivo.

Se, de acordo com o exposto anteriormente, a transformação pessoal se der ao mudar as redes de relações em que o sujeito está imerso, teremos que ressaltar o seguinte postulado: o que educa é a inter-relação, a articulação dos diferentes níveis de realidade em um sentido evolutivo, não tanto o ativismo, nem a exclusiva ênfase na moralidade. Porque se o mundo não é real e eu não sou real, se o relativismo é total, sem referentes, o ser humano permanecerá desarticulado, dual e sobre ele não será possível realizar nenhum processo educativo, nem de autêntica evolução em um sentido de plenitude do ser humano.

Este novo olhar deve reconhecer ou fomentar a inteligência múltipla, de acordo com Gadner (2001), tanto linguística, lógico/matemática, espacial, corporal/cinética interpessoal, junto com a ética para desenvolver a criatividade, aspecto central do desenvolvimento humano (Torre, 2003). Em definitivo, trata-se de coparticipar criativamente da aventura não finita da realidade, de forma que o objetivo da aprendizagem priorize a generalização antes que a especialização.

A educação deve desenvolver uma racionalidade que implica um avanço em direção à ciência unificada, transdisciplinar e a objetivos éticos aceitos pela maioria. Progredir no respeito e no cuidado da unidade de vida, integridade ecológica, paz, desenvolvimento sustentável, em direção à consciência do nosso coletivo, da Humanidade global.

8. CONCLUSÕES

Neste trabalho, afirmamos que existe uma inter-relação entre níveis de realidade, percepções, níveis de consciência, pensamento, emoção e ação que são necessários para a própria autoconstrução da pessoa.

Que é urgente o desenvolvimento de uma nova consciência cultural de lógica global triédica, que gere um novo modelo de desenvolvimento social sustentável, que permita uma formação integral do ser humano no sentido de incrementar ao máximo os níveis de consciência e de evolução humana, como processo histórico de socialização ou de coletivização e de convergência.

Se há intenção de criar algo bom em nossas vidas, temos que fazê-lo com total clareza e, em seguida, colocar um pouco de emoção e ação transformadora na vida cotidiana, assumindo a parte de responsabilidade sobre nossas atitudes, sejam elas pensamentos, palavras, ações ou omissões.

O poema de T. Merton poderia ser uma boa síntese conclusiva:

"Se quer saber quem sou, não me pergunte onde vivo, o que gosto de comer, ou como me penteio; ao invés disso, pergunte-me sobre minha razão de viver, detalhadamente, e pergunte-me se quero me dedicar a viver plenamente de acordo com minha razão de vida. A partir dessas duas respostas, é possível determinar a identidade de qualquer pessoa." (*My argument with the gestapo*. New Directions, NewYork, 1975, p.160-161)

REFERÊNCIAS

AAVV. (1992) *El paradigma holográfico*. Barcelona. Kairós.

ARANA, T. (2001) *Materia,Universo y Vida*. Madrid.Tecnos.

ALONSO, C. T. (1999) *Tras la evolución. Panorama histórico de las teorías evolucionistas.* Pamplona. Eunsa.

ACARIN, N. (2005) *El cerebro del Rey*. Barcelona. Rba.

BARROW, J. D. (1997) *¿Porqué el mundo es matemático*? Barcelona. Grijalbo-Mondadori.

BOHM, D; KRISHNAMURTRI, J. (1986) *Más allá del tiempo*. Barcelona. Edhasa.

CAPRA, F. (1998) *La trama de la vida. Una nueva perspectiva de los sistemas vivos.* Barcelona. Anagrama.

CHARDIN , T.de (1967) *El fenómeno humano*. Madrid. Taurus.

FERGUSON, M. (1998) *La conspiración de Acuario*. Barcelona. Kairós.

GADNER, M. (2001) *¿Tenían ombligo Adán y Eva*? Ed. Debate.

GODEL, K.(1981) *Obras completas*. Madrid. Alianza Editorial.

GUERAU DE ARELLANO, F. (1985) *La vida pedagógica*. Barcelona. Rosselló Impressions.

HAWKING, S. W. (1988) *Historia del tiempo*. Barcelona. Crítica.

HERRAN GASCON, A. de la (1993) *La educación en el siglo XXI. Cambio y evolución humana.* Madrid. Editorial Ciencia 3.

HEISENBERG, W. (1975) *Diálogos sobre Física Atómica*. Madrid. BAC.

HUXLEY, A. (1992) *La filosofía Perenne.* Barcelona. Edhasa.

KOESTLER, A. (1987) *Kepl*er. Barcelona. Salvat.

LACAN, J. (1995) *Cuatro conceptos fundamentales del psicoanálisis*. Barcelona. Paidós.

LEPLANCHE, J.; PONTALIS, J. (1974) *Diccionario del Psicoanálisis*. Barcelona. Labor.

MARINA, J. A. (2005) *Teoria de la doble verdad*. Barcelona. Anagrama.

MATURANA, H. (1997) *La objetividad. Un argumento para obligar*. Santiago de Chile Dolmen.

MONK, R. (1996*) Ludwig Wittgenstein. El deber de un genio.* Barcelona. Anagrama.

ORTEGAY GASSET, J. (1975) *La idea de principio en Leibnitz*. Revista de Occidente en Alianza Ed. Madrid.

PANIKKAR, R. (1966) *El silencio de Buda. Una introducción al ateismo religioso*. Madrid. Siruela.

POPPER, K. (1996) *En busca de un mundo mejor*. Barcelona. Paidós.

RIVADULLA, A. (2003) *Revoluciones en Física*. Madrid. Trotta.

SANZ, G. (2000) *Principios, libertades y derechos educativos constitucionales.* Barcelona. Dulac.

SHELDRAKE, L. (1995) *A new sciencie of life.* Rochester Vermont. Park Street Press.

SMITH, H. (2001) *Más allá de la mente postmoderna*. Barcelona. Kairós.

TORRE, S. de la (2003) *Dialogando con la creatividad*. Barcelona. Octaedro.

TRÍS, E. (1999) *La razón fronteriza*. Barcelona. Destino.

ZUBIRI, X. (1989) *La estructura dinámica de la realidad*. Madrid. Alianza Editorial-Fundación-Zubiri.

WILBER, K. (1996) *El proyecto Atman*. Barcelona. Kairós.

WILBER, K. (1994) *Psicología integral*. Barcelona. Kairós.

WILBER, K. (1997) *Breve historia de todas las cosas*. Barcelona. Kairós.

Capítulo 8

Realidade, Liberdade e Projeto de Vida

Pedro García González
Obra social da Caja Madrid.
Orientador profissional do Centro de Estudios
Sta Mª del Castillo. Madrid

INTRODUÇÃO

Neste capítulo tenta-se tomar consciência da nova tarefa educativa do ser humano do século 21; seu projeto de vida. Nem a metáfora do construtivismo, nem os modelos de operacionalidade e qualidade profissionais respondem à realidade da pessoa que vive hoje. As investigações transdisciplinares da Biologia e da Física Quântica lançam uma nova luz sobre o projeto de vida, para nos ajudar a refletir sobre tudo aquilo que se passa ao nosso redor. Projeto de vida, seus múltiplos níveis e seus graus de liberdade.

Precisamos abandonar os conceitos que traçam o modelo passivo do paradigma clássico do projeto de vida em um único nível de realidade, para movê-los conotativamente em todos os níveis em que verdadeiramente vivem as pessoas, e descobrir como mudam de significado e como ganham sentido, por exemplo, "identidade", "revisão do passado", "análise do presente", "previsão do futuro", "internacionalidade", "antecipação", "adaptação" perfis", "aspirações", "possibilidades" etc.

O projeto de vida é uma realidade com muitos níveis no paradigma clássico como variedade de projetos.

Na realidade não são espaços temporais, mas sim âmbitos criativos que transcendem as dimensões do paradigma clássico. Assim o projeto de vida é familiar e acadêmico; profissional e existencial; social e etc.

A maioria dos orientadores está centrada em um só nível, o Profissional, deixando de lado o Projeto da Vida, chamado assim por seu vínculo, entre outras coisas, com a vida afetiva, o matrimônio... Mas já não é mais possível agir assim. É muito mais importante começar pela vida, pelas histórias de vida dos jovens, suas buscas em relação a outras buscas. Para isso é preciso que a pessoa saiba tratar a informação, aprender a administrar a incerteza, descobrir as mudanças em todos os âmbitos da vida, construir projetos e planos de ação válidos em que seja a autêntica protagonista. As competências transdisciplinares são suas: imaginar, inventar, criar, explorar, questionar, buscar informação, analisar, comparar e avaliar as informações; avaliar e avaliar-se; argumentar; trabalhar em equipe; tomar decisões; organizar e organizar-se; aprender a conhecer-se atuando; interação familiar.

1. MONÓLOGO TRANS DE UM PROJETO DE VIDA

Como disse Ylia Prigogine, se o universo está transmitindo informação e só nos falta encontrar seus vestígios, talvez em tempos ou espaços paralelos a nós alguém possa decifrar um monólogo trans.

"Eu, ser humano, homem ou mulher, o que queira

ser... tenho um projeto, um projeto de vida. Pertence somente a mim. Só eu o conheço, só eu o realizo. Ninguém vai controlar, postergar ou marginalizar meu projeto de vida ou o de outro ser humano, homem ou mulher ou o que queira ser. Denunciá-lo-ei como atentado ao direito humano. Meu projeto de vida e o de cada ser humano, homem ou mulher, ou o que queira ser, sem outro meio habitável que a liberdade. Como o peixe na água e o pássaro no ar. Minha liberdade, não minha natureza. Minha liberdade é a minha história e a de todos. Construirei meu projeto de vida com minhas próprias decisões. Sou responsável por minha própria história, só contada por mim, explicada por mim. Aceito e acolho as histórias de vida dos demais, só contadas em primeira pessoa, nunca contadas por terceiros. Quem explica a vida do outro, a muda em benefício próprio. Mitos poderosos, nunca mais. Nem religiosos, nem políticos, nem científicos. A explicação de minha vida só quem tem sou eu.

— Por que só você fala? Primeira... terceira pessoa. E a segunda? Eu também quero falar.

— Quem é você?

— E também sou o que quero ser. Eu sou, eu sou... o que é a vida, hein? Não posso dizer quem sou se você não descobrir.

— O que tenho que descobrir?

— Minha realidade, sua realidade, o que os filósofos chamam "realidade", e a gente "coisa", "tenho uma coisa aqui" – dizem "cada um tem suas coisas" – pensam.

— Sua realidade, suas coisas?

— Quero ser quem sou, mas você não sabe que sem você não posso ser... eles lhe emprestaram seus óculos escuros e sobre mim colocaram um nimbo escuro, sobre minha boca amante um triste beijo. Se compreendesse minha desolação... Não posso ou posso ser sem você. Eu também preciso ser. Minha liberdade. Você sabe o que é a minha liberdade?

— Eu não sei muitas coisas, é verdade, digo só o que busco. Busco explicar minha vida, realizar meu projeto de vida. Pensava como colocar em evidência as escuras explicações desses sistemas e você vem me dizer que sem mim você não é, que se eu sem você não sou...

— O que está dizendo? Que explicando sua vida coloca esses sistemas em evidência?

— Quero destruí-los. Não me deixam ser, nem me deixam entender a vida de outra maneira que não seja a sua. Proíbem, inibem e obrigam mulheres e homens, ou o que queiram ser, a seguir modelos fundados em suas doutrinas. Não permitem escolher.

— Você também não me deixa ser. Tem sua cabeça tão moldada por essas doutrinas que você também não me deixa ser o que eu quero ser. E mais, ignora-me no seu esforço de fazer sua vida, seu projeto de... do quê? O que é a vida! A vida, sua vida é o que eu sou!... Mas me ignora...

— O que você está falando?

— Envolveu-me em argumentos, disfarces que não se ajustam ao corpo. Eu quero ser livre, tão livre que eu possa revelar a mim mesma. Minha liberdade sou eu mesma, total e absolutamente revelada. Não percebe que você também me enquadra em conceitos, fórmulas, dogmas?

— Sim, percebo que estou preso. Ou sou ou não sou. Ou sou um produto de qualidade do grande sistema da vida ou não sou nada. Só alguns poucos passam na prova da [e-]elite. E eu, como muitos, passei a ser [não-e]-elite e, portanto, seu escravo. Não há meio termo. Para eles estou deslocado Que vontade eu tenho de que essa [e-]elite, essa espécie única, acabe selecionando a si mesma, senão como o fariam?

— Você fala como se o resto da humanidade tivesse que lhe escutar, como se fosse um político que vem salvar o povoado.

— Um político? Um político que elimina a liberdade conquistada por outros seres humanos, somente pelo fato de não pertencerem ao seu partido? Que necessidade há de pertencerem a oligarquias políticas ou religiosas que justificam o controle de umas vidas sobre as outras! Como pertencer aos bons, aos ótimos, que conseguiram fazer com que houvesse tantos desprovidos em sua própria terra? Ao mesmo tempo em que prometem ou devolvem sua terra, voltam a tirá-la ao comercializar seus produtos, subindo os juros e as hipotecas de suas casas. Se há seres humanos cuja vida não lhes pertence, ou pertence aos interesses dos outros, melhor é viver sem pertencer.

— É possível viver sem pertencer? Na realidade, tudo nos pertence. Pertencemos a todos. Eu pertenço a você e você me pertence. Possuir, domesticar, apropriar-se é coisa de um só. Pertencer é coisa de dois. Se um não pertence a outro, acaba sendo escravizado ou escravizando.

— Eu não quero escravizar. Construo meu projeto de vida com todos os descobrimentos dos demais seres humanos. Quero descobrir na terra tudo o que é meu e de todos. Por que tenho que escolher entre ser eu ou deixar você ser você?

— Se você só faz as perguntas que já sabe responder, como pode saber quem é você e quem sou eu?

— Como eu só faço as perguntas que já sei responder? O que quer dizer?

— Tem medo da incerteza. Fica paralisado. Precisa de uma explicação segura, para atuar com vantagem. Para poder atuar sobre o mundo em que vive, controlando-o, dominando-o, como se tivesse recebido um mandato divino. Esconde as respostas nas perguntas, como um catecúmeno. Não vê a minhoca? Leva na frente uma interrogação. Sua boca e sua barriga. Pergunta enquanto avança pelo lodo. Cada vez uma pergunta nova, na terra desconhecida em que se move.

— Eu não sou uma minhoca, nem uma lombriga, meu mundo é outro.

— De que mundo está falando? Vive em outro mundo distinto daquele em que vivem as lombrigas?

— Não.

— Ah, não? E se colocassem diante dos seus olhos tudo aquilo que está ocorrendo ao mesmo tempo no universo, você seria capaz de encontrar uma explicação? Seria capaz de fazer um projeto de vida?

— Não, não seria capaz.

— E, no entanto, com nossas poucas informações, os seres humanos construíram as mais inverossímeis filosofias e visões do mundo, às quais nos ataram para sempre.

— É verdade, e me obrigaram a aprendê-las sem compreendê-las. A acreditar nelas, praticá-las. Eliminavam todas as explicações possíveis ou perguntas que não podiam controlar. Como os terroristas.

— Mas que ciência ou que moral é essa que, para estudar com segurança os seres vivos, necessita matá-los? Tucior, a verdade mais segura, mata. Mata você. Mata-nos.

— Quantas vidas aniquiladas por essas medíocres explicações, convertidas em lei.

— E todos nós nascemos para investigar este mundo e todos os mundos possíveis. Investigar e ser. Era o projeto de vida.

— Mas, por causa deles, será um ser cinza sobrevivendo entre contrariedades.

— Um projeto de vida contrariado... Há tantos? E você...?

— Eu...

— Você eu...

— ...

— ...

— Seu.

2. O PROJETO DE VIDA JÁ NÃO RESPONDE SIMPLESMENTE ÀS PERGUNTAS COMO 'O QUE', 'COMO' E 'PARA QUE'

Uma pessoa, seja criança, jovem ou adulta, só pode aprender quando tem um projeto de vida. (Paulo Freire)

O maior descobrimento educativo de Paulo Freira não foi só a pedagogia libertadora – aprender é "um processo de constante liberação" do ser humano – mas também o projeto de vida (Freire, 1973). As pessoas que têm projeto de vida aprendem por que a realidade do mundo que amam, a terra, é humana como eles, suplica para que seja tocada, transformada, cuidada, nunca é uma coisa. Eles constroem suas próprias categorias de pensamento em relação com a terra, e mesmo que tenham forma de pedra, de árvore ou de pássaro, escutam suas mensagens e aprendem a pronunciar seu nome, compreendem sua organização e creem se transformar junto com elas. Tudo o que aprendem é significativo para eles. Ausubel descobriu a aprendizagem significativa, porque Paulo Freire descobriu o projeto de vida como cimento da aprendizagem. Freire constata que os seres humanos aprendem durante toda a vida, pois a construção de significado necessita de tempos diferentes segundo as histórias pessoas e sociais, e que sem projeto de vida é impossível aprender.

Por outro lado, a educação entendida como um processo de adaptação de "uma realidade acabada" nega o projeto de vida, porque nega à pessoa o direito de se transformar e de transformá-la. As pessoas que foram submetidas a uma educação adaptativa arrastam projetos de vida contrariados, pois tiveram que se moldar à realidade que acreditavam ser definitiva, e vivem sobrepostas por outra realidade mutante e inacabada, com a terrível impressão de que sua vida foi postergada *sine die*, de que fracassaram, e como o paradigma clássico lhes diz que a história vai adiante, creem que nunca mais triunfarão (Hawking, 2005). Se as análises da construção social colocam em evidência que a realidade é construída em um *continuum* desde a situação "cara a cara" até a abstração e objetivação social (Berger, P. Luckman, T. 1983), por que as pessoas são submetidas e obrigadas a construir um projeto de vida que não é o seu? Onde e como se rompe o *continuum*?

O projeto de vida estrutura a pessoa em seu "mundo de vida", um "acervo de patrões de interpretação transmitidos culturalmente e organizados linguisticamente" (Habermas, 1988). No mundo de vida da pessoa, há dois movimentos antagônicos: "a colonização" ou a invasão do mundo de vida pelo sistema econômico/político/administrativo, e seu movimento contrário que é a "autorrealização" pacífica e preservadora do entorno, que começa tratando responsável e antecipadamente todos os seres vivos como se tivessem alcançado a maturidade plena. O *continuum* se rompe quando o ser humano é colonizado e não pode enfrentar e apreender a realidade e realizar seu projeto de vida.

O paradigma clássico sustenta que o ser humano, para construir o projeto de vida, obtém informação do entorno para se adaptar a ele, através dos sentidos (Hume) ou das categorias inatas (Kant), mas no sistema vivo, viver é conhecer e conhecer é viver, e o fato de viver – de conservar a organização e a adaptação – equivale a conhecer no âmbito do existir. Adaptar-se não é uma opção dos seres humanos, pois desde o ponto de vista da biologia, não há seres humanos vivos mais ou menos adaptados. Se estão vivos, é porque estão adaptados. Os seres vivos só existem enquanto conservam sua organização e sua adaptação ao meio. "Os sistemas vivos são sistemas cognitivos e a vida como processo é um processo de cognição" (Maturana, 1970). Então, quando nos perguntamos o que é o projeto de vida, tentamos conhecer a estrutura vital: *"O que e como ocorre o fato de o ser humano ter uma estrutura que lhe permite realizar um projeto de vida no meio em que existe?"*. A resposta a essa pergunta só é possível a partir da posição de observador. Esta posição de observador lhe possibilita a linguagem que é mediadora entre um sistema de vida e outro. Um observador é um ser humano, uma pessoa, um sistema vivo que pode fazer distinções e explicações sobre o sistema de vida de outro. Tudo o que se diz se faz a partir de um observador a outro observador, que inclusive pode ser ele mesmo. A linguagem em que vivem observadores e mediadores coloca o mundo em suas mãos (Maturana e Varela, 1987). Portanto, um projeto de vida precisa do observador e da linguagem. Mas não de um observador objetivo externo, mas sim de alguém que pertence a seu mesmo projeto de vida, que utiliza a linguagem/mediação de orientação e não o indicativo ou denotativo, mas sim o conotativo, a fim de orientar no domínio de seu conhecimento.

A linguagem permite a construção da própria história de vida diante do observador. Ortega já dizia que *o homem não tem natureza, mas tem sim... história.* Para Gaston Pinneau, a história de vida é uma busca e uma construção de sentido a partir de fatos vividos pessoalmente. É uma prática autopoiética que contribui para que cada ser humano tenha sua vida em suas mãos. A história de vida permite que as pessoas compreendam-se, relacionem em um conjunto os acontecimentos e os relatos que balizaram sua história e façam um relato dando-lhe um sentido em um contexto sociohistórico determinado, mas no qual persiste uma margem de manobra. Para permitir que as pessoas façam frente às diversas decisões com as quais se confrontam, a prática da história de vida oferece aos sujeitos a possibilidade, por uma construção narrativa, de ter acesso à sua própria historicidade, de serem atores de sua vida ao mesmo tempo que autores de seu texto, e com isso apropriar-se do sentido global de sua existência, abordando as questões vitais, inclusive sem ser especialistas (Pineau, 2005).

Por outro lado, quando a autopoiesis do projeto de vida é desbancada por explicações de outros, são recriados processos vitais de maneira insana. Um projeto de vida colonizado ou vampirizado por heteropoiesis se revela nas histórias de vida com expressões como "*Sou* um fracasso", "Não consigo fazer nada bem, *sou* um incompetente!". O verbo auxiliar ser, convertido em nexo casual, acaba conjugado como identidade supersticiosa. Um projeto de vida construído como estes *bloqueios tóxicos* forma um autoconceito solidificado, mapa não modificável da realidade ao redor que dirige percepções, pensamentos, sensações, linguagens, ações, relações etc, com aquelas que se aprende a não conhecer, isto é, a não viver. Entretanto, "*um mapa não é o território que representa*", e o mapa do mundo vital em que está localizado é infinitamente maior.

Martin Seligman, pai da psicologia positiva, em suas investigações sobre a "indefinição aprendida", colocou em evidência até que ponto o projeto de vida de cada pessoa é violentado por ideias negativas, de tal modo que o conhecimento associado negativamente ao controle e à repressão produz desilusão e medo, enquanto que o conhecimento associado à participação produz esperança e confiança ativa, e consequentemente o projeto de vida deve ser construído com *prazer* (satisfação pessoal, vida amorosa), *compromisso* (boa vida ética, trabalho, educação e cuidado próprio e com as novas gerações) e *sentido* "colocar as fortalezas pessoais a serviço de algo que nos transcenda" (M. Seligman, 2002).

O Projeto de Vida ainda é concebido pelo paradigma clássico como *antecipatório*, projetivo, modelador prévio, organizador da orientação da pessoa, que contribui para delinear seu Estilo de Vida. Nesse modelo de Projeto de Vida – segundo a própria visão de mundo – dialogam situações vitais da pessoa através de valores vividos como planos de ação, tarefas/metas e meios de autoproteção diante de um mundo ameaçador, de pertinência diante de um mundo complexo, de autorrealização diante de um mundo por fazer, e de transcendência em um mundo por viver e cuidar entre todos (Hall, 1983). Habitualmente pensamos a história olhando para frente, de acordo com a Segunda Lei da Termodinâmica, segundo disse Hawking, e por isso preparamos tanto o futuro com o qual vivemos sonhando. Não é possível fazer um projeto vivenciando-o, porque isso nos ausentaria da própria história. "O tempo é uma correnteza incessante que leva todos os nossos sonhos."

A *autorregulamentação* do projeto de vida ainda é atribuída a mecanismos psicológicos que geram formas de autoexpressão/integração pessoal e comunitária. Mas a autorregulamentação é uma complexa expressão da evolução humana – qualquer decisão de movimento a partir dos neurônios motores é processada e corrigida pela regulação do hipotálamo, como, por exemplo, a observação do dedo indicador fechando-se lentamente em ângulo reto mostra o titubeio dos mecanismos de autorregulação diante de um possível perigo – e mostra como o ser humano está preparado em suas ações para enfrentar infinitas possibilidades dos acontecimentos, ou seja, está preparado para que tudo ocorra ao mesmo tempo, de forma que a memória autorreguladora do ser humano não é adaptativa, mas sim "trans".

Como tratamos de mostrar, não é possível explicar e construir 'o que', 'como' e 'para que' de um projeto de vida sem conhecer a estrutura complexa da realidade do ser humano e do mundo em que se vive.

3. A REALIDADE E SEUS MÚLTIPLOS NÍVEIS E GRAUS DE LIBERDADE

"A realidade objetiva se evaporou e o que observamos não é a natureza em si, mas sim a natureza exposta ao nosso método de investigação." (Heisenberg)

Os níveis de Realidade e graus de Liberdade

As investigações da física quântica e das ciências da vida nos mostraram que a realidade não tem um nível só, mas sim diferentes níveis, e o passo de um nível a outro se efetua pela lógica do terceiro incluído, através do qual a estrutura do conjunto de níveis da realidade é uma estrutura complexa. Cada nível é como é porque os outros níveis existem ao mesmo tempo. Os níveis da realidade são a fonte da indeterminação. De acordo com as atuais concepções científicas, a realidade material está longe de ser idêntica à substância. O conhecimento da coexistência do mundo quântico ou microfísico, junto com o macrofísico, põe em evidência a complexidade da realidade superando as contradições mutuamente excludentes, onda e corpúsculo, continuidade e descontinuidade etc. (Nicolescu, 2006).

O paradigma clássico, que afrontava a realidade com três princípios conhecidos por identidade, não contradição e terceiro incluído, cegou nossas mentes com a tautologia ontológica "o ser é e o não ser não é e entre o ser e o não ser não há meio termo", e ainda permanece tanto na tomada de decisões coletivas, "ou somos ou não somos", como na literatura *"to be or not to be"*. O paradigma trans reconhece que entre o ser e o não ser há um terceiro incluído. Considerava-se uma verdade clássica o enunciado cujo oposto era falso; uma verdade transdisciplinar é um enunciado cujo oposto também é uma verdade. A incorporação dos níveis quânticos da realidade nos ajuda a compreender que o que parece contraditório em um nível da realidade, em outro nível de realidade se percebe unido e completo. A percepção da realidade em um só nível se torna antagônica; em muitos níveis se torna conciliação. A lógica clássica do terceiro excluído servia para situações simples, como por exemplo a circulação de carros em uma estrada, mas foi catastrófica para situações complexas como as realidades sociais, porque atuou como uma verdadeira lógica de exclusão, de direita ou esquerda, de mulheres ou homens, de ricos ou pobres.

Para construir o projeto de vida da pessoa humana é preciso enfrentar todos os níveis de realidade ao redor, não em forma linear, mas em rede. Mas com que paradigma? Que teoria da personalidade pode descrever o passo de um nível a outro da realidade humana? Há de verdade uma coerência, uma unidade da totalidade dos níveis da realidade humana? Qual é o papel do observador na dinâmica da possível unidade de todos os níveis da realidade da pessoa? Há algum nível da realidade que seja privilegiado frente aos demais níveis? Qual o papel da razão e da emoção na dinâmica da unidade de conhecimento? Qual é a força chave do novo paradigma da realidade pessoal na esfera da reflexão e da ação? É possível a compreensão atual do ser humano no mundo? (Moraes, 2004)

A concepção da realidade do ser humano muda se descobrimos a lógica do terceiro incluído, que é definida por Lupasco (2005) como *"experiência de lógica", onde o sujeito especialista está implicado na lógica que formula.* Segundo essa lógica, para definir o sujeito seria preciso levar em consideração todos os fenômenos, elementos, acontecimentos, estados e proposições relacionadas com seu mundo, especialmente a emoção. O sujeito e sua realidade estão unidos pela lógica do terceiro incluído, de modo que situações contraditórias em um nível estão unidas no nível imediatamente adjacente.

Em outros termos, a ação da lógica do terceiro incluído nos diversos níveis da realidade implica uma estrutura aberta, incompleta, gödeliana. Se existe, a unidade que liga todos os níveis da realidade deve, necessariamente, ser uma unidade aberta por uma zona de não resistência a nossas experiências, representações, descrições, imagens e formalizações, que Gödel chama de "o véu da verdade". Para Lupasco, tudo está ligado, *re*ligado no mundo, e não há elemento, acontecimento que seja independente, que não esteja em relação de dependência ou de ruptura com outro elemento ou acontecimento no mundo. A zona da não resistência corresponde à arte, ao sagrado, ou seja, àquilo que não se submete a nenhuma racionalização. A ciência clássica que propõe a existência de um só nível da realidade elimina a arte, o sagrado, a religação.

Os diversos níveis de realidade são acessíveis ao conhecimento humano graças à existência de diversos níveis de percepção. O conhecimento não é nem exterior, nem interior: é, ao mesmo tempo, exterior e interior. O estudo do universo e o estudo do ser humano se sustentam um ao outro. Como no caso dos níveis de realidade, há uma zona da não resistência à percepção. Um fluxo do sentido que cruza os diversos níveis de percepção da informação, que atravessa os diversos níveis da realidade. A zona da não resistência desempenha um papel do terceiro secretamente incluído, que permite a unificação e preserva sua diferença. É o grau de Liberdade desse nível de realidade.

Um novo princípio de relatividade emerge da coexistência entre a pluralidade complexa e a unidade aberta: *nenhum nível da realidade constitui um lugar privilegiado a partir do qual um possa entender todos os outros níveis da realidade.* Um nível da realidade é como é porque existem todos os outros níveis ao mesmo tempo, cada um com seu grau de liberdade. Este princípio origina uma nova perspectiva na ciência, religião, política, arte, educação e vida social. E quando nossa perspectiva do mundo muda, o mundo muda.

4. OS GRAUS DE LIBERDADE BIOLÓGICOS E LINGUÍSTICOS

Há três graus de liberdade que nos revelam uma realidade comum com os mamíferos. "Em um mamífero, o primeiro gradiente de liberdade biológica é a gordura. Quando um ser vivo pode armazenar em seu próprio corpo a energia que vai permitir que se locomova, escapa da urgência dos estímulos do contexto: é um primeiro grau de liberdade biológica. O segundo grau de liberdade biológica é a homeotermia, que consiste no fato de a temperatura interna permanecer estável independente das variações de temperatura do mundo exterior: assim, o animal ou ser vivo tem um meio para continuar sendo ele mesmo e subtrair ainda mais as variações da temperatura. O terceiro grau de liberdade biológica é o sonho, o sonho paradóxico, "o recipiente biológico de sonhos". Os animais têm a capacidade biológica de fabricar e segregar biologicamente sonhos. E é apaixonante entender a partir de que nível da vida aparece o sonho, o sonho paradóxico, a faculdade de sonhar (MORIN, E. y Cyrulnik, B., 2001).

Se considerarmos a realidade humana como todos os possíveis níveis ou modos de existir das pessoas em suas ações e reflexões, a linguagem mostra três graus de liberdade que apontam para uma realidade comum à espécie humana: a relação, a mediação e o sistema de vida.

A realidade humana, em um primeiro nível, é a Linguagem da Relação. Nasce como mútua alteridade, de um *nós* [5] (nós + outros), como laço infinitamente aberto, vivo, imprevisível, criativo, transcendente – porque transcende as coisas e as pessoas, as palavras não são nem coisas nem pessoas – que sustenta a experiência humana, não como sujeito/objeto, porque ao falar inventa-se o outro, não ficamos como estávamos. A realidade relacional é invenção que se constitui em um rito: o Eu diz, cria o Outro e o Outro diz, cria o Eu. Uma palavra nunca tem o mesmo conteúdo e nunca está estática nem materializada, não se pode isolá-la nem no dicionário. A Relação é um mútuo envio de sinais, onde tudo se aprende na tentativa/intenção e faz com que a pessoa humana viva no presente sempre aberto.

A realidade humana no segundo nível é a Linguagem de Mediação, construída como uma orientação, um caminho realizado pelas melhores intenções conseguidas em uma relação. Exige rigor até o final. O fim é sempre a realidade do Outro. Os conceitos do Outro não são mais que instrumentos de aproximação, mas podem converter-se em poder se tiverem êxito na interpretação de seu mundo, explicando

[5] *NT: No original: ... de um nosotros "otros-nos"...*

por que a vida do outro é "assim" e "deve continuar sendo assim". Então, o ser humano é dominado, o meio é a mensagem que explica tudo até substituir a realidade do outro, por isso a mediação não é um rito, mas sim um desafio para empreender conscientemente caminhos desconhecidos com a consciência clara de chegar, alcançar, acompanhar o outro, totalmente outro, tal como é, tal como quer ser.

A realidade humana é também uma Linguagem de Sistema Vivo. A Linguagem do Sistema Vivo nos é apresentada com coerência, como conjunto de regras de orientação que ajudam a discenir com certeza o caminho que se aproxima do outro. Toda busca é intencionada e deforma a realidade do outro que é indeterminada, por isso a Linguagem do Sistema Vivo Humano é aberta, libera energia para vender toda a desorganização ou entropia e gera grande quantidade de informação a partir de âmbitos de vida muito distintos, para proporcionar capacidade de decisão. As decisões geradas pela informação que provém dos acontecimentos geram organização, ou seja, sistema vivo: **Organização** = [Decisão + Decisão + **Decisão** = [informação + informação + **Informação** = [acontecimento + acontecimento + **Acontecimento** = [Relação / em uma Mediação / por um Sistema Vivo]. Quando organizam a vida de modo definitivo, então as regras se convertem em códigos cegos, em leis fixas que esquecem sua própria história e por isso são manipuladas por outros sistemas de vida políticos. O ser humano não pode cair na confusão de se relacionar com a indicação dos códigos, mas sim com a orientação das leis em direção à pessoa ou seu valor a que conduzem.

Nesses três níveis e graus de liberdade da comunidade humana, as relações vivas só se contróem com signos ou *sinais de vida.* O sinal é a mínima expressão do signo ou do acontecimento, o signo sempre está no lugar do outro para conotar a sua existência (ECO, 1988). O sinal/signo de vida é o laço comunicativo elementar, uma tentativa de colocar na presença de seres vivos, articulação aberta de seus laços vivos. Os signos da vida ou sinais se movem e exigem a movimentação, intercomunicados entre os distintos âmbitos da realidade com todos os seus graus de liberdade. Não podem ficar isolados nem detidos em um só âmbito porque a totalidade da realidade está em movimento. O movimento é o sistema nervoso da comunicação de todos os seres vivos, mas é um movimento metódico, coerente, eficaz, estruturado pelo sistema de vida e, ao mesmo tempo, incerto porque se move a partir dos níveis mais patentes até os níveis mais misteriosos ou incertos dos seres. Neste movimento comunicativo não há nenhum signo de vida que elabore e se expresse por si mesmo, e nenhum tem proposta exclusiva para o outro, porque o movimento tem vocação para alcançar a todos. Neste movimento comunicativo contínuo e total, o signo de vida se converte em dom total e nada permanece como estava, tudo se modifica. As múltiplas distâncias se superam e nasce a interdependência em todos os níveis ou âmbitos da realidade e em todas as disciplinas, entra-se em uma grande comunidade de saber e de fazer, onde cada um tem seu posto e seu papel com toda a seriedade de seu empenho em todos os níveis. Se o signo de vida se move e se intercomunica, a informação sobre o Signo cresce. Os laços novos construirão a memória da novidade do outro. A informação conduz à interpretação dos dados da realidade do outro, ao saber da realidade do Outro, ao encontro da realidade do outro com o imaterial de seu conhecimento. A informação nos lança do significado dos fatos às possibilidades ilimitadas abertas, a seu sentido para nossa história global.

A informação gera novos graus de liberdade, faz com que um acontecimento ou uma pessoa seja e chegue a ser ela mesma, desde a concretização da matéria até a explosão imaterial do dom total de energia ou vida. O horizonte se abre, a verdade surge no caminho da informação até alcançar uma nova ordem ou nível da realidade universal. A informação gera capacidade de decisão, de geração de projetos vivos para enfrentar a realidade, e alcança, portanto, um grau maior de liberdade e liberação. O Signo de Vida, movimentado, interconectado e informado, quando já não pode envolver tudo, passa a outro nível da realidade e se converte em Símbolo. A cadeia informativa sintetiza todas as experiências. O Símbolo renunciou a todas as suas linguagens e vive a linguagem de toda a realidade, aberta a dar alento a todos os signos, deixando que nasçam de si novos signos de vida. No Símbolo todos podem viver. O símbolo é o ser que transpassa todas as vidas, que alcança e vincula todas as vidas. O Símbolo reúne nele mesmo todas as realidades do sistema de vida para dar um salto e passar a fazer parte de outro nível de vida. O Símbolo é o Terceiro Incluído e inclusor (JOOS, 1985).

5. OS GRAUS DE LIBERDADE DA CONSCIÊNCIA ÉTICA ECOLÓGICA

Além da consciência moral que dominou o ser humano durante muitos séculos em um só nível de sua realidade e em um só grau de liberdade, o da história dos vencedores, a consciência ecológica é o grau máximo de liberdade que conquistaram até agora todos os seres humanos.

A consciência ecológica superou a antiga concepção do ser humano e de sua realidade. Ele acreditava que lhe era dada pelo fato de nascer: *a natureza*. A visão da natureza dependia do imaginário que predominava durante a época e do grau de desenvolvimento da ciência e da tecnologia, organização social, arte, religião etc. Uma vez formada, a imagem da natureza exercia sua influência em todas as áreas do conhecimento humano. A diversidade extraordinária de visões da natureza delatava sua indeterminação, os imaginários e os métodos de interrogação de um período determinado.

A coevolução do ser humano e do universo pede uma nova metodologia – a transdisciplinar – *hoje o livro da natureza não deve ser, portanto, lido, mas sim escrito.*

Para construir seu projeto de vida, o ser humano necessita desenvolver uma consciência ética ecológica transdisciplinar, que até agora não havia sido capaz de elaborar.

Leonardo Boff (2005) mostrou que, até agora, a crença bíblica do ser humano, homem e mulher, de que era a coroa do processo evolutivo e o centro do universo, foi clareada pela consciência ética ecológica. O ser humano acreditava ser um ser de comunicação e responsabilidade, mas a consciência ecológica o obriga a uma comunicação interespecífica e a uma solidariedade geracional, no sentido de respeitar o futuro dos que ainda não nasceram; até agora o ser humano acreditava que havia conquistado sua autonomia, mas a consciência ética ecológica o faz reconhecer o caráter de autonomia relativa dos demais seres; eles também têm direito a continuar existindo e a coexistir conosco e com os outros seres, posto que existiam antes de nós e durante milhões de anos, sem nós.

A consciência ecológica se articula com a lógica da *diferença, a não contradição e sim a complementação entre os seres.* Esta ética ecológica nos faz ver o ser humano que não está sobre a Terra, mas que é a própria Terra em sua expressão de consciência, liberdade e amor. Nunca mais a consciência humana se distanciará da convicção de que somos terra e de que nosso destino está indissociavelmente ligado ao destino da Terra e do cosmos, na qual se insere a Terra. Pelo menos dez espécies de hominídeos tiveram que desaparecer para que se gerasse esta consciência. Esta inclusão do ser humano no conjunto dos seres, como resultado de um processo cosmogênico, impede a persistência do antropocentrismo (que, concretamente, é um androcentrismo, centralizado no homem, com exclusão da mulher). O universo e cada fenômeno são contemplados como o resultado de uma cosmogênese, explicitamente como autopoiesis, como a força da auto-organização presente no universo e em cada ser, desde os elementos mais primordiais. O universo se projeta em direção ao ser humano, da mesma maneira que o ser humano está voltado para o universo de onde procede.

Assim, portanto, a divisão entre seres bióticos e abióticos, vivos e inertes, obedece a uma concepção da realidade com um só nível. Ilya Prigogine demonstrou que não há descontinuidade entre o biótico e o não biótico, e também demonstrou que os sistemas abertos – e a natureza e o universo são sistemas abertos – colocam em questão o conceito clássico de tempo linear, postulado pela física clássica. O tempo já não é mero parâmetro do movimento, mas sim a informação dos desenvolvimentos internos de um mundo em processo permanente de mudança, desde o desequilíbrio ou caos até extratos mais altos de equilíbrio. As grandes concentrações de energia são captadas na forma de matéria e as muito pequenas em forma de simples energia e de campos de energia. Tudo, no entanto, é energia em diversos graus de concentração e estabilidade em complexos sistemas de relações, em que tudo está interconectado com tudo, originando a sinfonia universal, as montanhas, os micro-organismos, os animais, os seres humanos. Tudo possui sua interioridade. Por isso, tudo é espiritual. A vida e o espírito possuem, consequentemente, emergências cada vez mais complexas e ricas. No nível atual do processo cósmico da evolução que conhecemos, aparecem em sua forma mais densa e consistente no ser humano, homem e mulher. Aqui, a interioridade e a complexidade alcançaram uma expressão autoconsciente.

6. GRAUS DE LIBERDADE RELIGIOSA

O sagrado não implica a crença em Deus, em deuses ou espíritos. É... a experiência de uma realidade e a fonte da consciência de existir no mundo. - Mircea Eliade

As diferentes religiões, assim com as correntes agnósticas e ateias, definem-se, de uma maneira ou outra, em relação ao sagrado. Para Nicolescu (1999), o modelo transdisciplinar descobre o sagrado como o encontro entre o movimento ascendente e o movimento descendente da informação e da consciência, através dos níveis de realidade e dos níveis de percepção do ser humano. O sagrado é o terceiro secretamente incluído, conciliando a transcendência imanente ou a imanência transcendente do ser humano, a condição insubstituível de nossa *liberdade* e de nossa *responsabilidade*. Nesse sentido, o sagrado aparece como a fonte última de nossos valores.

A liberdade é a condição necessária exigida por uma religião para que se instaure e seja reconhecida como enraizada. Mas a liberdade que se exige não se apresenta como fruto de uma conquista histórica do ser humano, e sim como uma revelação da realidade divina. Há um mecanismo de eliminação da condição histórica da religião para que apareça transcendente, como demonstra Michael Onfray (2005). Por outro lado, a transcendência é encerrada em um círculo hermético pela "inteligência da fé", a única capaz de aceitar as verdades que não são acessíveis a outras instâncias do conhecimento. Assim, os livros sagrados são lidos a partir da fé na religião, que encontra fundamento de sua fé nos livros sagrados, como explica Antonio Piñero (2005).

A realidade religiosa é uma das instâncias que mais intervém na conformação de muitos projetos de vida, revestida de conceitos como vocação, sacramento, consagração, missão etc, que indicam que outro sujeito investe valor e sentido no projeto de vida e na missão, como ocorre nos contos. Um projeto de vida assim constituído se converte em um estado de vida que não se pode alterar. Seguindo o modelo de análise de relatos de Greimas (1979), podemos dizer que o ser humano passa de um estado a outro estado por meio de uma transformação, mas se essa transformação não é realizada livremente pelo próprio sujeito em diálogo com a realidade, mas sim por outro ser a partir de um imperativo categórico absoluto, temos que concordar com Kant de que esta não é uma realidade religiosa, mas sim uma ideia dessa realidade.

A atitude transdisciplinar ou transreligiosa tenta integrar todas as realidades religiosas, mas deve fazê-lo enfrentando seus conflitos históricos, averiguando em que medida as entidades e instituições religiosas substituíram a realidade religiosa, até o ponto de apagar suas origens antropológicas, morais e místicas. Essa suplantação definiu a religião como uma crença em uma fé determinada e estipulada, ligada normalmente à proclamação de possuir a verdade correta, com pretensões de exclusividade, criadora de fronteiras frente ao erro total ou parcial (heresia) e sempre disposta a excomungar e matar se preciso fosse.

Em suas origens, as religiões foram constituídas historicamente pela opção mística/ética/moral de uns seres humanos a favor da vida de outros seres humanos, ou seres de outras espécies ou realidades do cosmos. Quanto mais penetramos na origem, nas raízes de uma religião, mas evidente nos parece essa realidade moral e ao mesmo tempo mística como sendo fundamento primeiro da religião. Os seres humanos que promoveram a vida de seus congenéricos em todas as suas facetas, entregando-se e lutando pela causa de outros seres humanos ou não humanos, cuja vida era escravizada ou postergada, foram promovidos à transcendência, declarados divinos ou santos por aqueles que, agradecidos, puderam viver uma vida digna. Esta consciência dos seres humanos faz com que a luta e a opção persistente pela vida, a luta mística para que tudo tenha vida, floresça e dê frutos e se transforme em religião.

A partir da transdisciplinaridade, as religiões também devem enfrentar a indeterminação de suas revelações e sua história. Arnold Toynbee dizia: "não existe ser vivo que saiba o suficiente para dizer com segurança que uma religião foi mais importante do que todas as demais". Nenhum ser humano poderá saber se uma religião possuiu mais verdades que as demais. Nenhum ser humano poderá dizer que sua religião "é o que foi", que o que ocorreu há milhares de anos continua ocorrendo agora. Quando falamos de religião estamos falando só de seus frutos e podemos nos esquecer da árvore. Segundo os especialistas, um imaginário místico/político/religioso demorava cerca de 200 a 400 anos para se formar, até converter-se em Religião (DÍEZ, 2006). E nos anos de guerra, a violência, a morte, o medo, o poder estiveram presentes na construção da identidade religiosa. As religiões passam de pai para filho e outras instituições fomentam este passo. Calculemos o número de gerações contidas em quatrocentos anos e veremos que quando uma religião se forma, sua mística e moral são vividas durante 16 a 20 gerações e que antes de chegar a ser praticada por uma pessoa, foi vivida por cem mil, quinhentos mil ou um milhão de antepassados.

A transdisciplinaridade deverá enfrentar a lógica do terceiro incluído, a realidade das escrituras ou livros sagrados, que não são o fundamento primeiro de uma religião, mas sim sua última reescrita que conta a moral, a mística e os ritos que floresceram e os frutos que as religiões deram. Todos os grandes livros (Vedas, Canon, Pali, Bíblia, Evangelhos, Corão) contam como estas experiências místicas foram convertendo-se em religiões. O livro sagrado é uma contínua reescrita, que desvenda e vela a história a partir de uma mística verdadeira. Como os demais livros, os Evangelhos não são históricos em sentido literal, mas são uma reescrita do final do século 1, ordenada por Flavios para se sobrepor à mística história hispano/romana dos "populares" ou "marianos", que ia ganhando forma de religião desde os Gracos (133 a.C.) e Júlios (60 d.C.) (Carotta, 2005). A transdisciplinaridade descobre que esta reescrita – e muitas outras que se realizaram ao longo da história – não anulam a religião, mas a mostram em toda a sua amplitude e complexidade, abarcando muitas pessoas, acontecimentos, incorporando muitas culturas, e inúmeras experiências religiosas.

A realidade religiosa é uma experiência transpessoal, espiritual, mística que recorre aos múltiplos caminhos que conduzem à experiência do numinoso. Espiritualidade transconfessional seria a experiência direta da realidade primeira, que prescinde da própria confissão. Essa experiência espiritual consiste na experiência de unidade com o processo cósmico. Na experiência, o pessoal se vê ultrapassado e existe Um/Muitos capaz de dizer Eu, e a partir da experiência de unidade é possível dizer: Eu sou esse, eu sou essa experiência de divindade, que começa no momento em que a ideia de Deus morreu. Por isso, como diz o budismo, "peça a Deus que o livre de Deus", porque seu ser essencial está acima da ideia de Deus. Somos seres divinos que constroem a experiência humana (Haegger, 2004).

O PROJETO DE VIDA E A EDUCAÇÃO

Está a ponto de nascer uma nova revolução educativa, o projeto de vida transdisciplinar. O que vimos aqui foi sua vida intrauterina. Precisamos que saia à luz.

Precisamos abandonar os conceitos que designavam o modelo passivo do paradigma clássico do projeto de vida em um só nível de realidade, para movimentá-los conotativamente em todos os níveis em que verdadeiramente vive a pessoa e descobrir como mudam de significado e com adquirem sentido por exemplo "identidade", "revisão do passado", "análise do presente", "previsão do futuro", "intencionalidade", "antecipação", "adaptação", "perfis", "aspirações", "possibilidades" etc.

O projeto de vida é uma realidade com muitos níveis, vistos através do paradigma clássico como variedades de projetos.

Na realidade, não são dimensões espaço/temporais, mas âmbitos criativos que transcendem as dimensões do paradigma clássico. Assim, o projeto de vida é familiar e acadêmico e profissional e existencial e social etc.

A maioria dos orientadores manteve-se centrada em um só nível, o Profissional, deixando de lado o Projeto de Vida, chamado assim por seu vínculo com a vida afetiva, o matrimônio etc. Já não é possível agir assim. É muito mais importante começar pela vida, pelas histórias de vida dos jovens, suas buscas em relação com outras buscas. Para tanto, é necessário que a pessoa saiba tratar a informação, aprenda a gerir a incerteza, a descobrir as mudanças em todos os âmbitos da vida, a construir projetos e planos de ação válidos, em que seja o autêntico protagonista. As competências transdisciplinares são: imaginar, inventar, criar; explorar, questionar, buscar informação, analisar, comparar e avaliar informações; avaliar e avaliar-se; argumentar; trabalhar em equipe; tomar decisões; organizar, organizar-se; aprender a conhecer-se, atuar; interação familiar.

Para realizar seus projetos, os orientadores se preocupam em construir os mais completos portfólios (Rodríguez 2003), mas têm a obsessão pelo método organizativo. Só precisam mudar a ordem. Primeiro a vida, a história de vida.

REFERÊNCIAS

http://www.act.org/path/spanish/studentstories/index.html

www.act.org

ACCORINTI, S. http://www.izar.net/fpn-argentina/textos_stella.htm

BILLIGIS HAEGGER. "En Busca de la Verdad".

BOFF, L. (2005) *Ecología, grito de la Tierra, grito de los pobres*. Ed. Trotta. Madrid. Ilia Prigogine. http://order.ph.utexas.edu/Prigogine.htm ; http://www.crs4.it/CISST/Istituto-Prigogine.html

CAROTTA, F. *On the julian origin of Christianity*. Utrehch. 2005. www.carotta.de

DÍEZ DE VELASCO, F. (2006) Historia comparada de las religiones. http://webpages.ull.es/users/fradive/historiacomparada/

ECO, U. (1988). El signo. Barcelona: Labor.

GARCÍA, P. (2004) *Contexto histórico y entendimiento entre confesiones religiosas*. Rev. Encuentros Multidisciplinares. Universidad Autónoma de Madrid. http://www.encuentros-multidisciplinares.orr/Revistanº18

GILMORE, R. (2006) *Alicia en el País de los Cuantos*. Alianza Editorial. Madrid: Alianza

GREIMAS, A. J. (1979) *De dioses y hombres. Signos y Parábolas*. Madrid: Cristiandad. Le programme narratif. http://www.uqar.qc.ca/signo/greimas/programme.asp

HALL, B. P. (1986) *The Genesis Effect: Personal and Organizational Transformations*. New York.

HAWKING, S. (2005) Discurso inaugural de los premios Príncipe de Asturias. "*El tiempo es un torrente incesante que se lleva todos nuestros sueños*". Debido a la Segunda Ley de la Termodinámica, habitualmente contamos la historia hacia delante. Rev. Encuentros multidisciplinares, nº 18. http://www.encuentros-multidisciplinares.org

IVANOVICH, M. L. *El pensamiento de Pablo Freire: sus contribuciones para la educación*. http://168.96.200.17/ar/libros/freire/iovanovich.pdf

JOOS, A. (1985) *Towards a Theantropology of Comunications*. Indore. India.

KART GÖDEL. (1930) "Todo sistema formal es incompleto e imposible de probarse a sí mismo". http://es.wikipedia.org/wiki/Teoremas_de_incompletitud_de_Gödel

KORZYBSKI, A. *Science and Sanity*. http://esgs.free.fr/es/noid.htm

LUPASCO, L. (1998) L'Homme et l'oeuvre. CIRET. http://nicol.club.fr/ciret/bulletin/b13/b13.htm

MARÍAS, J. (1993) *Mapa del mundo personal*. Madrid: Alianza.

MARTIN SELIGMAN. (2005) La auténtica felicidad. Barcelona: Ediciones B.

MORAES, M. C. (2004) *Pensamento eco-sistémico. Educaçao aprendizagem e cidadania no século XXI.* Vozes: Petrópolis/RJ. Tejiendo un red pero, ¿con qué paradigma educativo? http://www.sentipensar.net/pdf/tejiendo_la_red.pdf

MORIN, E. (1973) *El paradigma perdido. Ensayo de bioantropología.* Barcelona: Kairós.

MORIN, E., CYRULNIK B. (2005) *Diálogo sobre la naturaleza humana*. Bs. As.: Ed. Paidos.

MORIN, E., ROGER, E., MOTTA, R. (2002) *Educar en la era planetaria.* Valladolid: UNESCO.

NICOLESCU, B. (1999) *Le tiers et le sacré.* RENCONTRES TRANDISCIPLINAIRES. nº 14. http://nicol.club.fr/ciret/bulletin/b14/b14c7.htm

NICOLESCU, B. (2006) http://nicol.club.fr/ciret/index.htm

ONFRAY, M. (2005) *Tratado de Ateología.* Barcelona: Cátedra.

ORTEGA y GASSET (1941) *La historia como Sistema.* Revista de Occidente. Madrid.

PIÑERO, A. (2005) "¿Son creíbles los evangelios?" Curso de Verano del Escorial. El nuevo Testamento. (1995) Cordoba: El almendro.

PROOP, V. (1985) *Morfología del cuento.* Madrid: Editorial Akal. Hay siete dramatis personae: Héroe, Agresor, Mandatario, Donante, Auxiliar, Falso Héroe (o Impostor) y Princesa (o el Rey).

RODRÍGUEZ, M. L. (2003) *Cómo orientar hacia la construcción del Proyecto Profesional.* Bilbao: Desclée de Brouwer. http://www.terra.es/personal6/orientadora/index.htm

SCHIMMEL, A. (2002) Las Dimensiones Místicas del Islam. Madrid. Trotta.

STAUFFER, E. (1957) "Jerusalem und Rome im zeitalter Jesu Chisti" Bern. 1957. http://www.atriumlibertatis.org/StaufferJerusalemundRom.htm

STAUFFER, E.(...) "Christ and Caesars". London. 1955. http://www.atriumlibertatis.org/staufferchristandthecaesars.htm

TAMAYO, J. J. Razones para el diálogo Interreligioso. Rev. Encuentros Multidisciplinares. Universidad Autónoma de Madrid http://www.encuentros-multidisciplinares.orr/Revista, nº 19

WITTGESTEIN, L. (1922) Tractatus Logico-Filosoficus. "*Der Glaube an den Kausalnexus ist der Aberglaube*", 5.1361. No *podemos* inferir los acontecimientos futuros de los presentes. La fe en el nexo causal es superstición.

SEGUNDA PARTE

TRANSDISCIPLINARIDADE E ECOFORMAÇÃO NA PRÁTICA

CAPÍTULO 9

ECOFORMAÇÃO – ALÉM DA EDUCAÇÃO AMBIENTAL

Joan Mallart i Navarra
Didática e Organização Educativa
Universidade de Barcelona

INTRODUÇÃO

Neste capítulo, o autor pretende situar o novo conceito de ecoformação como um passo além da educação ambiental, em profunda relação com uma visão transdisciplinar superadora do paradigma ecológico. Uma nova perspectiva, agora vinculada a um paradigma emergente na linha de autores como Morin, de la Torre e Moraes. A conclusão mais importante é a proposta de uma educação para o compromisso com a Terra em escala planetária, em sentido amplo. Uma educação para a superação do ponto de vista egocêntrico e errôneo de que aquele que é de todos não é de ninguém. Na realidade, o que é de todos, também é nosso e devemos conservá-lo para nós e, acima de tudo, solidariamente, para os que virão.

1. DIDÁTICA E MUNDIALIZAÇÃO, EDUCAÇÃO PARA SOBREVIVER EM UM PLANETA LIMITADO

Nosso ponto de partida é humanista e altermundialista. Temos a convicção de que outro mundo é possível e desejável. E estamos convencidos de que os avanços necessários serão conseguidos através da educação. O papel da UNESCO e de todas as organizações não governamentais foi pioneiro nesse campo, de um valor inestimável. Mas ainda não suficiente. A situação presente, seja sustentável ou não, deixará de sê-lo a qualquer momento. É só uma questão de tempo. Os escassos recursos naturais são super explorados e muitos deles podem se esgotar. Alguns, de esgotamento mais difícil, estão altamente contaminados, assim como o ar que respiramos e a água que bebemos. O problema mais grave está nas enormes diferenças entre as pessoas e povos no acesso a bens materiais, inclusive recursos naturais, e no acesso à cultura. Os 20 países mais ricos consumiram, durante o século 20, mais natureza – matéria-prima e energia – que toda a humanidade nas épocas anteriores.

Diante dessa situação, são apresentadas diversas interpretações em forma de ideologias como a conservacionista, a mercantilista, a ambientalista, a ecologista (economia ecológica), a ecossocialista (marxista), o ecologismo antropocêntrico ou humanista (centrado no ser humano), o ecologismo ecocêntrico radical (centrado na natureza, ou seja, na vida). Este último ponto de vista, muito comum em algumas sociedades erroneamente chamadas primitivas, é muito próximo do panteísmo budista. Vamos comparar duas posições extremas: a primeira talvez seja a dominante na prática da economia ocidental, e a segunda, não por utopia, mas por necessidade, aquela que deve ser o objeto da ecoformação.

Industrialismo **Mercantilismo neocapitalista**	**Ecologismo** **Desenvolvimento sustentável**
1. A natureza como fonte ilimitada de recursos 2. O ser humano como dono e explorador da natureza (cumprindo o mandato bíblico de dominar a Terra) 3. Consumismo 4. Quantidade 5. Produtividade 6. Curto prazo 7. Crescimento linear, aparentemente contínuo 8. Otimismo no futuro (?)	1. A natureza como fonte de recursos limitados 2. O ser humano como um elemento a mais da natureza, que deve administrá-la respeitando seus ciclos 3. Respeito à natureza 4. Qualidade 5. Sustentabilidade 6. Longo prazo 7. Limites ao crescimento desordenado 8. Importância do ciclo

Quadro 1. Comparação entre duas posições antagônicas: o industrialismo e o ecologismo baseado na sustentabilidade.

A verdade é que dependemos dos elementos da natureza muito mais do que eles de nós. E no entanto, no nosso desejo de dominá-los, não nos demos conta de como se merecem. Priorizamos somente uma relação de uso (ou abuso). A natureza existe para a sociedade ocidental atual, na medida em que ela nos é útil. Não é por acaso, portanto, que o nosso entorno está nesse estado deplorável. Destruímos, de forma interesseira, o equilíbrio ecológico e a fatura ficará pendente para ser paga pelas geração futuras.

2. O CONCEITO DA ECOFORMAÇÃO

A ecologia é a ciência que estuda as relações recíprocas entre os organismos e seu meio natural, anteriormente denominada Biologia periférica. Ernst H. Haekel, amigo pessoal de Charles Darwin, consolidou esse termo em 1866 e o definiu como o conjunto de conhecimentos que fazem referência à economia da natureza, baseadas na investigação das relações totais dos animais e das plantas com seu meio ambiente, tanto orgânico quanto inorgânico. Não é por acaso que a ecologia e a economia compartilham da mesma etimologia, já que ambas as ciências tratam de nossa casa e de sua gestão. Entendendo a casa em sentido amplo, compreendendo a Terra, como a casa de todos. As relações entre ambas as disciplinas são bastante evidentes. A ação do ser humano, a partir do ponto de vista de uma ou outra ciência, ou inclusive das duas ao mesmo tempo, tem repercussões sobre a qualidade de vida das gerações atuais e futuras. Este fato lhe dá uma importância extraordinária, que a educação não pode deixar de atender.

Segundo Leonardo Boff (1993), tudo o que existe coexiste. Nada existe fora do campo das relações, não somente naturais, mas compreendendo a natureza, a mente, a cultura e a sociedade. De la Torre e Moraes (2005, 138) entendem o meio ambiente como um conjunto de condições e influências externas que afetam os organismos vivos como pessoas, animais e plantas e também outros não vivos, como rios, mares, montanhas, glaciares. Incluem, como Morin (1998), em um conceito amplo de ecossistema, tanto o entorno natural, como o familiar, escolar, social com todas as suas relações: "O físico, o psíquico, o espiritual não são tão contrários como nos fazem crer, mas se complementam" (De la Torre e Moraes, 2005, 139).

Jean-Jacques Rousseau distinguiu três tipos de entornos ou marcos nos quais nossa vida se desenvolve: o marco físico, o artificial ou criado pelo ser humano e o meio social. Mais adiante, o mesmo autor acrescenta um novo marco de tipo interno pessoal. A influência desses entornos na formação do ser humano é bastante considerável. No conceito do entorno, inclui também aquele aspecto interno pessoal que um pintor chamaria *dintorno* e um psicopedagogo relacionaria com o autoconceito e a autoformação.

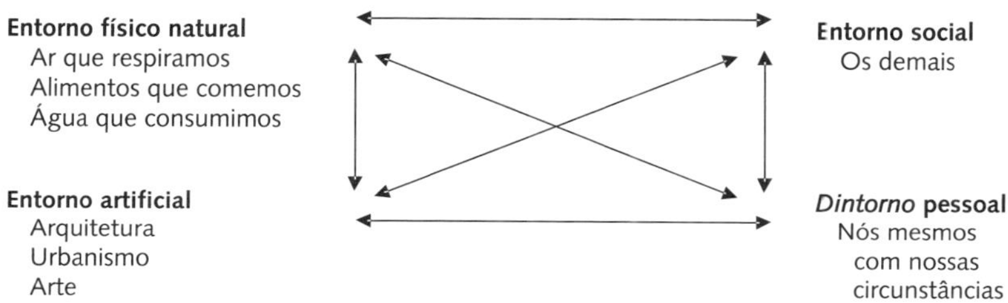

Gráfico 1. Três tipos de entornos externos, mais um interno

A ecoformação se inscreve em um conceito muito mais amplo de formação tripolar já enunciado por Rosseau. Três maestros dirigem nossa educação: os demais (entorno social), as coisas (entorno artificial e entorno físico e natural) e nossa própria natureza pessoal; três linhas formativas que participam do nosso desenvolvimento ao longo da vida: a heteroformação (dominante), a autoformação (em processo de desenvolvimento) e a ecoformação, menos considerada até agora.

Assim, poderíamos apresentar um novo esquema parecido com o anterior, com uma maior ênfase no aspecto pessoal e no próprio interior de cada um.

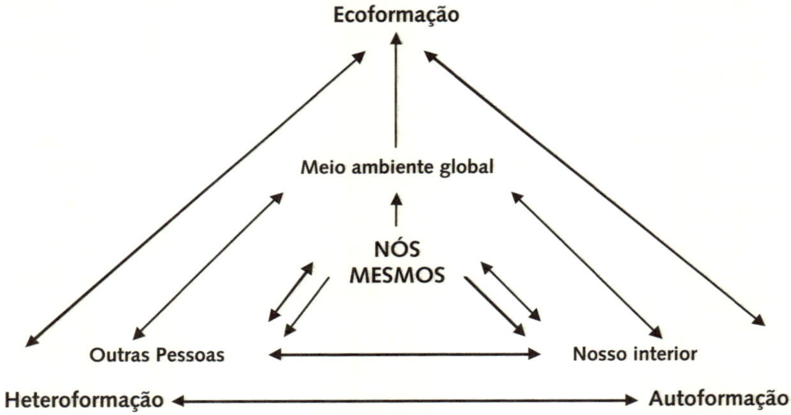

Gráfico 2 A Ecoformação, ao lado da Autoformação e da Heteroformação (adaptado de Sandy Parker, em Greig, Pike e Selby, 1991, p.49)

Ao pesquisar sobre ecoformação na Universidade de Tours, Gaston Pineau apresentou o neologismo **ecoformação** no início da década de 1980. Encontramos o termo **ecoeducação** um pouco antes, inclusive em espanhol (Vilanova, 1979).

Vinculada à educação permanente[6], pode-se reconhecer na Ecoformação uma estreita relação com o paradigma ecológico. Pelo menos no principio. Observando que a Ecoformação focaliza as relações do ser humano com seu entorno vital, deve tratar das relações entre as pessoas e o mundo, a natureza, o habitat etc.

O enfoque das histórias de vida, amplamente difundido na metodologia de pesquisa do GREF[7], grupo de Gaston Pineau, provocou em seus partidários o efeito de valorizar as experiências de autoformação em que a emancipação da influência de outros ia acompanhada do descobrimento

[6] *Sureda também relaciona a educação ambiental com a educação informal. Da mesma forma, Pineau relaciona ecoformação e autoformação.*

[7] *GREF, Groupe de Recherche en ÉcoFormation, Universidade de París 8 e Universidade François Rabelais de Tours.*

e do estabelecimento de uma relação mais pessoal com as coisas, com o entorno tanto natural como artificial. Como explica o grupo mencionado: uma corrente de ar, um sopro respiratório, a água matutina no rosto, a textura, o sabor do pão... tudo contribui para dar forma, para formar. Estas múltiplas experiências cotidianas aparentemente insignificantes estabelecem as relações consigo mesmo e com o mundo. A tomada de consciência de sua realidade proporciona uma nova unidade ecológica.

O entorno forma pelo menos tanto quanto o mesmo é formado ou deformado. Diz-se que o termo ecoformação pretende transmitir esta reciprocidade, no núcleo mesmo do *oikos*, do habitat. Somente sabendo como o entorno atua sobre nós, poderemos saber como formar um entorno saudável, viável e sustentável, atuando preventivamente sobre ele se preciso for. E exercitando uma ação educativa decidida sobre os seres humanos, com o objetivo de conscientizá-los de sua responsabilidade.

Preocupação: A qualidade do meio ambiente	A Educação Ambiental provém da demanda sociocultural que, sobretudo a partir da década de 1970, trata do grave problema de deterioração do meio.
Meta: A proteção e melhoria do meio	A proteção e melhoria do meio é um objetivo, e consequentemente a educação desempenhará um papel preponderante.
Campo: Os problemas ambientais	Os problemas ambientais constituem o objeto em relação ao qual o homem deve adquirir aptidões, atitudes e habilidades.

Enfoque: A relação e a interdependência	A relação e a interdependência são características básicas de todo sistema ecológico. Para entender e lutar contra a degradação do meio, seus problemas só podem ser apresentados sobre modelos que respondam às características da realidade, à qual é interdependente.
Meio ou instrumento metodológico básico: Exercitar a tomada de decisões	Não basta saber, é preciso prevenir experimentando as consequências de nossos atos.

Quadro 2. Características básicas da educação ambiental (EA) a partir das definições (Sureda, 1990, p.16)

Em relação ao profundo valor educativo da ecoformação, seria possível afirmar que sua influência conscientiza, nas palavras de Freire, participando da iluminação, promoção e defesa dos laços ecológicos que formamos com o entorno físico, e portanto transforma toda a personalidade dos educandos segundo a bela expressão de Gaston Pineau, "*Le rapport d'usage en rapport du sage*" ("no lugar da relação de uso, a relação de sabedoria"). Podemos concluir que a ecoformação não é um tipo especial de educação, parcial ou unifocal, que vê tudo debaixo do prisma da conservação do entorno, mas que coincide com a educação global e com uma atitude imprescindível perante a vida e a Terra, atitude que não é nova e que nunca se deve esquecer.

Ensine a seus filhos o que nós ensinamos aos nossos: a terra é nossa mãe. O que afeta a terra, afetará também nossos filhos na terra. Se os homens rejeitam a terra, estão rejeitando a si mesmos. Porque sabemos que a terra não pertence ao homem, mas o homem pertence à terra. Tudo está relacionado como o sangue que une uma família.[8]

[8] *Mensagem do Grande Chefe Seattle ao presidente dos Estados Unidos.*

3. PROBLEMAS ECOLÓGICOS DO NOSSO TEMPO

O homem é a única espécie capaz de alterar o equilíbrio natural. Não só é como um lobo para o homem, como pode se converter em um predador para toda a natureza. A fim de explorar alguns dos principais problemas, seguiremos a clássica divisão dos elementos da natureza.

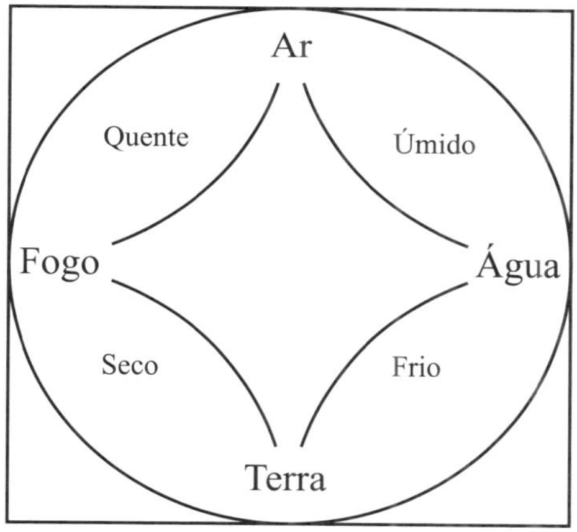

Gráfico 3: Elementos da natureza

Segundo Aristóteles e Empédocles (sec. V a.C.), há 4 elementos: ar, água, terra e fogo. Para os chineses (Pinyin Wu Xing), os cinco componentes básicos do universo físico são: terra, madeira, metal, fogo e água. Enquanto que na Índia, em *Samkhya-karikas* d'Ishvarakrsna (circa sec. III d.C.) os cinco elementos básicos eram: espaço, ar, fogo, água e terra. Assim como tivemos que incluir um fator interno nos tipos de entorno, também recorremos a outro elemento além da água, ar, fogo e terra, que outros autores também consideraram clássico: o espírito.

Tomando como base estas classificações clássicas e tão antigas, Gaston Bachelard apresentou sua análise das relações entre o ser humano e a matéria. Seus trabalhos sobre os quatro elementos representam uma abordagem em forma poética, exploram a realidade ecológica constituída pela relação entre as pessoas e os elementos. Desta forma, segundo Bachelard e Pineau, manteremos essa mesma ordem. Ao espírito corresponderia uma redistribuição ética que permitiria e equidade do acesso aos bens naturais em todo o mundo. As principais problemáticas do meio ambiente no nível global se relacionam com esses quatro elementos.

3.1. Problemas relacionados com a litosfera e a biosfera (TERRA)

a) **Desmatamento**, progressiva diminuição e desaparecimento da mata. Um quarto da Terra está ocupado por florestas. Normalmente, imagina-se que a degradação das florestas aconteça somente nas florestas tropicais – isso porque os países desenvolvidos terminaram antes com seus bosques. O ritmo do processo é muito acelerado: a cada ano desaparece uma floresta tropical com extensão superior a um terço da Espanha. Ao longo do século 20, perdeu-se 60% da extensão das florestas tropicais. E os desmatamentos, juntamente com os incêndios, continuam esta escalada. As chuvas ácidas contribuíram indiretamente para o desaparecimento dos bosques centroeuropeus e norteamericanos. O efeito do desmatamento é a extinção maciça de espécies vivas, tanto vegetais quanto animais. A única solução seria empreender um reflorestamento adequado, do contrário avança-se em direção à desertificação.

b) **Desertificação,** erosão do solo e avanço dos desertos. Trata-se de um processo lento, porém irreversível, de perda de solo fértil por causa da erosão produzida por agentes atmosféricos, como a chuva e o vento, assim como pela ação humana descontrolada de superexploração agrária. A quarta parte da superfície da terra, segundo a Agenda 21 (PNUMA, 1992) está exposta a esse grave fenômeno. O problema afeta mais de 2 bilhões de pessoas que moram nessas regiões. As terras áridas já cobrem 47% da superfície terrestre, segundo o *Atlas Mundial de la Desertificación*. Noventa por cento dessa população está em países em desenvolvimento. A falta de água e energia moderna agravam progressivamente sua situação marginal e degradada. Um terço da Espanha já corre risco de se converter em deserto. É o país com maior risco da Europa.

c) Drástica redução da **biodiversidade**. Diminuição da diversidade biológica e dos recursos genéticos, com numerosas espécies sofrendo risco de extinção (urso, lince, gazela... plantas). Fala-se entre 5 e 30 milhões de espécies, embora só um 1,5 milhão delas estejam descritas. O desaparecimento total de muitas delas é um perigo para o futuro – estima-se que nos próximos 30 anos possam desaparecer até um milhão de espécies. A causa principal é a ação do homem e o desmatamento, a destruição e contaminação do ecossistema. As guerras e a caça não regulamentada contribuem para isso. Em toda a história da agricultura, das 80 mil espécies vegetais comestíveis identificadas, somente 7 mil delas foram cultivadas. Devido à globalização do comércio mundial no século 20, dessas 7 mil espécies, o cultivo foi reduzido a somente 120. Setenta por cento da dieta alimentar mundial se concentra em uma dezena de espécies. Cinquenta por cento das calorias consumidas pela Humanidade procedem unicamente de 4 variedades (trigo, arroz, batata e milho). Uma iniciativa muito recente consiste em criar uma reserva de sementes congeladas em alguma região do Ártico.

d) **Superpopulação**, o problema do crescimento demográfico como fator de risco ecológico. Durante todo o século 20, a população aumentou todos os anos e também cresceu, anualmente, o percentual de aumento em relação ao ano anterior. No início do século 19 havia 1 bilhão de habitantes na Terra; no início do século 20 já eram 2 bilhões e agora, no começo do século 21 já chegamos a 6 bilhões, sendo que algumas previsões apontam para uma população de 9 bilhões em 2050. Como consequência dessa superpopulação, haverá um insuficiência de alimentos e de terra habitável em algumas regiões, segundo a Conferência do Cairo sobre População e Desenvolvimento, de 1994. Também se dá uma superexploração do meio pelo aumento das necessidades. É preciso dizer claramente que não é o aumento da população a causa da degradação ambiental, mas essa degradação se dá por uma série de fatores tecnológicos, sociais, políticos e econômicos. Recentemente, começou-se a observar certo processo de esfriamento, já que os índices de crescimento diminuíram ligeiramente. A população segue crescendo, mas agora de forma menos acelerada. O problema piora com a concentração da população nas grandes cidades.

e) Grandes **concentrações urbanas**. Chegamos a uma distribuição desequilibrada entre as cidades e o âmbito rural. No princípio do século 19, somente 5% da população vivia em cidades; hoje são 45%, e espera-se que nos próximos 15 anos chegue a 55%. Isso é muito grave em países menos desenvolvidos, onde o crescimento não vai acompanhado por serviços básicos. Quase 20% da população mundial vive hoje em grandes cidades de mais de 750 mil habitantes. O impacto ambiental das cidades é enorme por muitos motivos. São lançados resíduos contaminantes no solo, na água e na atmosfera (carros, fábricas, calefação). As vias de comunicação fragmentam biótopos e provocam a fuga e inclusive a extinção de espécies animais. A superexploração do entorno se dá pelas necessidades agrárias e pelo uso de ambientes naturais para passeio. Por último, aumenta a demanda por água, energia, alimentos e habitação. O despovoamento do campo chega a limites excessivos – basta lembrar que metade do território do estado espanhol já é um deserto demográfico. Segundo o informe da Fundación BBVA (2006), 95,9% da população se concentra na metade do território. As grandes cidades provocam um efeito de desertificação populacional sobre sua zona de influência. Oitenta por cento da população vive em 12% dos municípios, segundo o Perfil Ambiental de España que o Ministério do Meio Ambiente elaborou em 2005. Quarenta por cento dos espanhóis mora em 1% do território nacional. Esta tendência tão negativa terá consequências prejudiciais e não se pode corrigi-las sem uma intervenção e planejamento definitivos. Enquanto isso, tendo em vista os desastres urbanísticos de Marbella, Alhama, Jumilla e, acima de tudo, o caso de Seseña, parece que falta vontade política – inclusive essas cidades ficarão dez vezes mais populosas, senão cem vezes, sem que seja feita uma séria previsão dos serviços de necessidade básica.

f) A **contaminação** terrestre supõe a invasão de resíduos sólidos procedentes do gado, da indústria ou dos dejetos urbanos, que representaram na Espanha nada menos que 500 kg por habitantes/por ano, em 2003. A contaminação duplicou-se em somente 14 anos. Também são contaminadas a água e a atmosfera, mas desta última trataremos mais adiante.

g) **Esgotamento** das reservas naturais, não só das florestas e do solo fértil, mas também da água e das fontes de energia. As energias não renováveis estão prestes a terminar, suas fontes não são ilimitadas. Trata-se dos combustíveis fósseis como o carvão mineral, o gás e o petróleo. Para substituí-los, é preciso usar energias alternativas renováveis e não contaminantes, nem perigosas, como as energis hidroelétrica, eólica ou solar. Mesmo assim, é preciso uma adequada gestão do solo para evitar a erosão, o abuso de fertilizantes artificiais (nitratos, fosfatos, potássio) e de produtos fitossanitários altamente contaminantes (herbicidas, fungicidas, inseticidas). A alternativa clara está na agricultura biológica, mais tradicional, porém necessária frente aos produtos transgênicos que caem frequentemente na biopiratataria. A ciência nos alerta para os perigos seguros e incertos que se apresentam em oposição aos imensos benefícios que proporcionam alguns OGM (organismos geneticamente modificados).

3.2. Problemas relacionados com a hidrosfera (ÁGUA)

Nosso planeta se chama Terra, mas 70% de sua superfície está coberta por água.

a) A **chuva ácida** causou o desaparecimento dos bosques de países desenvolvidos, mas também afeta as zonas afastadas do foco de contaminação. Além do CO_2, a indústria emite gases do tipo óxidos de nitrogênio, enxofre e fósforo. Em contato com a água da atmosfera, convertem-se em ácidos que são transportados pelas chuvas e contaminam os solos e as águas dos rios e lagos.

b) A **contaminação** dos mares e das águas doces supõe um perigo sério para todos os seres vivos. Derramamentos incontrolados, acidentes com o do Prestige ou do Exon Valdez... petróleo, mercúrio, fertilizantes, tudo contribui para degradar a qualidade de um elemento precioso, imprescindível e escasso.

c) Tudo isso exige uma adequada **gestão da água**. Por ser um produto natural abundante na Terra, a distribuição de águas doces e potáveis não é uniforme em todo o planeta. Em países de clima seco, é necessário economizar água. O consumo de água potável nos países ricos multiplicou-se por 500 no século passado, devido ao uso de eletrodomésticos, irrigação, higiene etc. Este nível não é sustentável. Enquanto os mais ricos fazem uso abusivo da água, em muitos países ela não está disponível nem para beber. Na América do Norte se consomem 2.000 m^3 anuais por habitantes, enquanto em Guiné-Bissau não chega a 20 m^3. Um bilhão e meio de seres humanos não têm acesso a água suficientemente potável, o que causa graves enfermidades, na proporção de 2 a 8 milhões de mortos por ano e baixa expectativa de vida nesses países. A agricultura ainda não utiliza sistema de irrigação eficaz em nosso país e o desperdício é exorbitante. Espanha e Portugal tiveram, em 2006, a pior seca dos últimos 60 anos.

3.3. Problemas relacionados à atmosfera (AR)

a) **Mudança climática,** com o aquecimento global da atmosfera provocado pela contaminação. Este é o principal problema ecológico, junto com a desertificação e a perda de diversidade biológica. Trata-se do problema mais grave, com consequências sobre os demais. Comprovou-se que a ação humana provoca mudanças na composição da atmosfera, que por sua vez afetam o clima em um futuro muito próximo. A temperatura aumentou 1,5°C na Espanha em pouco mais de um século. A média de aumento em todo o mundo é de 0,6°C no século 20 e continua subindo. Nos próximos 100 anos, o aumento pode ficar entre 1,4°C a 5,8°C. Equivocadamente, há 25 anos acreditava-se que a Terra se resfriava, mas está ocorrendo o contrário. O refinamento dos modelos teóricos aplicados e os avanços tecnológicos como a supercomputação, Internet, satélites etc. permitem fazer um prognóstico de mudanças, com verões mais quentes e invernos suaves, inclusive em latitudes maiores. Isso colocará ecossistemas em perigo e provocará um aumento do nível do mar de 15 a 95 cm com o descongelamento dos glaciares. Entre outras consequências estão inundações e estiagens.

b) O **efeito estufa**, em princípio não é negativo. De forma natural, permitiu, até o momento, algumas condições que tornaram o planeta habitável, mantendo as temperaturas em intervalos adequados. O problema é a concentração de gases que provocam o efeito estufa como consequência da atividade humana, especialmente o aumento de CO_2 na atmosfera. O efeito estufa atua como uma armadilha que retém o calor e reaquece o ambiente não permitindo a saída dos raios infravermelhos. O Protocolo de Kyoto (1997) propõe um controle e uma redução global de 5% nessas emissões.

c) A **contaminação atmosférica** contribui para reduzir a **camada de ozônio** presente na atmosfera, a uma altura de 20 a 40 quilômetros. Sobre a Antártida, assim como em outras zonas, foi detectada em 1982 uma diminuição periódica da concentração de ozônio em torno de 20% na primavera. Além dos ventos e da atividade solar, a causa é a ação dos gases como os clorofluocarbonetos (CFC) procedentes de aerosóis e refrigeradores. Esses gases chegam às camadas altas da atmosfera e ali destroem o ozônio. A camada de ozônio nos protege exercendo a função de guarda-chuva frente às radiações solares ultravioletas. O aumento dessas radiações tem efeitos muito prejudiciais como a redução da efetividade de nosso sistema imunológico, o incremento do câncer de pele e enfermidades oculares, a diminuição da fotossíntese das plantas e do fitoplancton marinho, assim como o desequilíbrio das cadeias tróficas. Também é muito importante reduzir a contaminação atmosférica porque está demonstrado que ela influi no reaquecimento planetário.

3.4. Problemas relacionados com o FOGO

Não insistiremos neste tópico por causa da sua obviedade. Os principais pontos são:

a) Incêndios florestais, acidentais e provocados. O fogo é o pior inimigo da mata, já que destrói sua proteção natural, que são as plantas que retêm o solo. Mais que a destruição da vida atual, são destruídas as condições de vida futura.

b) **Energia contaminadora** frente à energia renovável, energia obtida por combustão. Perigo inerente às centrais nucleares e à contaminação radioativa.

c) Vulcões, terremotos e demais desastres naturais, cujo perigo é hoje maior pelas múltiplas ações indiretas do homem, ainda desconhecidas em não poucos casos.

3.5. Problemas mais atuais relacionados com o ambiente e a ação humana

Recentemente, principalmente a partir de 2003, apresentam-se de maneira aguda alguns outros problemas que ameaçam a vida e a humanidade, tais como o terrorismo internacional em grande escala, graves catástrofes naturais (terremotos, maremotos, tsunamis, furacões, erupções vulcânicas etc), aumento da ameaça nuclear (Irã, Coreia do Norte), epidemias com a gripe aviária e pandemias como a extenção da AIDS nos países mais pobres, o encarecimento do petróleo, o esgotamento das energias fósseis... Além disso, são imensas as desigualdades no acesso aos bens naturais ou no seu aproveitamento...

4. SOLUÇÕES ADVINDAS DA ECOFORMAÇÃO

Além de uma adequada gestão do desenvolvimento sustentável, fala-se de uma ecoformação que possa reunir a educação ambiental junto a uma educação para o desenvolvimento sustentável, ou a educação para os direitos humanos e para a paz. Isso tudo passa pela educação da solidariedade, do compromisso com toda a Terra e com seus habitantes. Assim, a Ecoformação não é somente educação ambiental, mas sim uma interação entre a educação para o entorno, o desenvolvimento econômico e o progresso social.

MEIO AMBIENTE

Proteção do entorno
Defesa dos ecossistemas
Redução do impacto humano
Redução da contaminação
Uso responsável e sustentável dos recursos naturais

ECONOMIA

Desenvolvimento econômico global
Produção de riqueza para todos (alimentos, saúde, educação, bem-estar...)
Redistribuição equitativa

SOCIEDADE

Progresso social universal
Liberdade
Igualdade
Justiça
Paz e convivência
Solidariedade
Cooperação

Gráfico 4. A Ecoformação requer um trabalho educativo inter-relacionado, para que se atinja os três objetivos ao mesmo tempo.

4.1. Objetivos educativos

Em Tbilissi (Georgia), na Conferência Intergovernamental sobre Educação Ambiental (*Environmental Education*) em 1977, foi aprovada uma Declaração que propunha cinco grandes objetivos. Esses objetivos já *constavam na Carta de Belgrado anterior, de 1975, e promoviam*:

- *Consciência* (*Awareness*) e sensibilidade em relação ao entorno e seus problemas
- *Conhecimento* (*Knowledge)* de experiências e compreensão sobre o entorno e seus problemas
- *Atitudes* (*Attitudes)* e sentimentos encaminhados a participar da melhoria e proteção do entorno
- *Habilidades* (*Skills*) para identificar e resolver problemas ambientais
- *Participação* (*Participation*) e implicação no traba-

lho para a resolução de problemas ambientais

Nessa Conferência falou-se da necessidade de introduzir, não uma assinatura nova, mas uma "dimensão adicional do processo educativo: tarefa integral de toda uma vida que envolva a sociedade como um todo".

4.2. Didática de uma consciência planetária

Para atingir os cinco objetivos anteriores, deverá ser aplicada uma metodologia cuja meta deve ser atingir uma verdadeira *consciência planetária*, nas palavras de Morin. O planeta Terra, como única comunidade global a que todos pertencemos, solidariamente. E a Terra como Mãe, tal como era considerada em muitas sociedades, ao mesmo tempo a Terra como organismo vivo e em evolução. Essa consideração oferece uma nova consciência, mais sustentável, dotando a nossa existência de pleno sentido.

O melhor caminho é promover uma potente relação de estima em direção a essa casa de todos, que é o nosso planeta Terra. Impõe-se uma pedagogia "biófila", que ame a vida e o demonstre comprometendo-se com ela, comunicando esse sentimento, compartilhando, problematizando e solucionando construtivamente os problemas ecológicos, não só individualmente, como também com todas as nossas relações, com esforço e entusiasmo. Trata-se de basear a atuação na racionalidade intuitiva, afetiva, não instrumental. Mas baseada cientificamente nas contribuições da ciência da natureza e do espírito, naquilo que já se chama de transdisciplinaridade. A nova cultura de justiça, de paz e sustentabilidade se traduz em uma conduta baseada em reutilizar, reciclar, retornar, reparar, reduzir o consumo para que os bens cheguem a todos, que agora são objeto de uma propriedade ilegítima, porque deveriam ser de todos.

Entre as doze chaves para o século 21 ecológico (*Le*

Monde, 26 de maio de 2005) destacam-se: pensar a humanidade globalmente na biosfera, não jogar fora sem reciclar, ter saúde através das plantas, encontrar energia no mar, potencializar o artesanato e a agricultura biológica, substituir o petróleo, recuperar a bicicleta... tudo para tornar a Terra mais habitável.

4.3. Didática da Carta da Terra e da Agenda 21

A Carta da Terra é um documento iniciado na Cúpula da Terra, no Rio de Janeiro, em 1992, mas que não chegou a ser aprovada. Sua divulgação posterior é extraordinária e constitui uma base fundamental para trabalhar este tema. Antes de qualquer coisa, os professores deveriam conhecê-la e compartilhar seu espírito e seu conteúdo. Ninguém pode dar o que não tem. Nas aulas, trata-se de lê-la coletivamente, na versão mais apropriada para a idade dos alunos. Em seguida, compreender o texto e acima de tudo o espírito subentendido. Assim pode-se chegar a captar a importância mundial e local. A melhor maneira de trabalhar o texto é através de debates e discussões.

Ela poderia ser votada, com as modificações necessárias, e aprovada como lei, em uma sessão solene de exercício de democracia (pode-se trabalhar sobre uma versão reduzida e adaptada à realidade da escola). Depois desses passos, trata-se de apropriar-se dela, aplicá-la à vida cotidiana, comportando-se de acordo com seus princípios. Também, através da escola, pode-se divulgá-la mediante murais e exposições, com trabalhos dos alunos, trabalhando em grupo.

A Agenda 21 é outro acordo da Cúpula da Terra do Rio de Janeiro (1992), em que se propunha um plano de trabalho para o século 21. Nesse projeto, partia-se do princípio de pensar globalmente e atuar localmente e fazia-se um chamado para que as cidades elaborassem sua própria Agenda 21 local, com atividades concretas. Desde então, milhares de cidades no mundo todo se uniram nesse processo participativo. No caso de Barcelona, desde julho de 2002, mais de 200 escolas envolveram-se civicamente neste *código de boas práticas ambientais*, assim como fizeram escolas em todo o mundo.

5. CONCLUSÕES

Embora antes já existisse o sentimento muito enraizado de solidariedade universal, será a partir das teorias de Edgar Morin que se falará com insistência da Mãe Terra, Terra Pátria ou Sociedade/Mundo. Nesse sentido, a Terra, com todas as suas riquezas naturais, é um patrimônio comum de toda a humanidade, que cabe a todos nós preservar. Utilizá-lo em um sentido sustentável supõe que "as gerações atuais são responsáveis por esse patrimônio diante das gerações futuras" (Bedjaui, 1979, 17). Dessa maneira, renuncia-se a um benefício imediato a favor da sobrevivência da espécie. Um sacrifício que talvez nem todos estejam dispostos a realizar, sobretudo o primeiro mundo. Mas o caminho é substituir a repartição do mundo pelo *mundo das repartições,* uma utopia maravilhosa. Assim, aos três Rs de Reduzir, Reciclar e Reutilizar, deveremos incluir outro: *Redistribuir.*

A cooperação solidária é o único caminho para superar a espiral autodestrutiva do mau uso do entorno. A única via para consegui-lo é através da educação integral, comprometida, solidária, humanista e altermundialista. Educar para promover o compromisso solidário e para evitar a desresponsabilização, própria do sentimento de desvalorização do comum. O comum e o gratuito – como o ar e a água – por ser de todos ou por ser gratuito, não deixa de ter um elevado valor ou de ter custado um esforço considerável de muitas pessoas.

A Terra é patrimônio comum da humanidade. A tragédia daquilo que é comum ou gratuito foi expressa por grandes cientistas e humanistas (Diamond, 2005; Bedjaoui, 1979; Sagot-Duvauroux, 2006), mas foi Hardin (The tragedy of common, 1968, *Science*) que o expressou com maior clareza.

A Mãe Terra é de todos, também é nossa e devemos preservá-la para os demais e para os que virão. Não se deve dizer nunca: "O que é de todos não é de ninguém. Se eu não estragá-lo, outro o fará e ele será o beneficiado". Ao invés disso, o discurso deve ser o seguinte: "O que é de todos também é meu e tenho que cuidar disso".

Negamo-nos a aceitar, como característica inerente a esta época, o narcisismo egoísta e a incapacidade do compromisso solidário. Isso seria aceitar implicitamente a ideia expressa na frase "Depois de mim, o dilúvio". Precisamos passar da prática das repartições do mundo para aquela do mundo das repartições. Inclusive mudando a teoria de "cada qual segundo sua capacidade" para "cada qual segundo sua necessidade". Que outro tipo de educação se pode querer hoje em dia senão uma ecoformação que transcenda o eu e o presente?

REFERÊNCIAS

(1993). *Guia de l'Agenda 21: l'aliança global per al medi ambient i el desenvolupament*. Barcelona: Generalitat de Catalunya. Departament de Medi Ambient.

(2005). Développement durable. *Dossier Le Monde,* 28 de mayo de 2005.

ALIÓ, M. A.; OLIVELLA, M. [coord.] (1999). *Per viure bé nosaltres i les generacions que vindran: com prendre part a fer sostenibles els nostres pobles i ciutats*. Barcelona: Diputació.

ASHBY, E. (1981). *Reconciliar el hombre con el ambiente.* Barcelona: Blume.

BARBIER, René y PINEAU, Gaston (2001). *Les eaux formatrices*. Paris: L'Harmattan, collection Écologie et Formation.

BARCENA, I.; IBARRA, P. y ZUBIAGA, M. (2000). *Desarrollo sostenible: un concepto polémico*. Bilbao: Servicio Editorial Euskal Herriko Unibersitatea.

BEDJAUI, Mohammed (1979). La Terra, patrimoni comú de la humanitat. Un nou concepte jurídic per a un nou ordre econòmic mundial. *El Correu de la Unesco*, n. 18, p.14-19.

BENAYAS DEL ÁLAMO, Javier (2003). *La investigación en educación ambiental en España*. Madrid: Organismo Autónomo Parques Nacionales.

BOFF, Leonardo (1996). *Ecología: grito de la tierra, grito de los pobres*. Madrid: Trotta.

BOFF, Leonardo (1999). *Ética da vida*. Brasília: Letra viva.

BRUNDTLAND, Gro Harlem (1986). *Our common future: from one earth to one world*. New York: Oxford University Press.

CAÑAL, P. y GARCÍA, E. (1983). *La ecología en la escuela. Teoría y práctica de la educación ambiental*. Barcelona: Laia.

CARIDE, J. A. y MEIRA, P. (2001). *Educación ambiental y desarrollo humano*. Barcelona: Ariel.

CARRERA I CARRERA, Joan & GONZÁLEZ FAUS, José Ignacio (2005). *Horitzó Kyoto. El problema ecològic*. Barcelona: Cristianisme i Justícia, nº 133.

CASTRO, C. (2001). *La revolución solidaria: más allá del desarrollo sostenible*. Madrid: IEPALA.

COLOM, Antoni J. y SUREDA, Jaume (1981). *Hacia una teoría del medio educativo. Bases para una pedagogía ambiental*. Palma de Mallorca: Universitat de les Illes Balears.

COLOM, Antoni J. y SUREDA, Jaume (1989). *Pedagogia ambiental*. Madrid: Ceac.

COTTEREAU, Dominique (1994). *A l'école des éléments. Écoformation et classe de mer*. Lyon: Chronique Sociale.

Cuadernos de Pedagogía (1984, 1992). *Monogràfics sobre educació ambiental*, nº 109, 157, 204.

DELIBES, M. (1971). *Un mundo que agoniza*. Barcelona: Plaza & Janés.

DELIBES, M. y DELIBES DE CASTRO, M. (2005). *La Tierra herida. ¿Qué mundo heredarán nuestros hijos?* Barcelona: Destino.

DIAMOND, Jared (2005). *Collapse: How societies choose to succeed or fail*. New York: Viking Press.

DÍAZ, Manuel (2006). El dilema del prisionero. Una siniestra paradoja en que la razón conduce a la destrucción colectiva. *La Vanguardia,* 2 d'abril, revista, p.13.

EDWARDS, B. (2004). *Guía básica de la sostenibilidad*. Barcelona: Gustavo Gili.

FOLCH, Ramon (1976). *Natura, ús o abús? Llibre blanc de la gestió de la natura als Països Catalans.* Barcelona: Barcino.

FOLCH, Ramon (1979). *Sobre ecologismo y ecología aplicada.* Barcelona: Ketres.

FOLCH, Ramon (1987). *Estudio sobre formación y educación ambiental. Evaluación de la eficacia de métodos de educación ambiental.* 3 vols. Barcelona: Centre d'Estudis de Planificació.

FOLCH, Ramon (1990). *Que lo hermoso sea poderoso: sobre ecología, educación y desarrollo*. Barcelona: Altafulla.

FOLCH, Ramon (1993). *Cambiar para vivir: sobre educación ambiental y socioecología*. Barcelona: Integral.

FOLCH, Ramon (1998). *Ambiente, emoción y ética.* Barcelona: Ariel.

GARCIA, Albert (1979). *El combat ecologista a Catalunya.* Barcelona: Edicions 62.

GARCIA RUBIO, A. (1993). *Domineu la Terra? Aportacions teològiques al problema ecològic.* Barcelona: Cristianisme i Justícia, nº 57.

GARCÍA, J. y NANDO, J. (2000). *Estrategias didácticas en educación ambiental*. Màlaga: Aljibe.

GREIG, Sue; PIKE, Graham y SELBY, David (1991). *Los derechos de la Tierra. Como si el planeta realmente importara.* Madrid: Popular; ADENA; Cruz Roja.

GUTIÉRREZ, Francisco y PRADO, Cruz (2001). *Ecopedagogia i ciutadania planetària.* Xàtiva: Centre de Recursos i Educación Contínua; Diputació de València.

HARDIN, Garrett (1968). The tragedy of the commons. *Science,* v. 162, nº 3859, p.1243-1248.

HARDIN, Garrett (1988). Extensions of 'tragedy of the commons'. *Science,* v. 280, nº 5364, p.682-683.

KEATING, M. (1996). *Agenda 21: una versió en llenguatge senzill de l'Agenda 21 i els altres acords de la Cimera de la Terra*. Barcelona: Mediterrània.

KRAMER, F. (2002). *Manual práctico de educación ambiental*. Madrid: Libros de la Catarata.

KRAMER, F. (2003). *Educación ambiental para el desarrollo sosteni-*

ble. Madrid: Libros de la Catarata.

LÓPEZ, A. (2001). *Educadors o predicadors. Escenaris de l'educació ambiental*. Lleida. Pagès.

MARTÍN MOLERO, Francisca (1988). El entorno: Nuevos aspectos de esta dimensión educativa. *Comunidad Educativa,* nº 158, p.6-9.

MARTÍN MOLERO, Francisca (1988). Posible programación de Educación Ambiental. *Comunidad Educativa,* nº 158, p.28-29.

MARTÍN MOLERO, Francisca (1996). *Educación ambiental*. Madrid: Síntesis.

MAYOR ZARAGOZA, Federico (2000). *Un mundo nuevo*. Barcelona: UNESCO. Círculo de Lectores.

MEDINA, Antonio (1990). Diseño curricular en la educación ambiental. En Medina, A. & Sevillano, M. L. *Didáctica-adaptación. El currículum,* v. 2, p.589-620.

MENACHO, Joaquim (1999). *El repte de la Terra. Ecologia i justícia en el segle XXI.* Barcelona: Cristianisme i Justícia, nº 89.

MONEREO, M.; RIERA, M. (eds.) (2001). *Porto Alegre: otro mundo es posible.* Barcelona: El Viejo Topo.

MURGA MENOYO, M. Ángeles [coord.] (2006). *Desarrollo local y Agenda 21.* Madrid: Prentice Hall.

NADAL, M. y PUJOL, J. (1983). *El medi a l'escola. Elements per a una recerca.* Barcelona: Graó.

NOVO, M. (1986). La Pedagogía ambiental en el ámbito de las ciencias de la educación. *Revista de Educación*, nº 279.

NOVO, M. (1986). *Educación y medio ambiente.* Madrid: UNED

NOVO, M. (1988). *Educación ambiental.* Madrid: Anaya.

PINEAU, Gaston et al. (1994). *De l'air. Essai sur l'écoformation*. Paris, Montréal: Païdéia, Sciences et Culture.

PINEAU, Gaston; BACHELART, Dominique [et al.] (2005). *Habiter la terre. Écoformation terrestre pour une conscience planétaire.* Paris: L'Harmattan.

PORCHER, L. [et al.] (1975). *Pédagogie de l'environnement.* Paris: Armand Colin.

RIECHMANN, J. (2004). *Gente que no quiere vivir en Marte: ensayos sobre ecología, ética y autolimitación*. Madrid: Libros de la Catarata.

SAGOT-DUVAROUX, Jean-Louis (2006). *De la gratuité.* Paris: L'Éclat.

SCOZ, Juraci Teótimo (2002). *Aprendizagem: um enfoque unibiótico.* Blumenau (Brasil): Odorizzi.

SUREDA, Jaume (1988). *Manual de pedagogia ambiental.* València: Eliseu Climent.

SUREDA, Jaume (1990). *Guía de la educación ambiental. Fuentes documentales y conceptos básicos.* Barcelona: Anthropos.

SUREDA, Jaume y COLOM, Antoni J. (1989). *Pedagogía ambiental.* Barcelona: Ceac.

SUREDA, Jaume y CALVO, A. (2003). *La xarxa internet i l'educació ambiental.* Barcelona: Graó.

TAMAMES, Ramón (1977). *Ecología y desarrollo.* Madrid: Alianza.

TAMAMES, Ramón (1982). *La educación ambiental.* Madrid: Nuestra Cultura.

TERRADAS, Jaume (1979). *Ecología y educación ambiental.* Barcelona: Omega.

U THANT (1970). El hombre contra la naturaleza. *El Correo de la Unesco*, agosto-setiembre, p.46-53.

UNESCO (1977). *Tendencias de la educación ambiental.* Paris: Unesco.

VILANOVA, Santiago (1979). La ecoeducación. *Cuadernos de Pedagogía,* nº 50, p.4-8.

Capítulo 10

Cenários – Uma Estratégia Ecoformadora

Saturnino de la Torre
Catedrático de Didática da
Universidade de Barcelona, Dpto DOE

Montse González Parera
Doutoranda Universidade de Barcelona

INTRODUÇÃO

Com este capítulo pretendemos abrir novas vias ou estratégias que nos permitam explorar o alcance teórico e prático da transdisciplinaridade e da ecoformação. O conceito de *cenário* como espaço simbólico cheio de significados para a ação investigadora ou formativa, permite-nos visualizar as múltiplas relações entre as formas, os símbolos, os papéis, os códigos, as linguagens e aqueles significados que estão subjacentes aos elementos visíveis. O cenário, como espaço de ação formativa, tem um paralelismo com o ideograma enquanto representação gráfica ou visual dos conceitos e como ele vem a ser um holograma de múltiplos significados. Nesse sentido, o conceito de cenário nos transmite, em uma só imagem, todos os elementos que possibilitam a formação. É uma estratégia idônea para a formação em harmonia com o homem, a natureza e tudo o que nos rodeia. O que observamos em uma investigação ou em uma aula são emergências relacionais entre observador e observados ou entre estudantes, ambientes, conteúdos e docentes que atuam em uma determinada direção.

1. SENTIPENSAR O CONCEITO DE CENÁRIO

Ao observar o que ocorre em um cenário, comprovaremos que acontecem múltiplos fenômenos ao mesmo tempo. Alguns nós pensamos, outros nós sentimos; nem todos são percebidos conscientemente e os que são notados não se processam da mesma maneira.

Os personagens que atuam em um cenário experimentam emoções, sentimentos e pensamentos, transmitidos a partir de um amplo leque de possibilidades expressivas. Essas possibilidades expressivas vão desde a palavra, até o silêncio, passando por um olhar, um sorriso ou um piscar de olhos.

É assim que queremos sentipensar o conceito de cenário: um espaço simbólico cheio de significados para a ação formativa e investigadora. O conceito de cenário que utilizamos como eixo deste capítulo tem como ponto de partida a ação expressada. Cenário é, antes de tudo, o encontro da emoção e do pensamento através da ação de que nos fala Maturana. Se deseja conhecer a emoção, observe a ação. Nesse sentido, o conceito se enraíza na própria teoria poiética de Maturana e Varela, biólogo e neurocientista respectivamente, que deram uma reviravolta na construção do conhecimento. Este ponto de partida converge para as coordenadas de um lugar e de um tempo nem sempre conhecidos.

Esperamos que o seguinte relato possa transmitir aquilo que os atores e espectadores viveram durante um ato acadêmico pouco convencional e certamente criativo.

Era uma clara manhã de janeiro de 2006, durante o III Congresso Internacional de Criatividade, em Sevilha. Uma das conferências programadas começou com uma representação de uns vinte minutos.

No cenário, encontravam-se dialogando um relator, a Emoção, a Educação e a Aprendizagem. Esses personagens comentavam como se sentiam, que visão tinham dos demais e que papel desempenhavam na formação. Depois de uns dez minutos de conversa, apareceu um personagem inesperado. Uma mulher entrou cantando pela porta de trás. O público se surpreendeu. Ninguém sabia quem era, nem a quem representava. Começaram a tocar guitarra, Flor de Guadalquivir.

— Quem será ela? O que significa isso? — o público se perguntava.

— Quem é você? — quis saber um assistente. A mulher respondeu:

— Sou torre, mastro e candelabro.

Entrou no cenário e entregou uma flor a cada um dos personagens que a contemplavam com assombro. A mulher continuou dirigindo-se ao público. Foi dando pistas de sua identidade e terminou sua aparição recitando um poema.

— Eu, a Criatividade,

sou como um arco tensionado

que o ser humano lançou

em busca da felicidade.

(...)

Aquela mulher era a Criatividade. Por estar em Sevilha, decidiu personificar-se simbolicamente em Giralda. Os espectadores contemplavam absorvidos e envolvidos naquele cenário incomum para um ato acadêmico, como era um diálogo interdisciplinar. Seus olhos eram luas e seus rostos, amanheceres. Seus rostos não comportariam mais surpresas.

No final, abriu-se espaço para a intervenção do público. Todos concordaram que aquela encenação lhes havia emocionado. Todos disseram que, durante aqueles minutos, tinham refletido sobre o que os personagens representavam e que tinham sentido a criatividade perto, muito perto, tão perto que ao falar a voz ainda era trêmula. Criou-se uma cumplicidade entre os assistentes e os participantes – atores improvisados – que começaram a fazer intervenções variadas, de forma espontânea, falando da Afetividade, da Ilusão, da Nostalgia, ao se identificar com os personagens que não eram outros que os conceitos interdisciplinares da Educação, Emoção, Aprendizagem e Sentipensar.

Todos nós fomos, por um momento, atores e espectadores, formadores e formandos, em um espaço que transcendeu o lugar e o tempo, porque cada um levou essa recordação consigo para recordar-se dela como algo excepcional dentro do Congresso de Criatividade. Foi realmente gratificante viver aquela experiência criativa. E sem dúvida, o melhor de tudo é que todos nós entendemos o alcance real do conceito sentipensar.

2. OS COMPONENTES EXPLÍCITOS E IMPLÍCITOS DE UM CENÁRIO

Neste capítulo, tentaremos abordar, a partir da analogia e do simbolismo, os conceitos de cenário teatral e acadêmico. Consideramos que ambos se complementam do ponto de vista transdisciplinar. Isso implica múltiplas facetas e significados.

O teatro, cenário de mensagens sociais. O teatro é cultura. O teatro engloba tradições e formas de vida dos povos, e reflete os valores de um momento histórico concreto. Fazendo uma breve revisão da história cênica, contemplamos que o teatro de Molière já criticava e ridicularizava os comportamentos da sociedade da época, encarnados nos personagens caricaturescos de suas obras. Da mesma forma, o teatro romântico dos séculos 18 e 19 buscava comover o público através do amor. Durante a segunda metade do século 19, apareceu o teatro realista com o objetivo de questionar as injustiças sociais, representando o comportamento humano de forma crua. Mais tarde, o *esperpento*, modalidade teatral criada por Valle-Inclán, deformava de maneira grotesca e trágica a realidade.

Em nosso país, não faz muito tempo, o teatro foi utilizado para julgar, criticar, mandar recado ou mostrar situações injustas ou pouco democráticas, e tudo isso a partir de uma situação de quase clandestinidade. Muitos de nossos atores tiveram de aprender a expressar e transmitir seus sentimentos, ideias ou relatos com mensagens explícitas ou implícitas, e muitas vezes nas entrelinhas, já que a censura era pouco generosa. No entanto, os cenários foram certamente uma plataforma que serviu a toda uma geração para unir esforços e gozar coletivamente de situações e vivências de liberdade, pouco comuns, mas muito desejadas e necessárias.

Poderíamos continuar expondo mais momentos e exemplos do teatro como cenários de mensagens sociais, mas acreditamos que essas sejam suficientes para tirar uma conclusão a partir da seguinte premissa:

O teatro foi e é cenário de mensagens sociais e veículo de transmissão e transporte ao longo do tempo.

Assim como no cenário cinematográfico, o cenário teatral é um espaço de encontro inter e transdisciplinar. Através do teatro são vivenciados conceitos históricos, sociais, psicológicos, pedagógicos, literários... e tudo mais que encontramos na vida. É por isso que a analogia entre o teatro e a aula, como cenário de transmissão de mensagens formativas, tem muitas coisas em comum.

A aula, cenário ecoformativo. A aula é um cenário por excelência, onde cada pessoa tem um ou mais papéis relacionados entre si. O próprio conceito de *rol* ou papel é relacional, pois não faz sentido falar de papéis se não for em relação aos outros. Por esse motivo, poderíamos dizer que estamos diante de um sistema. Depois de estar um tempo como um grupo em aula ou classe, o sujeito assume um papel coerente com relação ao que ele mesmo imaginava que os demais esperam de seu papel como docente, discente, diretor, colega, assessor ou especialista. Cada uma das pessoas tem seu papel nesse cenário formativo que, de certa forma, complementa os demais. Os próprios estudantes desenvolvem papéis distintos quando trabalham em equipe. Inclusive o tempo, os recursos utilizados, a decoração da aula, a forma e distribuição do mobiliário têm seu próprio significado. Alguns autores chamaram a aula de "nicho ecológico", porque nesse cenário há múltiplas interações humanas, que contribuem para a formação geral dos sujeitos. E quando dizemos sujeitos, pensamos tanto nos alunos quanto nos professores.

Os personagens estão em contato com a realidade e atuam em função de seus interesses e motivações, sem descuidar dos respectivos papéis. Não se pode esquecer que as ações que acontecem na aula carregam a intencionalidade formativa de quem as institui. As circunstâncias se adequarão aos objetivos traçados pelo diretor ou diretora do teatro, assim como pelo professor em classe.

Existe um contexto e uma situação dada que obriga os personagens a atuarem em função de seus papéis. Nesse contexto, é importante a satisfação dos atores. O fato de não ficar nervoso ou sentir-se à vontade facilitam a concentração e a criatividade. Um bom clima (na aula, uma boa convivência) ajuda a fazer fluir as boas ideias e potencializa o rendimento. Estar e sentir-se bem em um lugar, em um cenário como é a aula, abre espaço para que as ações de desenvolvam com continuidade e para que haja um harmônico diálogo entre as boas ideias e as emoções.

O simbolismo do cenário nos proporciona a representação de uma realidade concreta. Este desenho, acompanhado de uma intenção, converte-se em mensagem. A mensagem pode ser de diferente natureza: social, política, cultural, acadêmica etc. Os componentes simbólicos de um cenário podem ser, por sua vez, componentes de estratégias encaminhadas à formação.

Em uma representação teatral, harmonizam-se os elementos como a obra ou relato teatral, os atores com seus personagens, as linguagens verbais e não verbais, as mensagens explícitas e implícitas, o público que termina fazendo parte como se fosse *feedback* com suas reações e aplausos, o cenário com seu mobiliário que contextualiza a ação, os sons e silêncios. Tudo isso faria parte do teatro enquanto representação de um relato através da ação. Ao transferir esse cenário simbólico para a aula, encontramos:

– Atores: docentes e estudantes com seus respectivos papéis, assim como outras pessoas implicadas no processo formativo.

– Uma linguagem e códigos diferentes: dados pelo conteúdo do currículo.

– Uma mensagem: a dos conhecimentos, habilidades e atitudes.

– A ação: representada pelas estratégias e atividades dos agentes.

– Um ambiente de segurança e gratificação: equivaleria ao clima de bem-estar que se pode respirar ao longo da representação.

– O texto e os elementos facilitadores de comunicação: corresponderiam aos elementos motivacionais do espaço da aula.

Como vemos, esta analogia poderia continuar através de cada um dos elementos escolares, já que ao falar de cenário estamos falando em "um espaço para uma ação". Deixamos que o leitor siga imaginando paralelismos.

3. OS FUNDAMENTOS TEÓRICOS DO CONCEITO DE CENÁRIO

O termo **cenário**, como "ator principal" de uma família semântica em que compartilham significado termos como cena, encenar, cenografia, encenação, cenógrafo... vem do latim e este do grego, com sentido original de "abrigo de galhos" e para os grecorromanos equivalia em arquitetura a "perspectiva". Entre as várias acepções que a Real Academia lhe outorga, estão: "lugar em que ocorre ou se desenrola um ato"; "conjunto de circunstâncias que rodeiam uma pessoa ou ato"; "lugar em que ocorre ou se desenrola a cena do filme". Embora exista, como é natural, uma referência explícita e principal à ação ou representação teatral, interessa-nos resgatar desse conceito o alcance figurativo, simbólico ou analógico da cena: tudo aquilo que é representado, que se põe em ação em um lugar ou espaço dados. Nesse sentido, pode abarcar, segundo a Real Academia, "todo sucesso ou manifestação da vida real e aquilo se considera como espetáculo digno de atenção". Ou seja, no cenário cabe tudo o que ocorre na vida e além dela: na imaginação. Um espaço que serve para descobrir ou representar significados e valores da sociedade. Assim falamos de estar em cena, colocar ou colocar-se em cena, fazer uma cena, encenar atos... A encenação como estratégia de investigação é utilizada também em criminologia ao encenar os fatos.

Em um cenário há conhecimento, arte, espontaneidade, criatividade e acima de tudo comunicação. É um espaço para comunicar, explorar ideias, emoções, sentimentos, conceitos novos, habilidades e, por que não, processos de indagação científica. Por isso, nesse texto queremos resgatar o enorme potencial formativo e formador, inovador e de metodologia científica que estão subentendidos no campo da ação. É como colocar ideias e emoções para atuar. É um espaço de ação para trabalhar o pensar e o sentir. O cenário, como algo mais dinâmico e fluente que a cena, é um lugar de experimentação e descobrimento. É uma nova linguagem, didática e metodológica, de acordo com uma visão ecossistêmica e transdisciplinar do conhecimento. Em um cenário, assim como em um filme, predomina o diálogo na ação. Todos somos ao mesmo tempo espectadores e atores da vida e dos saberes provenientes da psicologia, sociologia, pedagogia, política, ciências, arte, humor, linguagem... tudo isso tem lugar de forma interativa. É por isso que a visão inovadora tanto nos atrai.

3.1. Um olhar transdisciplinar da educação. A ecoformação como referente.

Entendemos o "transdisciplinar" como "*um olhar*" diferente da realidade e de seus níveis, fruto da percepção e da consciência. Assim, portanto, o transdisciplinar não se identifica com teorias, paradigmas ou modelos, mas é *uma maneira de olhar* o que nos rodeia e aquilo que acontece no cosmos, seja tangível ou intangível, de ordem material ou imaterial, mas sempre relacional (Documento de Barcelona, 2006). Isso significa que vai além da inter-relação de conteúdos. É um sistema de significados em que os elementos se entrecruzam e se condicionam uns com os outros, da mesma forma que o "nicho ecológico" de um ecossistema mostra os vínculos entre a fauna, a flora e a vida humana, em suas múltiplas manifestações culturais. O prefixo "Trans" nos transporta a situações atemporais e manifesta-se em análises e atitudes transpessoais, transculturais, transcendentes, de transfiguração, de transferência, *transgressoras* e *transformadoras* da realidade dominante. São olhares a partir do outro lado do estabelecido e aceito como conhecimento científico ou realidade. Por isso, leva uma carga de coragem, desafio e criatividade.

A ação cênica ou teatro exemplifica claramente este encontro das diferentes caras da realidade, mais do que o cinema, a diversão, os concertos, os romances, a pintura e outras expressões complexas da criatividade humana. Na encenação, situações, conflitos ou problemáticas pessoas e sociais são vividos e ganham vida. Podem coexistir em um mesmo espaço, passado, presente e futuro. Tem, entre suas qualidades, a de encobrir com sua máscara (pessoa) o personagem em seus temores, emoções e impulsos mais profundos. E quando dizemos personagens, pensamos em conceitos, valores, contravalores, vícios ou simples conceitos disciplinares como aparecem no diálogo analógico criativo (Torre, 2006). Eles também podem ser expostos ao diálogo.

O segundo traço é o diálogo e a interação entre os agentes. Diálogo que vai acompanhado da ação em um contexto espaço/temporal, que reforça o caráter lúdico ou dramático da mensagem. O terceiro é a representação direta, colocando à prova a imaginação, desenvoltura e criatividade dos intérpretes. Nesse sentido, o cenário é o espaço cheio de significados emergentes, inacabados, que são oferecidos ao espectador através de "um olhar" em que estão conectados o roteiro, os conceitos, os personagens, o vestuário, a luz, o som, a música, o mobiliário e sua linguagem, a organização e distribuição dos espaços e, claro, a ação que tem lugar ali. Todos contribuem para dar vida a um relato, assim como no cinema, com a diferença que aqui se pode ensaiar, mas não repetir, considerando que o espectador está ali enquanto se atua. O teatro, escreve T. Motos (2006, 391), "caracteriza-se por trabalhar sobre o comportamento humano e por recriar a vida em todo seu mistério, assim como as outras artes, mas se distingue por fazê-lo em um espaço e em um tempo concreto".

A emergência é um traço ajustado ao pensamento ecossistêmico e transdisciplinar. E é em cena, enquanto arte complexa, que há a possibilidade de aflorar a criação, ao confluir pensamento, emoção e ação. Na cena, as partes ganham sentido como um todo. Esta deve ser capaz de transcender a mesma palavra de maneira importante. "O teatro está alimentado por uma parte invisível que se faz visível ao criar. A criatividade consiste, portanto, em deixar que essa parte invisível aflore" (T. Motos, 2006, 400). A vida, a arte de viver é, sem dúvida, a mais clara expressão do transdisciplinar e o teatro é uma representação da vida. Ronald Ross, Prêmio Nobel de Medicina, o expressou poeticamente: "vivo para entrar em todos os mercados, para exercitar minha mão em todas as artes, para interessar-me por toda a ciência e para que meu coração se aquiete em todas as paixões" (T. Motos, oc. p.397).

Mas que relação tem o olhar transdisciplinar com a ecoformação e o cenário? Essa é, sem dúvida, a pergunta essencial de nossa reflexão. Vejamos primeiro a relação conceitual entre "Trans" e "Eco". Ambos são olhares que ultrapassam o sensível e envolvem um amplo olhar da realidade. É como descobrir um bosque ou uma cidade ao percorrer suas ruas ou então vê-la da janela do avião. Embora seja a mesma realidade, construímos visões e considerações diferentes, inclusive opostas. "Eco", lexema proveniente do grego, além de eco, enquanto som, e de "ultrassom" (ecografia) tem o significado de casa; isto é, o local, a morada, o âmbito vital. Esse espaço em que tudo está relacionado, próximo, compartido. Em sentido amplo, tudo aquilo que está "relacionado com". Daí a proliferação dos termos, diretamente relacionados com uma visão ecossistêmica e ecológica, como ecopedagogia, ecoformação.

Ambas são maneiras de expressar o transdisciplinar, de colocar em sintonia ou replicar aspectos que à primeira vista não estão conectados como a voz e a montanha, os órgãos do corpo e a emissão de ondas eletromagnéticas, o entorno em que vivemos e a educação. Trata-se de "um olhar" novo em que o ser humano é parte da sociedade, esta da natureza e a natureza do planeta e do cosmos, em um equilíbrio harmônico. Harmônico desde que a vontade humana não decida rompê-lo.

"*Entendemos a ecoformação como uma maneira sistêmica, integradora e sustentável de entender a ação formativa, sempre em relação com o sujeito, a sociedade e a natureza. O caráter de sustentabilidade só é possível quando são estabelecidas relações entre todos os elementos humanos.*" (Documento de Barcelona: Transdisciplinaridade e Ecoformação). Isso significa que estamos diante de um novo referente pedagógico. Educar não é transformar os sujeitos com base em conhecimentos. Deve ser uma transformação sustentável, interativa, comprometida, consciente, social e planetária. *Educar para humanizar,* como o título da obra de A. Perez Esclarín (2005), isto é, recuperar a dignidade humana e seus valores. É contribuir para uma convivência intercultural e planetária. É aprender a conviver não só com os seres da mesma espécie, mas com o resto da natureza com a qual compartilhamos o mundo.

Isso significa aprender a viver em sintonia com *as três leis do universo: a evolução, a harmonia e a vibração.* Elas regem e governam além do saber científico e das políticas humanas. Estão aí, ao alcance de todos nós, para que sejam descobertas. Valem para os humanos, os seres vivos, as plantas e os seres inertes, para as ondas sensíveis e imperceptíveis, para o material e o espiritual, para o presente, o ausente e o transcendente. Significa, portanto, que se há leis que ultrapassam a ciência humana, os fenômenos ou fatos estão interconectados. Essa é a base científica que apresenta I. Laszlo (2004) em sua obra *A ciência e o campo akásico*. Este campo ou universo informado é esse "vazio" que informa todas as coisas vivas, todo tecido da vida. Também informa a nossa consciência... Nossa separação é só uma ilusão; somos partes conectadas de um todo (Introdução). Muito possivelmente, a vida na Terra foi informada pela vida em outras partes do universo (p.109).

Estas são algumas das reflexões científicas que dão sentido e fundamento a esse olhar ecoformador de que falamos e que se molda na ação cênica. A ecoformação, ecopedagogia para F. Gutiérrez (2004), adiciona à Didática tradicional o desenvolvimento dessa consciência planetária e transcendente, a harmonia como princípio de vida, o bem-estar humano como meta, o diálogo disciplinar incluindo saberes provenientes da física quântica, biologia, neurociência, psiquiatria, antropologia, para citar algumas, a corresponsabilidade com relação ao meio natural, a cidadania ambiental, o desenvolvimento sustentável. "A cidadania ambiental", escreve F. Gutiérrez (2004, 16), "compreende as obrigações éticas que nos vinculam tanto com a sociedade como com os recursos naturais do planeta, de acordo com nosso papel social e na perspectiva do desenvolvimento sustentável". O ambiental nos vincula à natureza e à sociedade, abrindo novos horizontes à solidariedade inter-generacional.

Isso é essencialmente a ecopedagogia em suas reflexões sobre uma visão planetária, na qual o ser humano é um elemento relevante conectado com o todo, e a ecodidática em um nível mais estratégico. Estamos diante de uma lógica relacional, flexível, intuitiva, criativa e processual.

Em resumo, a ecodidática ajuda a encontrar o sentido e a missão por que estamos aqui, com nossa própria história de êxitos e contrariedades, buscando o crescimento do espírito e não somente o intelectual ou cultural, o desenvolvimento humano sustentável e a conservação do planeta que é a conservação da vida.

3.2. O cenário como espaço conceitual[9]

O cenário, a ação cênica, é justamente esse "campo akásico simulado" em que, graças à inter-relação sistêmica de todos os seus elementos, transmitem mensagens sociais, críticas ou formativas. Dialogam o espaço, o tempo, as diferentes linguagens (incluindo verbal, corporal, lumínica e musical) e os atores com seus respectivos personagens. Roteiros, que não são nada mais que textos, ganham vida através da voz, com suas variações emocionais. Porque a emoção pode se converter em personagem invisível, da mesma forma que o silêncio fala, em algumas ocasiões, com maior contundência do que a palavra. O cenário é esse espaço de "vazio contínuo", de "universo representativo informado" cheio de possibilidades, que precisa do espectador assim como a voz precisa da montanha ou da rocha para fazer-se ouvir. O espectador faz parte desse "universo informado", já que sem ele a representação carece de sentido, assim

[9] *Ideograma é representar gráficamente ideias e suas relações. Cenário ou encenar é colocar em ação um conceito, uma história ou relato.*

como o processo didático precisa do discente para que a palavra do docente produza o "eco" esperado.

O cenário é a metáfora dessa "ação ecologizada" de que M. C. Moraes e Maturana nos falam. Um cenário pode ser um Congresso, Jornadas ou Seminário, uma aula, um diálogo interdisciplinar ou conceitual. Em sentido figurado ou metafórico, um cenário é esse relato impactante com que se inicia um artigo, capítulo de um livro ou conferência. É colocar o escritor ou conferencista em contato com seu interlocutor/leitor através de uma história em que se relatam alguns fatos e aparecem alguns personagens. Nesse cenário real ou figurativo, confluem pensamentos, emoções, vivências, impulsos, atitudes... através do diálogo e da ação. E tudo isso para quê? Para informar, motivar, distrair ou mudar. O sentido formativo de uma situação cênica é perseguir a mudança ou transformação das pessoas implicadas.

"A aprendizagem é inversamente proporcional ao tempo percebido" (S. Torre, 2004). O estudante tem a sensação de ter aprendido mais quando o tempo passa com maior rapidez, sem que se dê conta. Por outro lado, quando se está entediado ou desinteressado, percebe-se o tempo mais lentamente, a espera pelo final parece interminável e tem-se a sensação de ter aprendido pouco. Não vale a pena prestar atenção ou fazer esforço e isso traz como resultado uma aprendizagem superficial e inconsistente. Esse é o paradoxo da relatividade do tempo na aprendizagem.

Através da encenação, coloca-se em ação mecanismos de dupla identificação. Identificação do ator com o personagem que representa e a identificação do espectador com o que ocorre no cenário ou na tela quando se trata do cinema. A identificação criativa ou analogia pessoal de que nos fala W. Gordon em seu livro *Sinéctica*, é uma estratégia de busca de alternativas e soluções de problemas, inclusive de índole tecnológica, mecânica ou comercial. A identificação com o problema permite um olhar diferente da problemática quando passa-se a fazer parte dela. Assim, o que inicialmente é um espaço de evasão, converte-se em um olhar distinto, em uma estratégia de busca e investigação de processos comunicativos. "Tornar estranho o familiar, e familiar o estranho" como afirma Gordon. Nesse sentido, estamos diante de uma estratégia de construção e reconstrução de conhecimento e não somente diante de um espaço de passatempo.

O cenário é como uma sala de espelhos múltiplos, em que refletem as diferentes identidades: pessoais, sociais e culturais. Basta observar as mudanças geradas nos personagens ao longo da representação, fruto da interação dialógica entre os elementos cênicos: verbais, gestuais, musicais, situacionais, emocionais... A encenação nos permite analisar os processos de mudança, conceito que melhor descreve tanto os processos formativos como de inovação. Portanto, a estratégia de cenários é suscetível de ser utilizada como metodologia didática e investigadora. *Como estratégia didática* é dinâmica, motivadora, implicativa, dialógica, e pode ser utilizada para a compreensão conceitual através do diálogo analógico ou como estratégia inovadora de avaliação (Torre, 2000, 2003, 2005, 2006). Como estratégia inovadora, permite-nos adentrar nos impulsos muitas vezes subjacentes que movem a conduta humana. A seguir, nos ocuparemos destas e de outras variantes de cenários com sentido formativo.

3.3. Variantes dos cenários formativos

Considerando o termo "cenário" em sentido amplo de "circunstâncias que cooperam para um êxito" ou "representação", constatamos que pode ser utilizado em contextos bem diferentes. Além do entorno teatral ou teatro musical, seu significado original e primitivo, figurativamente é utilizado em âmbitos distintos como o cinematográfico, educativo, religioso ritualístico, arquitetônico, arqueológico, jurídico, político, militar, no início de um documento ou texto. Como vemos, a riqueza de sugestões transmitidas por esse conceito parece com a de "eco", no sentido de nos permitir representar conceitos e visões complexas, realidades interativas ou processos emergentes. É adequada para transmitir essa visão transdisciplinar enquanto atitude, metodologia e ação.

Ao *pensar o processo formativo em termos cênicos*, o primeiro ponto que nos chama a atenção tem a ver com aspectos dinâmicos, interativos, relacionais, contextuais, em que os agentes implicados ou atores (pessoas, institucionais ou sociais) avançam em suas propostas através do diálogo. Cenário é um conceito que se sustenta sobre quatro pilares: o símbolo, a ação, o diálogo e a inter-relação entre os diferentes elementos que intervêm em cada caso, sendo eles o espaço, tempo, tipo de personagens, música, gestos e movimento, organização dos elementos móveis. Onde há esses elementos, encontraremos um ecossistema cênico ou teatral.

a) *A vertente simbólica* ou figurativa nos permite chegar perto da realidade ou da problemática a partir da analogia, tentando representar figurativamente o que se quer ressaltar. O simbolismo nos oferece "um olhar com perspectiva" dos problemas, assim como o cinema e o teatro, daí seu valor estratégico no âmbito da educação e da investigação.

b) *A ação* é um traço inseparável da encenação. Na essência, toda interpretação é sentipensamento em ação.

Isso é, travar um diálogo entre as ideias, emoções, problemáticas, acontecimentos dentro de um dado contexto. Isso pode ocorrer em uma aula ou congresso, no cinema ou no debate televisivo. Sem ação teremos somente pensamento, emoção, ilusão, elucubração ou fantasia. A ação é essa energia que dá vida aos conceitos. A diferença entre uma classe vazia e uma classe com alunos é que nesta última é desenvolvida um tipo de atividade, individual ou coletiva.

c) *O diálogo* é um traço distinto, talvez o mais relevante e significativo no espaço cênico, não somente entre os atores, mas também entre eles e os espectadores, entre o diretor ou diretora e o conjunto de elementos incorporados. Dialogar no sentido do intercâmbio de ideias ou opiniões, e também entre visões, posições ou conhecimentos científicos. Podemos colocar em diálogo não somente as pessoas, mas também as instituições, agentes sociais ou conceitos. Este é o caso desenvolvido por S. Torre (2000, 2006) ao utilizar o diálogo analógico criativo (DAC) como estratégia docente e de avaliação. É a expressão mais concreta do princípio de inter-relação.

d) *A inter-relação* entre os elementos pessoais, formais, materiais é uma qualidade dos seres vivos. Um cenário não é o espaço estático como é a filmagem de uma cena de um filme. O cenário é símbolo de um sistema dinâmico, em que interatuam espaço/tempo, percebidos e transmitidos. Essa comunicação e inter-relação entre os diversos componentes de um cenário (sistema vivo) é o que torna possível avançar e melhorar.

Estes quatro traços são encontrados em cenários aparentemente tão diferentes como a filmagem de uma cena e uma sala de aula, na defesa de um ponto de vista, na realização de jornadas ou congressos, em um cenário de campanha política, em um acidente ou na celebração comemorativa de um evento. São diferentes cenários em que ideias e perspectivas são trocadas, em que comunicamos sentimentos, expressamos atitudes e buscamos soluções ou simplesmente desfrutamos o momento. A diferença entre em cenário sem intenção educativa e um formativo é a intencionalidade, a presença de valores e a orientação da ação. Isso permitirá converter a informação em formação, fazendo uso, para facilitar essa transformação, de um procedimento ORA (Observar, Relacionar, Aplicar) ou de outro tipo como o que descreveremos mais adiante. T. Motos (2003) nos propõe diferentes procedimentos em função do objetivo. Em uma oficina de expressão, menciona a movimentação, relaxamento, expressão/comunicação, retroação. Uma sessão de psicodrama começaria com o aquecimento, para depois seguir com a dramatização e terminar com o comentário ou análise.

Com estas bases teóricas, podemos falar de diversos cenários formativos, cada um com suas características peculiares. Sem pretender enumerar as múltiplas possibilidades formativas *através de cenários*, marcamos em primeiro lugar o cenário teatral ou simplesmente teatro, como realidade primeira e originária do conceito. Os trabalhos de T. Motos (1996, 1999, 2001, 2003), especialista em criatividade dramática ou teatral, abrem importantes perspectivas no estudo desse campo educativo. O teatro é um excelente instrumento para a aquisição de habilidades, competências e valores educativos. Outras variantes, por extensão figuradas, podem ser utilizadas igualmente em sentido formativo. Entre elas cabe ressaltar o cenário cinematográfico, o cenário de uma aula, o cenário inicial de um texto ou exposição, o cenário acadêmico de um congresso, jornada ou fórum, o cenário que acontece no ambiente hospitalar, o cenário de uma conversa, o cenário artístico em todas as suas manifestações, desde o concerto ao ateliê de pintura.

O relevante dessas formas de expressão, a partir do ponto de vista educativo, não é o âmbito ou o meio em que se expressam, mas sim a intencionalidade formativa de quem as dirige ou modera, a consciência instrutiva ou axiológica de quem as recebe, o procedimento utilizado e a projeção ou uso que se faz delas. O formativo não se enraíza tanto na forma, lugar ou pessoa (livro, aula, professor etc), mas sim na interação entre essa situação e a consciência e vontade de transformar essa situação desejada ou adversa em crescimento pessoal. Esta é a chave, o desejo de aprender e melhorar em algum aspecto.

O exemplo do *cinema formativo* como cenário de aprendizagem, está já amplamente difundido tanto em entornos escolares como não escolares. Os trabalhos que o grupo GIAD de Barcelona vem desenvolvendo nessa linha há mais de uma década estão citados, em parte, em várias publicações (Torre e outros, 1996, 1998, 1999) Torre, Pujol, Rajadell (Coord., 2005). Através da aplicação do modelo ORA (Observar, Relacionar, Aplicar), consegue-se converter o cinema em cenário apropriado para a aprendizagem integradora ou estudo de mudanças, dos valores, do conflito, da criatividade, do impacto educativo e didático, das emoções, da interculturalidade, da resiliência... E qualquer temática educativa. Além disso, o cinema permite explorar novas tendências e conceitos, já que é um cenário complexo com atores, mídia, função da câmera, o relato e a ação. Não se esgota na representação da realidade, mas sua vertente transdisciplinar pode explorar criativamente novas situações, passadas, presentes e futuras. Trabalhos como o de E. Martinez-Salanova (2002), *Aprender com el cine, aprender de película*, oferece um material didático importante para os docentes. De fato, o cinema é um sistema complexo de múltiplas cenas relacionadas entre si. Como estratégia didática, é um cenário propício para "sentipensar", dialogar, compartilhar, interatuar, contrastar pontos de vista e interpretações, avaliar informações. Um cenário para trabalhar em valores.

A aula como cenário formativo adiciona ao programa clássico uma visão dinâmica, interativa, dialógica, participativa e ecossistêmica da educação. Pensar a aula e o que nela acontece em sentido cênico é pensar em termos de papéis, de condições favorecedoras ao clima, em termos de exploração de possibilidades. É pensá-la em termos de ecossistema e, portanto, ecoformação. Um centro educativo não forma somente através das aulas dos professores, forma com suas pautas, costumes, celebrações, normas disciplinares, relação com o entorno social, projetos sociais, sistema de reconhecimento e tutorias, saídas, visitas, pessoas convidadas... Forma através do que é, do que valoriza e faz. Isso pode ser transportado para a aula. O professor influencia seus alunos, acima de tudo as crianças, tanto através dos gestos, prioridades, reconhecimentos e valorizações, como através de suas explicações.

Os inícios de uma exposição, conferência ou texto podem adotar a estratégia de cenários. É útil como recurso para criar um clima motivacional e de atenção, mas também para gerar um processo de "sentipensar" como mostram em seus trabalhos S. Torre e M. C. Moraes (2001, 2005), Torre (2003, 2006). Os últimos trabalhos escritos de S. de La Torre (2003-2006) e suas palestras começam com um "*Cenário para sentipensar...*". Deste modo, tenta atrair a atenção e cativar, ao mesmo tempo em que possibilita a emergência de emoções e pensamentos. Toda a aprendizagem sólida, toda obra mestra requer cumplicidade, entusiasmo, persistência. A encenação de um relato, um caso, um fato real ou imaginário gera expectativa, identificação e interesse. Equivaleria à observação do modelo ORA. São como cenários de observação, assim como é mostrado em Torre, Pujol, Rajadell (2005), *O cinema, um entorno educativo,* em que todos os capítulos começam com "um cenário de observação".

O diálogo analógico criativo (DAC) seria outra estratégia cênica, podendo-se realizar na aula, em cursos de formação, palestras em congressos (Rosario, Mendoza, Buenos Aires, São Paulo, Málaga, Ceuta, Sevilla). Pelo menos foi apresentado assim com resultados surpreendentes, impactantes e eficientes para cativar, facilitar a intervenção, criar climas participativos e aflorar ideias e sentimentos latentes. Uma estratégia que permite descobrir, com qualquer representação cênica, atitudes, emoções, temores ou preconceitos, resistências e aspirações, através da "máscara do personagem". Personagens que, no nosso caso, não são outros que os próprios conceitos com que trabalhamos acadêmica e cientificamente. Diálogos entre soma, subtração, multiplicação e divisão; entre inovação e resistência; entre utopia e realidade; entre inter e trans, entre sentir e pensar... Enfim, nenhum conceito escapa ao diálogo analógico. Os fundamentos e práticas dessa estratégia criativa podem ser encontrados em Torre (2000, 2003, 2005, 2006). A linguagem do teatro e suas múltiplas manifestações aplicadas à educação e à intervanção social são encotradas em Laferrière e Motos (2003).

Fechamos este capítulo com a consciência de que os cenários são uma ferramenta conceitual e pragmática da ecoformação. Eles facilitam a inter-relação harmônica entre os componentes cognitivos, emocionais, vitais, corporais, espirituais e transcendentes.

4. MODELO FORMATIVO ATRAVÉS DE CENÁRIOS

A fim de tirar o máximo de proveito do meio em suas múltiplas modalidades (cinema, rádio, documentários, imprensa, passeio, textos, poesias), desenhamos um procedimento inferencial com suas bases teóricas no modelo ORA (Torre e outros, 1996). Em tal modelo, os referentes conceituais eram: partir da realidade mais próxima, simular a realidade quando esta não for acessível, desenvolver a observação e a análise, a aprendizagem como processo sociocognitivo, a reflexão, ampliação de significados e interesses, a relação teoria prática, favorecer a transferência (p.38-48). "*Se observamos esses enunciados, nos damos conta de que os primeiros têm a ver com a fase de observação, os segundos com a de reflexão e os últimos com a de aplicação*" (p.39).

Sobre este modelo didático para aprender com o meio e transformar a informação em formação, finalidade central de tal modelo, é preciso avançar e levar em consideração as condições do pensamento ecossistêmico (Moraes, 1996, 2003, 2004), as considerações psicopedagógicas e didáticas derivadas de *Sentipensar* (Torre e Moraes, 2005) e a ecoformação (Gutiérrez, 2004), segundo descrevemos anteriormente. Algumas das características e princípios desse modelo seriam o caráter dinâmico e sistêmico entre as partes e o todo, a interatividade e inter-relação entre seus componentes, a relevância dos processos de sentipensar, a vinculação entre o ser humano, a sociedade e o meio natural.

Entendendo *os cenários* como procedimento didático, sugerimos a passos ou momentos que levem em consideração não somente a vertente cognitiva, mas também a emocional e a visão integradora, tal como se desprende das referências teóricas apontadas. No nível indicativo, entendemos que deveriam estar presentes pelo menos os seguintes momentos:

1. *Consciência* da temática ou problemática que interessa tratar. Para efeitos formativos, só existe aquilo que existe na consciência. Seria uma fase prévia à fase de planejamento.

2. *Sentir*, vivenciar a informação como algo que interessa e nos afeta, e portanto nos faz pensar em propostas para a ação (sentipensar).

3. *Pensar* o tema ou problema com os agentes ou atores envolvidos com a ação.

4. *Aplicar*, executar, colocar em prática a proposta cênica.

5. *Integrar* e transcender.

O paralelismo entre o processo de expressão e de criação é colocado em evidência por Laferriere e Motos (2003, 90) sinalizando como momentos de expressão: perceber, sentir, fazer, refletir. Estamos, portanto, diante de um modelo baseado em operações sensoperceptivas, como ponto de partida para entrar em operações emocionais, pragmáticas e cognitivas ou reflexivas. A novidade do delineamento é que, frente ao modelo cognitivo tradicional baseado na cognição, todo delineamento formativo baseado no meio e na vida começa pela observação, percepção e tomada de consciência para entrar em operações emotivo/cognitivas.

Se tomamos como referente uma aula, uma obra teatral, um relato no início do texto, um diálogo analógico para ser encenado, uma excursão, um debate ou qualquer outra situação suscetível de ser representada através da ação com fins formativos, deveríamos levar em consideração esses conceitos de forma explícita ou subjacente. A duração ou extensão de cada um deles é variável.

1. Tomada de consciência é o primeiro passo em qualquer mudança, ato criativo ou formativo. Está na base de todo processo de solução de problemas, de melhoria ou de qualidade. O nível de consciência é aquele que nos situa no nível da realidade. Uma consciência estreita verá poucas coisas de interesse. Uma pessoa com ampla consciência normalmente terá múltiplos interesses. "O problema é a maneira como vemos o problema", diz S. Covey. Não se torna problema aquilo de que não temos consciência. Para que os processos de mudanças aconteçam nas pessoas, é necessário levar em consideração os aspectos cognoscitivos, emocionais e comportamentais que levam a uma verdadeira transformação (E. de Llanos, 2005, 139). Ter consciência é saber o que se quer fazer e para quê. Ter consciência dos Cenários equivaleria a destacar, a colocar em um plano relevante ou de impacto aqueles aspectos que são considerados mais significativos. É um passo prévio, anterior ao da ação.

2. Sentir é o momento inicial mais importante em qualquer estratégia criativa que pretenda envolver o discente, o espectador ou o leitor em um processo formativo. De Goleman a Damasio, passando por Maturana, Moraes, Marian, Servan-Schreiber, o emocional exerce um papel fundamental em todo o processo de aprendizagem e transformação. Os trabalhos de Torre e Moraes (2002, 2004, 2005) sobre sentipensar evidenciam a importância do sentir nos processos humanos. "Aprendendo a reconhecer emoções e sentimentos, estaremos dando condições de melhorar o aprendizado" (p 12). Na prática, seria como incorporar recursos ou técnicas que promovam a sensibilidade para atrair a atenção e conseguir certo grau de cumplicidade e identidade com os conteúdos ou mensagens a transmitir. Uma encenação sem emoções é como um teatro sem personagens ou diálogo sem palavras. Há comunicação sim; mas falta algo substancial. Como disse Wukmir, "o sentir é vida".

3. Pensar e planejar a ação é dar lugar às decisões racionais, ao processo de reflexão para gerar as ideias, organizá-las e modelá-las de forma pertinente com os objetivos. Decidir que tipo de recurso será o mais adequado aos destinatários e à finalidade. Uma aula, uma excursão, um seminário, um texto pedirão um tipo de estímulo diferenciado. Podemos pensar como ação cênica um relato, um caso, um poema, uma música, um diálogo analógico, um relaxamento, um debate ou discussão, um *clip* musical, imagens, documentários, entrevista... O mais relevante é a representação da mensagem ou o valor que se quer transmitir. Pensá-la e planejá-la com os detalhes e recursos necessários, sejam eles materiais ou pessoais. Imaginemos que queremos introduzir a vertente investigativa através do relato de J. Bucay, "El buscador". Ao relatá-lo, utiliza-se a paralinguagem, as pausas e silêncios, a linguagem do corpo, trazendo à tona as emoções que o relato oferece. Preparar um diálogo analógico entre pensar, sentir e sentipensar, acompanhado de imagens ou música, implica preparar e ensaiar a representação conceitual dos conceitos.

4. A aplicação é a aposta pela prática, a realização ou implementação do plano concebido. Para que uma aprendizagem ou valor fique interiorizado, afirme-se de forma sólida na pessoa, é conveniente vivê-lo através da ação. Aplicar o que foi citado com a estratégia de cenários equivale a integrar emoção e pensamento à ação. Não se trata tanto de exercitar ou praticar, mas sim de compartilhar, comunicar e envolver os demais na ação cênica. Se uma representação teatral é concebida para os espectadores, "os cenários", no sentido em que estamos descrevendo, fazem a ligação entre o ator ou atores do mesmo e os receptores. É uma espécie de interação ou fluxo de emoções e sentimentos entre uns e outros. Sem destinatário não há comunicação e sem receptor também não há cenário.

5. A integração e a transcendência são um passo a mais para dar sentido e significado à ação. O alcance desse significado pode ser simbólico, como ocorre com a maior parte das expressões artísticas, pode servir de síntese integradora, catalisadora de experiências próprias, mas também pode ser um passo que nos conecta com o transdisciplinar, além do sensível e do mental. O cenário, por sua própria natureza, vai além do contextual e do anedótico. Serve-nos para pensar a realidade em seus diversos níveis e manifestações, como ocorre com o cinema, já que não deixa de ser um cenário de representação de ideias, documentação de fatos, emoções, fantasias e explorações. Ajuda-nos como expressão catalisadora das próprias experiências e nos abre a vivências de ordem superior ou transcendente, como ocorre no cenário da meditação.

Terminamos nos referindo às possíveis funções dos cenários. Seguindo a tipologia que Rodríguez Diéguez atribui à imagem, são elas: 1) função *motivadora*, que é mais atrativa e envolvente do que a linguagem acadêmica; 2) função *vicarial*, que substitui a realidade ou sua descrição acadêmica por sua representação; 3) função *catalisadora de experiências* como síntese integradora de múltiplos conceitos complexos, sejam científicos ou sociais; 4) função *informativa* complementando a vicarial; 5) função *explicativa* ao sobrepor os códigos, o convencional por um de tipo relacional ou cênico que possibilita um modelo explicativo; 6) função *estética* ou de harmonia entre diferentes códigos. A estas funções cabe acrescentar a função *transdisciplinar*, já que nos permite ir além do que se desprende do próprio discurso ou roteiro.

5. SÍNTESE

O teatro, na sua dimensão cênica, tem um importante potencial informativo. O teatro transmite, sugere, faz pensar, faz sentir, cria dilemas, comporta valores. É uma aprendizagem integrada em que participam todos os sentidos. As mensagens chegam por múltiplas vias como: palavras, movimento, música, relato, imagem, cor, estenografia e espaços. O conjunto imediato e impactante de todos os aspectos ativa os dois hemisférios cerebrais: um estimulado pelos aspectos lógico/dedutivo e da palavra, e o outro estimulado por aspectos relacionados com o espaço, a imaginação e as emoções (Castañón, 2005).

A educação busca o desenvolvimento pessoal integral e equilibrado, ou seja, atitudes, hábitos, crenças, valores e habilidades, tanto pessoais como sociais, além de conhecimentos. O desenvolvimento emocional e a própria imagem são cruciais para que se dê um contexto de aprendizagem favorável. Por isso, o Cenário como estratégia pode ser considerado ecoformativo, porque estabelece vínculos relacionais entre os sujeitos e os elementos do entorno de forma ativa e dinâmica. O cenário teatral é um espaço de liberação e comunicação, uma excelente ferramenta para exteriorizar o que uma pessoa leva dentro de si.

Neste capítulo quisemos mostrar que, por intermédio da expressão cênica (linguagem, paralinguagem e corporeidade) é possível transformar as pessoas em seu entorno familiar, relacional, laboral, ambiental e social como um todo. Se uma pessoa aprende a se expressar com liberdade, também aprenderá a respeitar a liberdade dos outros e a conviver com tolerância, harmonia e solidariedade, buscando uma educação intercultural voltada para a cidadania. Esse é o sentido ecoformativo que os cenários levam à educação e à própria pesquisa, aspecto esse pendente de desenvolvimento.

REFERÊNCIAS

ALVAREZ-NOVOA, C. (1995). *Dramatización: el teatro en el aula.* Barcelona: Octaedro.

CASTAÑÓN, R. (2005). *Hábitos y Actitudes: Cuando la palabra hiere.* La Paz: CIEH.

DAMASIO, A. (2003). *O misterio da consciência.* São Paulo: Companhia das Letras.

DAMASIO, A. (2005). *Em busca de Espinosa.* São Paulo: Companhia das Letras.

DE LLANOS, E. (2005). "El cambio organizacional como oportunidad decrecimiento personal", en Ponti, F. y otros, *Tanto creces, tanto vales*. Barcelona: Granica.

EGAN, K. (1999). Fantasía e imaginación: su poder en la enseñanza. Madrid: Morata.

EINES, J. y MANTOVANI, A. (1997). *Didáctica de la Dramatización*. Barcelona: Gedisa.

FRIAÇA, A. e outros (coord.) (2005). *Educação e transdisciplinaridade III*. São Paulo: TRIOM.

GUTIÉRREZ PÉREZ, F.; PRADO ROJAS, C. (2004). *Ecopedagogía y ciudadanía planetaria*. Játiva: Diálogos.

KRAMER, F. (2003). *Educación ambiental para el desarrollo sostenible*. Madrid: La Catarata.

LAFERRIÈRE, G. y MOTOS, T. (2003). *Palabras para la acción*. Ciudad Real: Ñaque.

LAFERRIÈRE, G. (1997). *Prácticas creativas para una enseñanza dinámica*. Ciudad Real: Ñaque.

LASZLO, I. (1999). *El cosmos creativo. Hacia una ciencia unificada de la materia, la vida y la mente*. Barcelona: Cairos.

LASZLO, I. (2004). *La ciencia y el campo akásico*. Madrid: Nowtilus.

MAYOR ZARAGOZA, F. (2000). *Un mundo nuevo*. Barcelona: UNESCO. Círculo de lectores.

MCNEILL, J. R. (2003). *Algo nuevo bajo el Sol*. Madrid: Alianza.

MORAES, M. C. (1997). *O Paradigma Educacional Emergente*. Campinas/SP: Papirus.

MORAES, M. C. (2003). *Educar na biologia do amor e da solidariedade*. Petrópolis/RJ: Vozes.

MORAES, M. C. (2004). *O pensamento eco-sistêmico: educação, aprendizagem e cidadania no século XXI.* Petrópolis/RJ: Editora Vozes.

MORIN, E. (2003). *Los siete saberes necesarios para una educación de futuro*. Barcelona: Paidós. (*Os sete saberes necessários à educação do futuro.* São Paulo: Cortez.)

MORIN, ROGER-CIURANA, MOTTA (2003). *Educar en la era planetaria*. Barcelona: Gedisa.

MOTOS (1999). *Creatividad dramática.* Santiago: Universidad de Santiago de Compostela.

MOTOS, T. y otros (2001). *Práctica de la Expresión Corporal.* Ciudad Real: Ñaque.

MOTOS, T.; NAVARRO, A. (2003). "El paper de la dramatització en el currículum", *Articles* nº 29, gener, febrer, març 2003, p.10-28.

MOTOS, T.; NAVARRO, A. X. Palanca y TEJEDO, F. (2001). *Taller de Teatro*. Barcelona: Octaedro.

NICOLESCU, B. et all. (2000). *Educação e transdisciplinaridade*. Brasília: UNESCO.

NICOLESCU. B. e BADESCU, H. (coord.) (2001). *Stéphane Lupasco, o homem e a obra*. São Paulo: TRIOM.

O'CONNOR, J. y McDERMOTT, I. (1998). *Introducción al pensamiento sistémico: recursos esenciales para la creatividad y la resolución de problemas*. Barcelona: Urano.

PEAT, F. D. (1999). New Science, New Vision. http://www.fdavidpeat.com/

PEREZ ESCLARÍN, A. (2005). *Educar para humanizar*. Madrid: Nancea.

PINEAU, G. y otros. (1994). *De l'air. Essai sur l'ecoformation*. Paris. Montreal: Paris, Montreal: Paideia.

PINEAU, G., BACHELART, D. y otros. (1995). *Habiter la terre. Ecoformation terrestre pour une consciente planétaire*. Paris.Montreal: Paris, Harmattan.

TEÓTIMO SCOZ, J. (2002). *Aprendizagem. Um enfoque unibiótico*. Blumenau, Brasil: Odorizzi.

TORRE y VIOLANT (Dirs). (2006). *Comprender y Evaluar la creatividad*. Málaga: Aljibe.

TORRE, S. y MORAES, M. C. (2005). *Sentipensar. Fundamentos y estrategias para reencantar la educación*. Málaga: Aljibe. (*Sentipensar – Fundamentos e estratégias para reencantar a educação*. Petrópolis/RJ: Vozes.)

TORRE, S. y MORAES, M. C. (2006). Investigar en creatividad bajo el pensamiento complejo. En Torre y Violant *Comprender y evaluar la creatividad*. vol 2. p 33-72. Málaga: Aljibe.

TORRE, S. de la (2003). *Dialogando con la creatividad*. Barcelona: Octaedro.

TORRE, S. de la (2005). *Aprender de los Errores*. Buenos Aires: Magisterio de la Plata.

TORRE, S.; PUJOL, M. A.; RAJADELL, N. (Coord). (2005). *El cine, un entorno educativo*. Madrid: Narcea.

WILBER, K. (2003). *Los tres ojos del conocimiento*. Barcelona: Kairós.

CAPÍTULO 11

A ECOFORMAÇÃO ATRAVÉS DA APRENDIZAGEM POR PROJETOS INTEGRADORES

Carmen Oliver Vera
Departamento de Didática e Organização Educativa
Faculdade de Pedagogia. Universidade de Barcelona

INTRODUÇÃO

A visão de um cervo correndo alegremente pelo bosque pode sugerir sentimentos de ternura e harmonia em relação à natureza, desde que interpretemos essa cena como sendo um cenário em que o animal e a natureza interagem dentro de um contexto autossuficiente, ou seja, um entorno que proporciona tudo que necessitam: alimento para o desenvolvimento, espaço para o exercício, recursos para a proteção...

No entanto, nossos sentimentos podem variar. Em vez de colocar o foco do nosso olhar no cervo e em suas ações, ampliamos o campo de visão e reenquadramos uma nova imagem. Veremos atrás dele uma cerva ferida tentando chamar sua atenção para a presença de caçadores que a perseguem e perseguem a manada de cervos a que pertencem.

A experiência da situação se amplia, assim como a sua compreensão, abrindo espaço para uma nova perspectiva. A primeira imagem nos dá uma informação parcial. Proporciona um marco de compreensão e de conhecimento fracionado. Podemos chegar a entender que nos encontramos diante de um animal que está em uma situação cotidiana, onde o correr faz parte de seu exercício habitual de sobrevivência. No entanto, ao reenquadrar a situação, imediatamente nos damos conta de que estamos diante de um cervo que está enfrentando um perigo iminente, a ameaça de morte pelos caçadores, e de que um congênere, que já sofreu as consequências da presença do homem, trata de persuadi-lo de tal perigo.

1. ABRIR A MENTE PARA CONHECER

Somos capazes de estabelecer um novo parâmetro em nosso conhecimento?

Quando estabelecemos novos parâmetros em nossas experiências, damos a elas significados novos, mais amplos e mais complexos, em que os fatos são inseparáveis e têm uma trama interdependente, interativa e inter-retroativa entre as partes e o todo, e entre o todo e as partes (Morin, 2001).

A expansão de nossa percepção do conteúdo de uma experiência e sua situação supõe estabelecer novos parâmetros de conhecimento, ampliar as possibilidades de compreensão, abrir-se a novas realidades e concordar com a complexidade. Caso contrário, fragmentar supõe reorganizar ou fracionar as experiências em porções maiores ou menores, focalizando o conhecimento em uma parcela maior ou menor segundo os diferentes níveis de análise que possamos fazer da realidade percebida. A fragmentação implica conhecer através da simplificação. Ter acesso ao conhecimento centrando-se na parte e desprezando o todo (Dilts, 2003).

O paradigma, que controlou o pensamento ocidental desde Descartes até hoje, manteve uma visão reducionista e fragmentária do conhecimento. A partir de uma lógica racional, fragmentar o conhecimento foi uma necessidade prioritária para se ter acesso a ele. Entendia-se que não era possível abarcar a extensão e a multidimensionalidade do conhecimento humano sem reduzi-lo a pequenas porções compreensíveis que permitiriam ter acesso a ele e progredir nele. Dizer o contrário teria sido como tratar de argumentar que qualquer pessoa pudesse comer uma grande melancia, de uma só vez, sem cortá-la em pequenas fatias que facilitariam sua deglutição. Esse papel supostamente facilitador foi assumido pelas disciplinas. A divisão do conhecimento em parcelas disciplinares, por meio das especializações em áreas, não conseguiu nem abarcar todo o conhecimento da própria área, por mais restrita que fosse. A produção de conhecimento é tal que não é possível dominá-la do ponto de vista humano.

Esta forma de conceber o conhecimento separou o mundo das humanidades do mundo das ciências. *O mundo técnico e científico considera a cultura das humanidades como um ornamento ou um luxo estético, enquanto que o mundo das humanidades não vê na ciência nada mais do que um conjunto de saberes abstratos ou ameaçadores.* (Morin, 2001:18)

As ideias, as coisas e as leis simples são cada vez mais insuficientes para a compreensão e a explicação do que ocorre com os seres humanos e seu entorno. *O mundo de hoje se caracteriza por suas interconexões no nível global: os fenômenos físicos, biológicos, psicológicos, políticos, sociais, econômicos e ambientais são todos reciprocamente interdependentes. Para descrever este mundo de uma maneira adequada, necessita-se uma perspectiva mais ampla, holística e ecológica do cosmos, que as concepções reducionistas não podem oferecer, nem as diferentes disciplinas isoladas; é preciso uma nova visão da realidade; um novo paradigma; uma transformação fundamental do modo de pensar, perceber e valorizar.* (Anguera, 2006).

2. CHEGAR AO CONHECIMENTO

Como conhecemos e quando o fazemos?

O que significa, a partir dessa perspectiva, chegar a conhecer? Que valor tem a educação e a aprendizagem e quando se tem acesso ao conhecimento? São perguntas que surgem de uma abordagem nova e complexa do saber.

O acesso ao conhecimento supõe a aceitação da complexidade do ser humano e do mundo a que pertence. Promove a fuga da fragmentação das disciplinas e a busca da compreensão e do sentido global das experiências e das situações. Busca experimentar novos recursos e estratégias para modificar o pensamento e a ação educativa. Concebe a educação não como um produto acabado em um período da vida das pessoas, mas algo em construção que dura enquanto dura cada ser humano.

O conhecimento pertinente é aquele capaz de situar qualquer informação em seu contexto e na globalidade a que pertence. O conhecimento é organização, relação e contextualização de informações. As informações são saberes dispersos que devem ser emolduradas nas várias dimensões de onde saíram e somente, como disse Morin, em escassas ocasiões, chega-se à sabedoria.

Chegar a conhecer significa aspirar a compreender o mundo e o que acontece nele, daí a ideia de uma educação planetária de Morin, Roger e Mota (2003).

Conhecer significa traduzir e reconstruir; separar e concentrar; ao mesmo tempo analisar e sintetizar o que queremos assimilar. No entanto, o ensinamento até os dias de hoje, fomentou a separação e a análise e penalizou a concentração e a síntese, evitando uma visão ecológica dele mesmo.

Há uma falta de adequação cada vez maior, mais profunda e mais grave entre nossos saberes separados, fragmentados e compartimentados em disciplinas – e, por outro lado, um conjunto de realidades ou problemas cada vez mais pluridisciplinares, transversais, multidimensionais, transnacionais, globais e planetários. (Morin, 2001:13)

A educação, como fonte de conhecimento e de saber, precisa transladar seu epicentro do fracionário ao complexo; da certeza do conhecido à incerteza do desconhecido e do imprevisto, da linearidade à fractalidade, da unidade à diversidade. Precisa renovar os fundamentos científicos arduamente construídos desde a fragmentação das disciplinas, para criar linhas transdisciplinares e ecoformativas que permitam reenquadrar o conhecimento em parâmetros distintos dos que existentes agora.

3. O ENSINO UNIVERSITÁRIO: CONSERVAÇÃO E MUDANÇA

O que podemos fazer para começar a caminhar em direção à ecoformação?

A universidade é, por excelência, a instituição transmissora da herança cultural dos cidadãos. Mantém a ambivalência de ser conservadora e inovadora ao mesmo tempo.

Conservadora porque possui os conhecimentos, os valores e as ideias que pretendem marcar a educação da cidadania. Inovadora porque precisa regenerar-se como instituição e atualizar seus conhecimentos para poder seguir cumprindo sua liderança na sociedade a que pertence.

Toda mudança significa vencer resistências. Começar a caminhar em uma reforma universitária implica buscar mudanças no pensamento e na organização dos conhecimentos. Não é uma tarefa fácil, mas é possível. Significa tomar a decisão de abandonar os caminhos disciplinares conhecidos, empreender a aventura de recuperar a liberdade e avançar em direção ao conhecimento ecossistêmico.

O território que se vislumbra é extenso e incerto, porém promissor. Para ilustrar a ideia podemos pensar na viagem à Austrália, descrita por Borysenko, em seu afã de conhecer um grupo de antigos aborígenes.

Um dia, Janet e os anciãos subiram em um furgão e foram ao árido interior australiano em busca de comida... O furgão ia chacoalhando pela estrada esburacada quando, de repente, começou a reduzir a velocidade. Havia um camelo na sua frente, caminhando a passos lentos. O motorista tocou a buzina. O camelo começou a andar mais depressa. Em seguida, voltou a reduzir a marcha, aparentemente sem se preocupar com o furgão que vinha atrás. O ciclo de tocar a buzina, andar mais rápido e reduzir o passo se repetiu diversas vezes. Enquanto Janet estava sentada no furgão observando o camelo, passou pela sua cabeça que havia muita área livre em todas as direções e, no entanto, o camelo caminhava pela estrada. Se tivesse feito o mínimo esforço para modificar sua rota – mesmo que fosse somente desviar uns centímetros – teria tido quilômetros de espaço por onde caminhar sem que ninguém o aborrecesse e se livraria da angústia da buzina e do passo mais apertado. Mas, pelo que parece, o camelo não pensou nisso e manteve seu incômodo rumo. (Borysenko, 2002:79)

Apesar de haver muitas razões para manter as pesquisas e o ensino nos parâmetros conhecidos na Universidade, é preciso sair do caminho, mesmo que seja inicialmente por alguns metros, para repensá-las a partir de princípios transdisciplinares e ecossistêmicos e poder responder às demandas educativas da sociedade atual.

Para promover a mudança em ambos os campos e considerando a pesquisa como fonte de ensino, será necessário dar alguns passos no sentido aplicativo de tais princípios (Torre, 2006).

Em primeiro lugar, cada área de conhecimento deverá repensar o significado das disciplinas que a desenvolvem e o tipo de ensino que se distribui através delas, adquirindo uma visão transversal das mesmas.

É preciso tomar decisões em torno dos conteúdos curriculares; trabalhar a partir das interações com outros docentes de outros campos disciplinares e estabelecer novos campos de ação, a partir dos quais seja possível compreender as experiências, as situações, os fatos que, de forma complexa, são propostos ao ser humano.

Será preciso reformular o ensino em suas propostas, finalidades e metodologia nos seguintes princípios: a *intersubjetividade*, entendendo que o conhecimento não é inerte e objetivo, mas sim subjetivo e inter-relacional; a *interatividade,* a partir da qual saberemos que *qualquer ação, uma vez executada, entra em um jogo de interações e retroações com o meio, onde se efetiva e pode desviar-se de seus objetivos, inclusive pode levar a um resultado oposto ao previsto* (Morin, 2001:73), já que o método, assim como as estratégias que o desenvolvem ou os programas que se elaboram, não é mais do que uma aposta e uma viagem que se inicia e se constrói permanentemente durante o itinerário; a *complexidade*, que nos situará diante da necessidade de contextualizar o conhecimento, já que se ancora em um emaranhado de contínua inter-relação.

Por outro lado, será necessário compreender a relação que há entre *mudança* e aprendizagem. Só há aprendizado quando há transformação de forma *autopoiética,* ou seja, através da reconstrução e interpretação pessoal dos conhecimentos adquiridos; por último, será preciso aceitar o aspecto da provisionalidade dos conhecimentos, a partir de uma perspectiva da *incerteza cognitiva* em que vivem as pessoas. Isso supõe aprender a viver em um mundo incerto, com um nível de incerteza suficientemente confortável e eficaz para então aprender a compreendê-lo e transformá-lo.

4. APRENDER MEDIANTE PROJETOS INTEGRADORES (API)

Um caso aplicativo. Temos estratégias docentes que os facilitem?

Algumas estratégias colocadas em prática na docência universitária facilitam a jornada. Entre elas podemos descrever a reflexão e a vivência pessoal como docente: a Aprendizagem por Projetos Integradores (API).

É a estratégia central responsável pelo desenvolvimento da disciplina *Avaliação de centros, programas e professores,* dirigida a estudantes da Faculdade de Pedagogia. Começou a ser aplicada na Universidade de Barcelona no curso de 2001-2002 e continuou presente nos cinco anos seguintes até hoje. É o resultado obtido após a inserção de novos parâmetros no ensino e a integração da aprendizagem em um contexto de complexidade.

É o desejo de ligar a necessidade de aprender do aluno com a necessidade de compreender e ajudar a compreender do docente. Surge da reflexão e da ação do professor e dos alunos e alunas, interativos em um contexto de relações ao mesmo tempo complexas, incertas, gratificantes e motivadoras. Converte-se em uma aventura que professores e alunos executam a cada ano, interagindo com o mundo educativo em que ambos, em níveis diferentes, estão integrados, e com o mundo acadêmico, que quer romper suas amarras e abrir espaço para a surpresa, para a primeira experiência preprofissional, para a motivação ou a frustração que isso gera. O caminho e o erro são vistos como meios de aprendizagem viva, complexa e incerta, como um valor agregado à API.

Esse trabalho por projetos não é uma experiência nova, no sentido de ser desconhecida, já que existem inúmeras experiências de aplicação do chamado *Método de Projetos* desenvolvido por Dewey (Dewey, 1859) e Kilpatrick (Kilpatrick, 1871), principalmente nos níveis de ensino não universitário. No entanto, é pouco praticada no ensino superior e novidade no enfoque integrador dos conhecimentos que se desenvolveram através dela, no âmbito das Ciências Sociais.[10]

No entanto, há experiências universitárias sobre a proposta e o desenvolvimento de estratégias docentes que contemplam um modelo de caráter integrador para a aprendizagem superior: a aplicação de um enfoque construtivista em entornos abertos de aprendizagem em estudos de co-

---

[10] *São mais frequentes no âmbito das ciências e tecnologia. Ver o trabalho de Duart, J. M e Sangrá, A. (2004), Formación universitaria por medio de la web: un modelo integrador para el aprendizaje superior. Nesse artigo, são descritos entornos de aprendizagem virtual e o enfoque metodológico integrador que o sustenta.*
O trabalho de Manuel Esteban "El diseño de entornos de aprendizaje constructivista" é uma adaptação de D. Jonassen em C.H. Reigeluth (2000). El diseño de la instrucción. Madrid. Aula XXI. Santillana.
Ver o artigo de Abraham E. Dávila Ramón da Universidade Pontifícia Católica do Peru. "Aprendizaje orientado por proyectos: una aplicación en los cursos de ingeniería de software", edavila@pucp.edu.pe
Para maiores informações, ver o trabalho sobre solução de problemas da Faculdade de Enfermagem da Universidade de Barcelona.
Para se aprofundar no tema, ver a comunicação apresentada no III Simpósio Iberoamericano de docência e Pedagogia universitárias: Em busca de um novo espaço de aprendizagem compartida, por N. Rajadell, I. Bordas e C. Oliver (2004), Las estrategias didácticas como elemento clave para el desarrollo de competencias profesionalizadoras. Bilbao. Espanha.

municação, ou a abordagem, nos cursos de engenharia, de *softwares* que tratam de uma aprendizagem orientada por projetos. No entanto, em contextos mais próximos à nossa disciplina, com certa frequência há aplicação de estratégias de resolução de problemas com abordagem próxima à Aprendizagem por Projetos Integradores (API), mas com enfoques distintos com relação à integração teoria/prática, relativa à construção dos conhecimentos.

Porém, se não é nova com relação à estrutura de projetos, é inovadora na docência universitária, já que busca formas novas de mediar a ação do professor e a aprendizagem do aluno. É implicativa, já que sua finalidade é envolver e comprometer o aluno em sua própria aprendizagem. É construtiva, porque facilita a construção de conhecimento do aluno, permitindo que a teoria esteja a serviço das necessidades de aquisição de conhecimentos, geradas pela prática e sua reflexão. É considerada flexível e adaptativa a situações, contextos e sujeitos diversos, além de apta a proporcionar diversos níveis de aprendizagem ao aluno. Está aberta à complexidade da realidade cotidiana e vivencial, porque parte do contato com a realidade profissional para a qual está se formando e capta, de forma integradora, conteúdos da experiência que relaciona com os conhecimentos já adquiridos, criando novos conhecimentos que extrapolam o limite do âmbito acadêmico.

A aprendizagem de acordo com os Projetos Integradores serve para aprender e é também aprendizado. *Um caminho que é traçado e que, ao ser percorrido, se dissolve, regressando, o caminhante, ao início do caminho trocado, porque percebe uma trajetória espiral que nos descobre diferentes a cada vez.* (Morin, Roger-Ciurana e Domingo, 2003)

Uma estratégia didática que se fixa em tudo que é relacionado com os processos de ensino e de aprendizagem e que dá ênfase ao protagonista da ação educativa: o aluno/a e a experiência de acompanhamento na construção do conhecimento. Todos os elementos que formam o ato educativo se colocam a serviço dessa finalidade, o qual supõe novas visões de práticas docentes tradicionais em que o eixo central é o próprio método de ensino.

Através da realização de projetos adicionados, foi abordado um enfoque integrador da teoria e da prática em um todo globalizado e complexo que se quer conhecer. Compartilhamos a acepção de Kilpatrick (Kilpatrick, 1871) que, seguindo o pensamento pedagógico de seu professor, definiu (Dewey, 1918) um projeto como: *um plano de trabalho livremente escolhido, com o objetivo de realizar algo que nos interessa.* Com seu método, Kilpatrick tratou de superar o lema de Dewey '*aprender fazendo*', e adotou o '*aprendemos o que vivemos*'.

Esta concepção dupla do processo educativo – *psicológico,* através da qual se exteriorizam e vêm à tona as potencialidades do indivíduo, e *social,* através da qual o indivíduo se prepara e se adapta para realizar as tarefas que desempenhará na sociedade – parece-nos interessante na aplicação da API.

Suposições implícitas que sustentam a API

A API está inserida em um plano curricular desenhado em um marco de interações e de parâmetros, sobre os quais se constrói seu plano de ação. Esses parâmetros são:

A interdisciplinaridade do conhecimento requerida para fazer frente à resposta educativa que se quer oferecer. É preciso trabalhar em equipe interdisciplinar.

Seu caráter inovador com relação ao eixo principal da docência: transfere o foco de atenção do ensino à aprendizagem, com todas as mudanças conceituais, metodológicas, organizacionais, estratégicas que isso implica (Oliver, 2003).

Adota o desenvolvimento de competências profissionalizantes como meio de adaptação e de compreensão da realidade à qual pertencem os conhecimentos e à qual se incorporam no exercício da profissão futura (Wilson e Pirrie, 1999).

Atualiza constantemente os pressupostos teórico/ conceituais oferecidos.

É aberta e flexível, já que é concebida construindo 'com' e 'para' os alunos, a partir de suas necessidades e sua projeção singular.

Tem um enfoque prático do mesmo. Constrói-se a partir da experimentação, do descobrimento, da observação e da reflexão crítica (Stephenson,1998).

Concebe a ação como campo de exploração e descobrimento, em que se conhecem os últimos avanços e experimentações para crescer em profundidade (Stemberg, 1998).

Por último, tem duas características técnicas e de alta repercussão educativa:

a) *a estruturação flexível do programa*. O programa é um esquema semiestruturado, flexível e adaptável às necessidades do aluno, que permite organizar o conhecimento de forma coerente e facilitadora de tal construção.

b) *a coordenação com outras disciplinas* que trazem outros ângulos, outras perspectivas, todas necessários para o caleidoscópio que precisamos nessa disciplina.

Esta estratégia está fundamentada em um modelo construtivista de ensino e aprendizagem, em que professor/ a e aluno/a se unem em um objetivo comum: a aquisição de conhecimento mútuo. Nesse processo, ambos aprendem, ambos constroem seus saberes em função do outro e do contexto. Buscamos um *enfoque profundo da aprendizagem* (Entwistle, 1991; Marton e Säliö, 1997), em que os elementos do programa levem ao aluno orientação e guia estratégica e reflexiva para chegar a construir seus conhecimentos. Buscamos interesse no aprendizado, envolvimento do processo, motivação pela busca, despertar da curiosidade e transferência de conhecimentos, através do esforço colaborativo (professor e aluno atuam na mesma direção).

Decisões que envolvem a aplicação da API

A realização da estratégia, assim abordada, supõe levar adiante três tipos de decisões:

a) *Decisões com relação aos conhecimentos teórico/práticos*

Dizem respeito ao conhecimento atual no âmbito educativo, psicológico, sociocultural da matéria que se divide. Para conseguir a integração prático/teórica, são priorizados os conteúdos curriculares, buscando um eixo condutor que permita abordar e desenvolver a API. Os conteúdos são concebidos como esquemas de conhecimento, que devem se integrar à rede de saberes de cada pessoa a partir de suas experiências prévias, seus interesses e competências adquiridas. Será preciso elaborar um esquema esclarecedor das habilidades e competências que é preciso adquirir e avaliar na disciplina.

b) *Decisões com relação aos processos de ensino e aprendizagem*

O ensino é concebido como uma atitude complexa, multidimensional, mutante, adaptada às necessidades do receptor, justificada e justificável desde a aprendizagem.

É concebido a partir de sua dimensão ecológico/contextual. Os processos cognitivos e afetivos, tanto do professor quanto do aluno, acontecem em entornos físicos, culturais, sociais e institucionais concretos que limitam e induzem a comportamentos que os influenciam. A partir de um marco organizado das competências e conhecimentos que devem ser adquiridos na disciplina, o aluno escolhe atividades que o ajudarão a atingir seus objetivos e a trabalhar os conteúdos inicialmente previstos e fica aberto a novos conteúdos, novas atividades que são geradas durante a aprendizagem, novas fontes de informação que são descobertas e também novos objetivos descobertos no caminho (Stenhouse, 1984).

c) *Decisões relativas às atividades de avaliação propostas*

As opções de avaliação da aprendizagem e do ensino levadas adiante valorizam o processo, os resultados e o próprio plano de ensino ou programa, a partir da perspectiva do progresso individual e grupal do aluno. A avaliação se entende como global, contínua e formadora. Deve permitir a revisão de objetivos, conteúdos, atividades, tanto aquelas inicialmente programadas, como as adquiridas ao longo do trajeto, assim como a própria avaliação. Ou seja, é concebida como instrumento de melhoria contínua dos processos, tanto de ensino quanto de aprendizagem, estando a serviço de ambos.

Todos esses componentes e as decisões tomadas interagem e, por isso, é conveniente garantir a coerência interna das ações propostas, mantendo um sentido de revisão e melhoria contínua dos mesmos.

Desenvolvimento e Implementação da API na aula universitária

a) *O contexto institucional e de aula*

A experiência educativa proporcionada pela API foi descrita por mais de 320 alunos e alunas envolvidos com ela.

A disciplina em que se desenvolveu é uma matéria própria do âmbito da Organização Educativa. Tem como objetivo principal a melhoria das instituições educativas, mediante os processos avaliadores e de qualidade. É oferecida ao longo do sexto semestre, sendo uma disciplina obrigatória, de segundo ciclo, com uma carga horária de seis créditos, sendo quatro teóricos e dois práticos. Conta geralmente com uma média de oitenta alunos por grupo. Costumam formar catorze ou quinze grupos de cinco ou seis pessoas para realizar seu projeto API.

b) *Objetivos e conteúdos curriculares da disciplina de estudo em que se realiza a API*

Os objetivos da disciplina, inseridos no programa oficial, são de profissionalizar o aluno a partir do âmbito da cultura avaliativa. Foram mantidos os objetivos e conteúdos do programa oficial, alternando a forma de abordá-los, assim como o sentido dos mesmos.

Busca-se conscientizar os alunos sobre a necessidade de avaliação dos centros, dos programas e dos professores para conseguir qualidade de ensino.

Assim, a ideia é fazer conhecer o processo avaliador, ensinando a detectar as necessidades do meio, a buscar estratégias de avaliação, a usar instrumentos de análise para realizar a avaliação e conhecer as técnicas de registro de dados, análise, interpretação e elaboração de informes. Por último, pretende-se potencializar o espírito crítico, reflexivo, inovador e criativo dos alunos, para que sejam profissionais capazes de executar mudanças que impulsionem melhorias e garantam a qualidade do ensino.

Com relação aos conteúdos curriculares que se desenvolvem no programa da disciplina, eles proporcionam conhecimentos aos alunos, a partir da vertente conceitual e processual, já que fundamenta os processos de elaboração da API em todas as suas fases. Conceitua e descreve a avaliação e conceitos afins com uma terminologia precisa. Faz com que a avaliação seja conhecida em nosso contexto e fora de nossas fronteiras, assim como os elementos do processo avaliador e os modelos, técnicas e instrumentos que serão utilizados. Há três perspectivas complementares: a avaliação de centros, a avaliação dos professores e a avaliação de programas, e os temas mais importantes sobre qualidade e educação são tratados a partir de uma visão global, sintética e aplicativa.

c) *Processo de realização da API na aula*

Para conduzir os projetos integradores, segue-se o seguinte esquema de trabalho:

1. Explica-se ao aluno do que se trata e em que se baseia a API, assim como a maneira de realizá-la.

2. Escolhe-se um centro educativo, assim como é escolhido conjuntamente (alunos/centro/professor) o programa educativo que será avaliado no projeto API e negocia-se com o centro a finalidade da avaliação, os meios de realização, tempo etc.

3. É feito o planejamento do projeto, de forma tutorizada na aula, através de atividades práticas desenvolvidas em grupo, executadas no centro escolhido.

4. Integra-se teoria e prática, trazendo os conceitos e procedimentos necessários. A teoria nasce da necessidade prática.

5. São elaborados informes avaliativos e o projeto é exposto na aula, para ser compartilhado e qualificado.

6. É feita a meta-avaliação do projeto e do processo de ensino aprendizagem realizado.

7. É feita a avaliação do aluno.

1. *Explicação ao aluno do que é uma API e de como realizá-la*

No momento da apresentação da disciplina, o professor ou professora explica a proposta metodológica aos alunos, compartilhando os objetivos almejados e o modo através do qual se pretende atingi-los. É proposta a realização da API em grupo (no máximo 5 ou 6 alunos), assistidos o tempo todo pelo professor/a em sua preparação, elaboração e avaliação do projeto. As práticas preparatórias da API em grupo, o registro de dados, sua análise, interpretação, elaboração de relatórios, exposição do trabalho realizado e a meta-avaliação são acompanhados pelo professor/a de forma presencial, em cada uma das aulas em classe, em que os grupos dedicam cerca de 50% do tempo de formação do curso.

2. *Escolha do centro, do programa e da API. Negociação inicial.*

Cogita-se a escolha do centro e do programa para poder começar o processo de contato com os centros, assim como a negociação. Escolhe-se entre os centros que tenham já contato, seja porque trabalhem neles ou porque tenham alguma relação ou interesse em trocar recursos, ajudas, contatos e aqueles centros propostos na própria aula. O professor conta com uma base de dados sobre centros com os quais teve relação, ou centros que estejam dispostos a colaborar, ao mesmo tempo em que serão beneficiados pelo trabalho de estudantes tutorizados por uma professora ou professor universitário, com uma avaliação de extrema qualidade, que pode ser integrada ao trabalho diário e ser fonte de mudanças e melhorias. Os alunos e alunas escolhem, juntamente com os centros, o programa a ser avaliado. A proposta é mostrada ao professor ou professora e é feito o acordo para começar a elaborar a API.

Os conceitos e procedimentos básicos e indispensáveis para poder começar o trabalho na API são dados em aula presencial durante as primeiras sessões do curso e enquanto é conduzido o processo de negociação e iniciação.

Segue-se o esquema.

Figura 1. Fases de aplicação da API na disciplina

3. *Planejamento e execução da API*

A partir dessa primeira negociação, inicia-se o processo de planejamento do projeto. De acordo com o programa a ser avaliado, cada grupo elabora um plano, onde está descrito o que será avaliado do programa, a informação que desejam obter, os meios e instrumentos que serão utilizados, o modelo avaliador que será aplicado, o modelo de análise que utilizarão, os pressupostos necessários, o cronograma que precisam para o seu desenvolvimento, assim como a elaboração de relatórios de progresso e relatórios finais e a discussão de resultados junto com o uso e retorno dessa avaliação.

4. *Relação entre teoria, prática e tutorização*

Cada uma das fases descritas é preparada em aula, a partir de um guia de elaboração preparado pelo professor ou professora que sugere, incita a ação ou inicia as práticas que cada grupo realiza. Durante sua preparação, o professor ou professora tutoriza cada grupo por 45 minutos nas aulas de 90 minutos. É nesse momento que surgem todas as dúvidas, as discussões, e quando se aprende a elaborar instrumentos, criticar leituras, confeccionar pressupostos ou esvaziar e analisar os dados de entrevistas ou questionários.

Ao colocar em prática no centro, tem-se uma amostra do cenário onde se realiza o programa. É lá que os alunos colocam em prática tudo o que planejaram, discutiram e dissolveram em um pequeno grupo, dirigido e orientado pelo professor ou professora. Novamente surgem dúvidas, inquietudes, novos conhecimentos da exposição do pressuposto à constatação da realidade. Esses conhecimentos, incertezas ou reflexões são objeto de debate na aula e na prática seguinte. Em primeiro lugar o grupo, seguido pelo professor ou professora, ou ao mesmo tempo, fazem considerações que ajudam a seguir em frente até a finalização do projeto.

5. *Elaboração do relatório final, exposição, devolutiva ao centro e meta-avaliação*

A API é considerada encerrada com a elaboração de um relatório final, a devolutiva ao centro para sua aprovação, a exposição do trabalho realizado ao grupo como um todo e a avaliação do projeto por parte do professor, além da meta-avalialção do processo como retroalimentação sobre o realizado.

6. *Avaliação do aluno*

A avaliação formadora, como recurso de autorregulamentação da aprendizagem individual e coletiva, é um passo além da avaliação formativa que se aplica em muitos contextos universitários. No desenvolvimento da API, contempla-se a autorregulação da aprendizagem como princípio de envolvimento e responsabilidade na construção do conhecimento por parte dos alunos, tanto de maneira individual como coletiva (Oliver, 2002).

A avaliação acadêmica

A partir do âmbito normativo universitário, a avaliação de disciplinas é feita através dos seguintes critérios:

Valoriza-se o grau de envolvimento na aprendizagem através da participação no grupo. São indicadores: a assistência ao grupo, as considerações, o envolvimento na experiência... O professor ou professora realizam registros de observações, seja em grupo ou individual.

Valoriza-se a realização dos processos (desenvolvimento da API, elaboração de instrumentos, leituras, coleta de informações, análise, interpretação, elaboração de relatório, retorno de informação...). É feita através da tutorização das práticas e da entrega da API para a supervisão, antes de entregar uma cópia do relatório final aos centros.

Valoriza-se a exposição do trabalho (conteúdo e forma de comunicá-lo), assim como os comentários de utilidade/satisfação feitos pelos centros onde são realizadas as API, construindo um indicador externo de interesse.

Realiza-se a meta-avaliação duas vezes ao longo do projeto, sendo uma peça chave para reconduzir o processo de ensino aprendizagem e para refletir sobre o conhecimento adquirido.

Por último, é feito um breve questionário sobre a terminologia e conceitualização fundamental dos conteúdos teórico/práticos desenvolvidos, seja a partir da raiz da API, seja como consequência de aspectos tratados a partir deles.

7. *Valorização da experiência. Algumas reflexões finais*

As aprendizagens propostas foram adquiridas durante o trajeto feito conjuntamente por professores e alunos ao longo do curso.

A teoria que tínhamos que ensinar e aprender ganhou sentido e esses conhecimentos sobre a realidade educativa foram integrados àquela que os alunos terão de enfrentar.

A principal conquista da API foi mostrar como se pode integrar teoria e prática a partir da compreensão de um mundo atual complexo, em que a fragmentação acadêmica e disciplinar é um fogo de artifício que não deixa ver a realidade educativa, para a qual gerações de pedagogos estão se preparando.

As vivências de três centenas de alunos e alunas que percorreram esse itinerário foram descritas nos processos de meta-avaliação e neles foram mostrados alguns momentos iniciais desconcertantes, para que ao longo do curso usufruíssem de momentos de debate e discussão grupal que permitiram o questionamento de aspectos impensáveis, sugeridos pelo contato com a prática docente e a busca de informação teórica. As exposições em aula enriqueceram experiências de outros colegas, que às vezes eram semelhantes e podiam ser comparadas e, em outras ocasiões, permitiram que se aproximassem de realidades às quais ainda não tinham acesso. Por último e de acordo com suas opiniões, valorizaram positivamente o processo realizado e o compararam-no com aquela viagem de que falava Morin (2003), que se inicia de forma prevista e sempre se transforma. Definitivamente, isso fez parte do nosso objetivo.

Uma visão quantitativa do processo

Se quisermos ter uma visão de conjunto sobre o realizado nesses quatro anos, podemos observar na seguinte tabela (Tabela nº 1) alguns dados significativos:

TABELA 1

REGISTRO QUANTITATIVO DE RESULTADOS DA API

Cursos	Alunos	Programas Avaliados	Resultados Acadêmicos					
			Au*	Rep	Ap	Not	Exc	C/ Louvor
2001-02	76	13	8	2	6	40	18	2
2002-03	82	15	10	4	10	41	14	3
2003-04	79	14	6	3	16	39	13	2
2004-05	83	14	8	2	12	42	16	3
Total	320	56	32	9	44	162	61	10

* NT: Ausente, Reprovado, Aprovado, Notável, Excelente.

Dos questionários em que mostram a aquisição de conhecimento de caráter terminológico, conceitual e procedimental, é preciso dizer que em média 87% dos alunos que participaram da API mostraram conhecimentos satisfatórios sobre os conteúdos principais da disciplina, mostrando conhecer e saber como aplicar os conceitos, procedimentos e a terminologia chave para a ação avaliadora proposta. Dos 12,8% restantes, vale dizer que uns 10% tiveram imprevistos de caráter pessoal que não lhes permitiram assistir as aulas e 2,8% não conseguiram seguir o processo completo proposto pela API, deixando, portanto, de adquirir o conhecimento e as competências objetos da disciplina.

Alguns programas avaliados em instituições educativas

Os canais de comunicação entre professores em um centro público de educação primária.

A atividade do Fórum das culturas em um Instituto de educação secundária.

Um programa de aprendizagem de música no conservatório do Liceo de Barcelona.

Os materiais usados na aula de acolhida de uma escola municipal.

O plano de ação tutorial dos estudos de Pedagogia na Faculdade de Pedagogia.

A Oficina de bolas de malabares de um Centro cívico.

O serviço de recepção de uma Creche.

O programa educativo de um refeitório escolar.

Uma visão qualitativa do trajeto

Foi feita uma avaliação qualitativa do processo realizado nos oito relatórios passados aos 320 alunos, num total de quatro cursos experimentados. Os relatórios pediam que se fizesse uma reflexão pessoal sobre o processo avaliativo desenvolvido na API e seu próprio processo de construção do conhecimento. Desses relatórios colhemos evidências consideradas relevantes para a valorização da estratégia:

Com relação ao que foi aprendido, os alunos disseram que *foi uma disciplina que mudou, de forma muito provei-*

tosa, a teoria e a prática. Em diferentes momentos do curso, a aprendizagem passou por diferentes momentos em que se conjugou a teoria e a prática que necessitávamos, com experiências de avaliação nos centros educativos reais.

Com relação ao que mais impactou, afirmam que o fato de *realizar o projeto integrador influenciou muito para melhor relacionar todos e cada um dos conceitos da disciplina e poder assim compreender melhor o que se buscava nela.*

O trabalho em grupo foi, em geral, muito positivo e útil, não só pessoalmente, mas também como grupo. A teoria ganhou sentido ao analisá-la a partir da realização da API.

A satisfação ou insatisfação dos alunos foi manifestada através de comentários como: *A disciplina foi muito útil por causa do seu enfoque. Para resumir, foi uma disciplina completa em todos os sentidos, tanto pelos conteúdos, como pela aquisição de conhecimentos válidos para meu futuro profissional.*

Estou muito satisfeita com o processo que realizamos, embora quisesse me aprofundar mais no projeto e fazer uma avaliação mais elaborada, mas a falta de tempo do curso não permitiu.

O clima criado e vivido foi descrito com comentários como: *Foi mantido um bom clima de trabalho. Tivemos tranquilidade para poder debater em grupo as questões que nos preocupavam.*

A percepção sobre a API foi transmitida com comentários como: *As práticas foram mito interessantes porque guiaram nosso processo de elaboração do projeto e porque foram esclarecidas pelos conceitos dados em classe.*

Com relação às vivências relacionais com os colegas de classe, foi dito o seguinte: *Pessoalmente, vivi as relações em grupo como forma de enriquecimento pessoal, o que não aconteceu com as exposições dos projetos, já que não gosto de falar em público, embora tenha sido interessante compartilhar os resultados e os processos com os demais.*

Com relação às percepções sobre a interação professor/aluno, disseram que *sempre que tivemos problemas para avançar no projeto, discutia-se em grupo e, se não chegássemos a um consenso, perguntávamos ao professor, que tirava nossas dúvidas.*

Em relação às percepções sobre a tarefa docente: *a tutoria contínua na classe, enquanto aprendíamos a colocar em prática os conhecimentos, que paralelamente íamos aprendendo, foi muito importante.*

Sobre o que consideraram relevante na formação pessoal e profissional dos alunos disseram que a *conexão entre teoria e prática me fez entender a disciplina. Pela primeira vez pude experimentar pessoalmente os conhecimentos expostos em aula.*

Com relação ao que manteriam e o que mudariam, afirmam que *diminuiriam algumas transparências utilizadas em aula e deixariam mais tempo para aprofundar o projeto.*

É uma constatação, evidenciada pelos alunos na meta-avaliação, nas tutorias, nos debates e nas exposições de projetos, que a aplicação vivencial, na API, dos conceitos, modelos de avaliação, terminologia e procedimentos estudados em aula, permite uma compreensão real dos mesmos de forma espontânea, já que surgem do interesse de avançar no projeto. Sem conhecer modelos avaliativos para aplicar, não há como propor um deles aos centros; sem saber que instrumentos existem para avaliar um programa de um centro, não há como executá-los; e sem saber o que quer dizer uma abordagem crítica do ensino, dificilmente há como debater diferentes paradigmas sobre os quais sustentaria sua proposta. Assim, a integração de conhecimentos se faz necessária e evidente.

Além disso, vale citar a vivência satisfatória do professor/a. A necessidade de integrar os conhecimentos e atribuir-lhes sentido é uma das vivências pedagógicas mais satisfatórias para o professor ou professora que quer fazer de seu trabalho educativo algo agradável, útil e satisfatório. Voltar a ver nos rostos dos alunos amostras do interesse necessário para aprender, para crescer pessoal e profissionalmente, é um desejo da maioria dos professores de qualquer nível educativo. Cada vez mais assistimos a cenários educativos em que é preciso lutar pela presença do aluno, sem falar da sua participação e envolvimento no próprio processo de aprendizagem.

Compreender o que o docente expõe a partir da lógica do "especialista", supõe, em diversas ocasiões, um exercício de vontade que o aluno não está disposto a fazer.

Os professores estão em condições de buscar novas propostas didáticas que consigam esse envolvimento necessário e mantenham o interesse pelo aprendizado. Nesse sentido, acreditamos que a API siga nessa direção, na direção do ensino que busca integrar conhecimentos a partir da teoria e da prática, aproximando-se da sua complexidade, e que consegue envolver o aluno ao longo do processo de ensino e aprendizagem, de modo que seja ele e não outro a compreender e viver sua própria aprendizagem.

REFERÊNCIAS

BORYSENKO, J. (2002). *Paz interior para gente ocupada. Estrategias sencillas para transformar tu vida.* Barcelona: Urano.

DILTS, R. (2003). *El poder de la palabra.* Barcelona: Urano.

MORIN, E., ROGER, E. y MOTTA, R. (2002). *Educar en la era planetaria.* Valladolid: Publicaciones de la Universidad de Valladolid.

OLIVER, C. (2003). *Estrategias didácticas y organizativas ante la diversidad*. Barcelona: Octaedro.

RAJADELL, N; BORDAS, I. y OLIVER, C. (2004) "Las estrategias didácticas como elemento clave para el desarrollo de competencias profesionalizadoras". III Symposiun Iberoamericano de docencia universitaria y Pedagogía universitaria: Hacia un nuevo espacio de aprendizaje compartido. Bilbao. España.

WILSON, V.; PIRRIE, A. (1999) Developing professional competence: lessons from the emergency room, *Studies in Higher Education,* 24, p.211-224.

Capítulo 12

Diálogo entre Disciplinas na Formação Inicial de Professores

Josep Bonil e Genina Calafell
Grupo Complex
Departamento de Didática da Matemática
e das Ciências Experimentais
Universidade Autônoma de Barcelona

1. INTRODUÇÃO

Estamos em um momento em que é necessário e oportuno fazer uma revisão na maneira de abordar a docência universitária e, de uma maneira especial, a carreira claramente profissionalizante como a formação de professores. As concepções vigentes sobre o ensino e a aprendizagem e o debate atual sobre a construção do espaço europeu de educação superior nos fornecem elementos para analisar nossas práticas docentes e introduzir melhorias.

Pensamos que a docência deve contemplar uma metodologia que permita estabelecer um vínculo entre teoria e prática. Entre saberes científicos, valores e saberes práticos, que evite abordagens aplicacionistas dos saberes científicos e das teorias. Que se baseie em uma formação através da experimentação e da reflexão sobre a prática, e em um contexto que favoreça a relação entre disciplinas como forma de chegar a um conhecimento mais complexo do mundo escolar e como forma de aproximar o mundo escolar do universitário.

Optar por este modelo formativo exige dos professores universitários, a partir de uma perspectiva conceitual, a definição de marcos teóricos que orientem a conexão entre as disciplinas de conhecimento. Também implica, no nível metodológico, desenhar contextos formativos que favoreçam tal conexão na formação inicial do professor, com a finalidade de favorecer a compreensão dos fenômenos do mundo escolar.

Com o grupo de pesquisa Complex do Departamento de Didática da Matemática e das Ciências Experimentais da UAB nos propusemos abordar este assunto, definindo o que entendemos como diálogo disciplinar e propondo algumas estratégias que permitam implementá-lo na formação inicial de professores. No presente artigo há algumas reflexões, tanto conceituais como metodológicas, que orientam o trabalho realizado até o momento.

2. CONCEITUALIZAR O DIÁLOGO DISCIPLINAR

A formação inicial de professores tem o objetivo de dotar o aluno de competências próprias de seu entorno profissional e próprios da cidadania. Por isso, do ponto de vista da disciplina Didática das Ciências Experimentais, pensamos que a formação inicial de professores tem um forte componente de educação cidadã. Uma educação sempre ligada à análise que se faz das características do contexto social, econômico e político do momento, que é necessariamente complexo. Uma competência básica dos futuros professores é entender a vida a partir de uma visão criativa e ativa, na qual se integra a construção coletiva de novas formas de sentir, pensar e atuar (Pujol, 2003), incorporando a relevância do conhecimento disciplinar a partir de posicionamentos não reducionistas.

A partir de alguns âmbitos próximos a abordagens sociocríticas, houve certa renúncia às disciplinas, com base nos desequilíbrios que sua evolução gerou no mundo. Enfatizando desastres como os de Chernobil ou de Sebeso, renunciou-se às ciências experimentais. Dando relevância ao pensamento único relacionado à democracia e ao direito, negou-se a relevância da ciência política ou da economia. Um situação que, do nosso ponto de vista, deixou o espaço intelectual aberto para a entrada de ideologias, tanto a partir de perspectivas cientificistas (Agazzi, 1996) quanto noológicas (Morin, 2000). Diante dessa evidência, é importante refletir sobre o papel das disciplinas de conhecimento em nosso contexto sociocultural e a forma de articular sua relação.

Em nossa opinião as disciplinas constituem um patrimônio fundamental da cultura. É uma forma de entender e intervir no mundo, de ordenar frações da realidade a partir de modelos explicativos (Wagensberg, 2005). Pode-se dizer que a aplicação do conhecimento disciplinar, embora tenha gerado conflitos, também significou um avanço em direção a melhores condições de vida, mudanças nas formas de organização social e geração contínua de ideias, reproduzindo as características das ações humanas sobre o mundo.

Articular o conhecimento disciplinar implica aproximar-se dos fenômenos do mundo de forma global, sem perder de vista os contextos particulares. Uma visão do ponto de vista de uma só disciplina pode correr o risco de cair na hiperespecialização, gerando um conhecimento fragmentado, separado e compartimentado. Por outro lado, uma visão unicamente global corre o risco de não integrar as considerações das diferentes disciplinas e de levar o aluno a construir modelos explicativos de fenômenos do mundo considerando que o todo é tudo.

Surge, portanto, a necessidade de considerar uma forma de vinculação das disciplinas que permita conectar o todo e as partes, aquilo que é essencial e aquilo que é global, o que é próprio de cada disciplina e a relação entre as considerações de uma diversidade de disciplinas. O desenho de espaços de diálogo disciplinar pode construir uma estratégia válida para fazer frente a tal necessidade.

Definimos o diálogo disciplinar (Bonil et al., 2004) como uma forma de articular o conhecimento das diferentes disciplinas na aproximação, interpretação e ação sobre os fenômenos do mundo (Fig.1). O diálogo disciplinar permite dialogar entre os saberes disciplinares a partir de uma visão que foge do reducionismo e das relações hierárquicas entre disciplinas, em que cada uma reconhece seus limites para se aproximar dos fenômenos do mundo. Permite integrar pontos de vista e interpretações de um mesmo fenômeno com base na diversidade de dimensões disciplinares, possibilitando a construção de modelos conceituais próprios de cada disciplina, e estabelecer as relações entre eles.

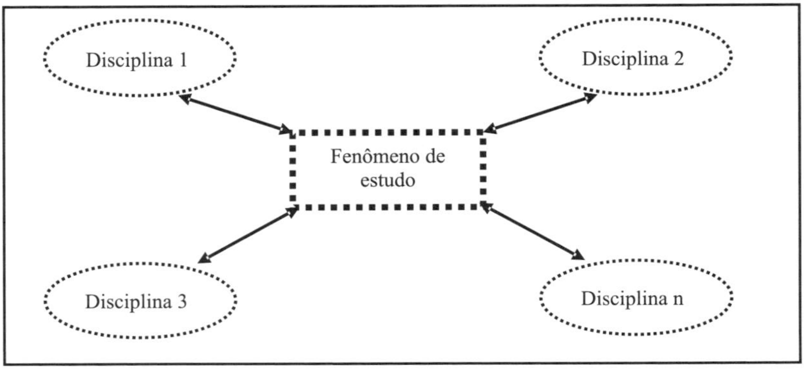

Figura 1. O fenômeno de estudo como espaço de diálogo disciplinar

O diálogo disciplinar é um jogo de ir e vir entre o fenômeno e as disciplinas de conhecimento. Uma forma de pensar em que o fenômeno é uma oportunidade de fazer dialogar enfoques. Parte-se do fenômeno para ir em direção à disciplina de conhecimento e finalmente volta-se ao fenômeno para aumentar seu grau de compreensão.

Propor contextos educativos em que dialogam as disciplinas significa abordar um modelo de formação inicial de professores em que a formação disciplinar é relevante, já que, para dialogar é necessário conhecer a disciplina a partir da qual se dialoga, para vincular o modelo explicativo de cada disciplina ao fenômeno de estudo (Villar, 1997). Também implica a capacidade de emocionar-se diante do fato educativo, já que é na incerteza de criar um espaço de diálogo disciplinar que pode surgir a emoção da aventura de aprender. Por último, favorece a possibilidade de estimular a criatividade, já que os espaços de diálogo disciplinar constituem novas formas de fazer frente a situações abordadas em aula.

Isso tudo são competências fundamentais para o contexto profissional dos professores. Mas vão além, já que se constituem como uma forma de capacitar a cidadania para se posicionar diante dos fenômenos do mundo. Para construir uma nova visão da vida em que é possível intervir individual e coletivamente, já que não existe uma predeterminação. Onde o jogo do acaso e a indeterminação dão às pessoas um papel decisivo. Um contexto onde a formação de professores não pode encobrir por conta própria as problemáticas ambientais e sociais que permeiam nosso mundo, mas pode trazer novos elementos em forma de pensamento, valores e ação. Pode ajudar a avançar em direção de enfoques mais abertos, facilitando a ruptura de algumas abordagens uniformizadoras que caracteriza determinados contextos formativos da universidade atual.

3. INCORPORAR O DIÁLOGO DISCIPLINAR NA FORMAÇÃO INICIAL DE PROFESSORES

Assumir o diálogo disciplinar como ponto de referência conceitual para desenhar contextos favorecedores da formação inicial de professores implica a mudança de alguns elementos chave dos modelos didáticos tradicionais. A seguir apresentam-se algumas perguntas que podem orientar as mudanças supostas na proposta apresentada.

- Como podemos converter os fenômenos em espaços de diálogo disciplinar?
- Como podemos estabelecer a relação entre o fenômeno e as disciplinas?
- Como podemos assegurar a presença do diálogo disciplinar?

As perguntas abordam temas que, neste momento, são de interesse didático na formação inicial de professores e correspondem a algumas das linhas de pesquisa desenvolvidas pelo grupo Complex. Devido ao caráter aplicativo do presente capítulo, a abordagem de cada uma das perguntas se desenvolverá tomando como eixo uma proposta didática colocada em prática na formação inicial de professores da especialidade Educação Fundamental 1 (6-12 anos).

3.1. Como podemos converter os fenômenos em espaços de diálogo disciplinar?

Assumir o diálogo disciplinar implica entender que não existem fenômenos próprios de um determinado âmbito de conhecimento. Os fenômenos objetos de estudo não são mais que macroconceitos (Roger, 2000), constituídos como rede de relações entre uma diversidade de entidades e saberes (Vilar, 1997), onde qualquer fenômeno pode ser suscetível de trabalhar a partir de um enfoque de diálogo disciplinar.

Assim, é relevante ter alguns critérios que orientem os futuros professores na escolha dos fenômenos a serem trabalhados em aula. Uma possibilidade para orientar tal escolha pode ser considerar uma tripla significação na escolha do fenômeno: para o aluno, no contexto social e no curricular (Fig. 2). A partir dessa tripla perspectiva, um fenômeno, como por exemplo, o da bolha de sabão, pode ser significativo no contexto do ciclo inicial da Educação Fundamental (6-7 anos).

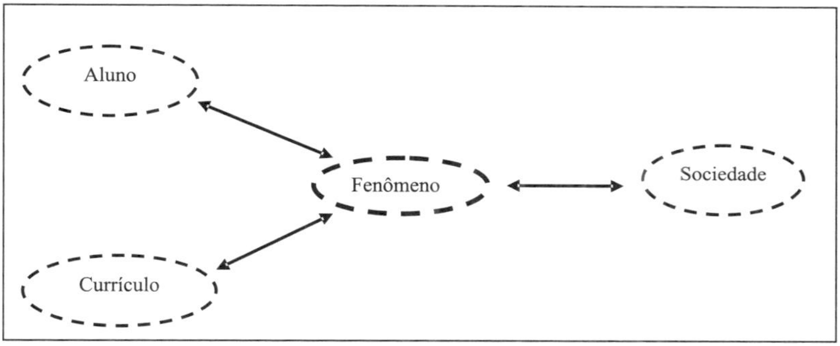

Figura 2: Fatores a considerar na seleção de um fenômeno

A partir do ponto de vista do aluno, é um fenômeno próximo que é objeto de jogo cotidiano. No nível social, é um elemento de consumo dentro do grupo dos jogos infantis e, em certos contextos, se constitui como um espetáculo dirigido a crianças e adultos. Por último, no nível curricular, permite tratar o conteúdo de uma diversidade de disciplinas que contemplam o currículo da Educação Fundamental como Ciências Experimentais, Matemática, Música ou Psicomotricidade, entre outras.

Uma vez escolhido o fenômeno, a segunda reflexão relevante é a relação entre o fenômeno e as disciplinas curriculares. No trabalho sobre as bolhas de sabão, podem aparecer diferentes olhares correspondentes a áreas curriculares que se relacionam com campos disciplinares diversos. A partir das ciências naturais e experimentais, as bolhas de sabão são um tipo de material. A partir da matemática, é um exemplo da esfera como forma geométrica. Do ponto de vista da música, pode ser uma pesquisa na representação dos ritmos e melodias. Sob o olhar da dança e da psicomotricidade, podem significar uma oportunidade de explorar e expressar formas e tipologias de movimento.

No entanto, um enfoque como o anterior não é, por si só, um diálogo disciplinar. Necessitamos de um laço de união entre as diversas perspectivas. Um ponto de encontro que permita ir do fenômeno a cada uma das disciplinas e depois voltar ao fenômeno. A formulação de perguntas como "As bolhas de sabão sempre são redondas?" pode ser a oportunidade de estabelecer tal diálogo (Fig. 3).

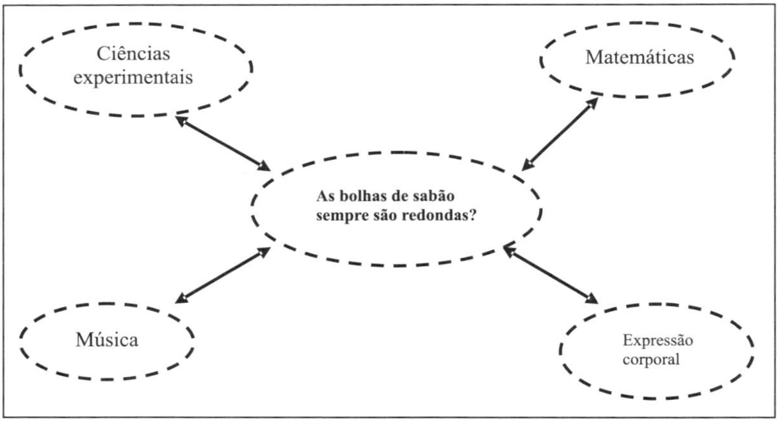

Figura 3: A pergunta é constituída como o espaço de diálogo disciplinar

Com base no grupo Complex, imaginamos que as perguntas mediadoras (Márquez et al., 2004) são um recurso para favorecer a presença do diálogo disciplinar. São perguntas que têm um caráter produtivo, dinâmico, progressivo e focalizador. São produtivas já que favorecem que o aluno possa elaborar explicações do fenômeno, conectando seus conhecimentos prévios com a situação proposta. Dinâmicas porque apresentam o fenômeno como um processo onde se faz relevante a indeterminação. Progressivo já que para elaborar respostas que estimulem a compreensão é necessário integrar outras escalas de conhecimento, isso dentro da diversidade de disciplinas, como a conexão entre os olhares macro e micro do próprio fenômeno. Por último, a pergunta mediadora ganha um caráter focalizador quando ajuda o aluno a decidir quais são os modelos explicativos que podem ser usados para aumentar seu grau de compreensão do fenômeno e em que disciplinas curriculares se encontram.

A pergunta mediadora é um ponto de partida para aproximar o aluno do fenômeno. Permite converter o fenômeno em um espaço de conflito, no qual a ideia de processo se faz relevante. Uma pergunta onde ficam evidentes as limitações dos saberes de uma única disciplina para compreender o fenômeno e, portanto, aparece a necessidade de pesquisar em mais de uma área de conhecimento. Uma pergunta que é a oportunidade de estimular o aluno a entrar na aventura da investigação, onde ganha relevância uma atitude dialógica entre rigor e espontaneidade para favorecer a criatividade, entre certeza e incerteza para assumir a emoção do risco diante do desconhecido, entre pensamento e ação para definir uma estratégia de pesquisa, entre individual e coletivo para favorecer a comunicação e, portanto, a construção social do conhecimento.

3.2. Como podemos estabelecer a relação entre o fenômeno e as disciplinas?

A partir do diálogo disciplinar, é fundamental a consideração das disciplina como um elemento chave da atividade educativa. As disciplinas colocam em contato a ação educativa com nosso patrimônio cultural e permite dotá-la de rigor. As disciplinas de conhecimento, longe de se apresentarem como ideologias reducionistas, constituem uma ferramenta útil para formar a cidadania com competência para intervir em seu contexto social.

Dar o salto entre o fenômeno e a diversidade de disciplinas que favorecem sua compreensão significa ajudar os futuros professores a realizar duas reflexões: em relação aos modelos explicativos que cada disciplina traz e em relação à forma de vincular as disciplinas e a pergunta inicial.

Em relação aos modelos explicativos, retomando o caso das bolhas de sabão, damo-nos conta da presença da diversidade de modelos explicativos. A partir das ciências experimentais, o modelo explicativo é aquele de matéria, que nos permite categorizar a bolha como fonte inerte, como uma composição química determinada, que se comporta segundo determinadas leis com um relevante componente de acaso. Do ponto de vista da matemática, a geometria traz o modelo de corpo geométrico como uma maneira de ordenar uma fração do mundo a partir de uma forma que se mostra regular em condições determinadas do meio. A partir da dança e da psicomotricidade, a bolha conecta a forma com o modelo de movimento do próprio corpo no espaço, gerando formas ao utilizar o movimento individual e coletivo como sequência coreográfica. Assim, vemos que na formação inicial de professores, a escolha dos modelos explicativos de cada uma das disciplinas para desenhar uma proposta didática converte-se em competência profissional significativa.

O segundo aspecto relevante é a forma de estabelecer relações entre as disciplinas e a pergunta mediadora. Para tanto, propomos que o aluno formule subperguntas mediadoras, sendo questões que tenham características das perguntas mediadoras, mas que atuem como ponte entre a pergunta mediadora e as disciplinas (Fig. 4).

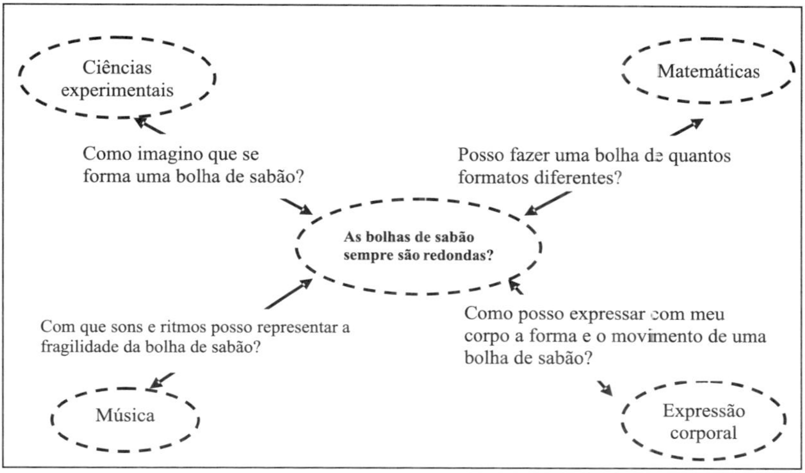

Figura 4: As subperguntas entrelaçam o fenômeno com as disciplinas

Seguindo com o exemplo das bolhas de sabão, podemos propor as seguintes subperguntas:

- Como imagino que se forma uma bolha de sabão?
- Posso fazer uma bolha de quantos formatos diferentes?
- Como posso expressar com meu corpo a forma e o movimento de uma bolha de sabão?
- Com que sons e ritmos posso representar a fragilidade da bolha de sabão?

Cada subpergunta se apresenta como a oportunidade de desenhar uma sequência de atividades que permitam ao aluno pesquisar no modelo conceitual da disciplina para, em seguida, voltar à pergunta mediadora e elaborar a resposta estabelecendo um diálogo entre os modelos explicativos de cada uma das disciplinas.

É na articulação entre os diferentes modelos explicativos que se completa o diálogo disciplinar, ao mesmo tempo como ponto de encontro e de conflito. De encontro, já que os conteúdos das diferentes disciplinas são colocados em contato; de conflito, pois do contato deve surgir um emergente que permite abordar o fenômeno a partir de um novo enfoque.

3.3. Como podemos criar cenários favoráveis ao diálogo disciplinar?

Introduzir o diálogo disciplinar implica desenhar alguns cenários favorecedores de sua presença. Com base no grupo Complex, vemos duas possíveis vias para concretizar tal diálogo: a) na resposta da pergunta mediadora, a partir da diversidade de linguagem de representação; b) quando a resposta à pergunta mediadora implica a realização de uma ação. Em ambos os casos, é condição imprescindível a presença de conteúdos próprios dos modelos explicativos das disciplinas que se pretende colocar em diálogo.

Entendemos uma representação como a utilização de uma linguagem para expressar um fenômeno do mundo. No caso do trabalho ao redor das bolhas de sabão que nos serviu de exemplo, a representação pode consistir em um desenho e execução de uma dança, que nos permita compreender como é gerado o formato de esfera quando jogamos o sabão. A dança é como uma representação, já que é a forma de explicar nossa compreensão do fenômeno utilizado na linguagem corporal e na psicomotricidade. Diremos que há um diálogo disciplinar se, nessa dança, aparecem conteúdos dos modelos explicativos de cada uma das disciplinas que foram apresentadas anteriormente.

O planejamento da ação é a definição de uma estratégia de intervenção no meio. Tomemos como exemplo uma nova proposta didática que tenha como pergunta mediadora: Como podemos melhorar o parque que há ao lado da escola? Uma pergunta desse tipo tem caráter mediador e, portanto, convida o aluno a buscar novas subperguntas que o levem à diversidade de disciplinas. Perguntas do tipo: Quantas espécies diferentes se pode plantar? Que uso as pessoas da cidade fazem do parque? Qual é a lei que regula os parques infantis? Cada subpergunta nos abre a porta a uma disciplina de conhecimento e nos permite explorá-la e voltar ao fenômeno da administração do parque para enriquecer nossa compreensão.

No planejamento da ação acontece o diálogo disciplinar – uma vez conhecidas as diversidades de modelos explicativos, o conflito de intervir sobre o meio é abordado a partir de uma perspectiva não reducionista. Entendendo que em uma ação sempre entram em jogo limites e possibilidades, que qualquer proposta implica assumir ambos os elementos e que, portanto, é fundamental o conhecimento disciplinar para argumentar a ação proposta e, ao mesmo tempo, o diálogo entre as disciplinas para fugir do reducionismo.

Tanto os elementos, a representação e a ação implicam entender o diálogo disciplinar como uma fonte de conflito a partir de uma perspectiva dialógica que entende a ação ora como responsabilidade, ora como exercício da própria liberdade e, portanto, apóia-se em um sólido marco ético sem perder de vista a necessidade de se aprofundar no conhecimento disciplinar.

4. SÍNTESE

O diálogo disciplinar é uma aposta e um risco na formação de futuros docentes. Uma aposta porque implica entender a formação universitária como uma forma de intervenção no meio que conecta diretamente a universidade e a cidadania. Um risco, já que se situa no campo da inovação como forma de criar novos cenários, assumindo a indeterminação do itinerário que se realiza e a possibilidade diante das propostas apresentadas em aula.

O atual contexto universitário, na transição ao modelo de universidade definido por Bolonia, pode favorecer a introdução do diálogo disciplinar na formação inicial de professores. Embora seja um modelo universitário que traga sérias dúvidas e deixe claro alguns limites, também abre possibilidades. A transição do conceito de objetivo ao de competência, e a nova forma de organizar os espaços de docência podem ser duas oportunidades para a introdução do diálogo disciplinar na formação de professores.

O conceito de competência permite uma conexão mais clara entre a formação inicial dos professores e a experiência em aula. Uma relação em que a universidade deve necessariamente facilitar aos futuros professores a competência de dialogar entre conhecimentos de diversos campos disciplinares, para reinterpretar os contextos de aula e tomar decisões sobre sua gestão. A nova organização dos períodos de docência pode facilitar o trabalho conjunto de diversas disciplinas, fazendo com que os contextos de formação inicial possam constituir-se como uma viagem contínua entre o essencial de cada disciplina e o holístico dos fenômenos educativos.

O docente que assume o diálogo disciplinar não é aquele que pretende saber tudo. É aquele que entende a ação docente como ação aberta e cooperativa. Aberta à improvisação, à criatividade e às mudanças no entorno. Cooperativa na forma de trabalhar dentro das equipes de docentes, de relacionar-se com o resto dos agentes educativos, com especialistas das diferentes áreas e no próprio contexto de aula.

A introdução do diálogo disciplinar é uma aposta para a universidade atual. Uma universidade que, mais do que nunca, deve assumir o risco de fazer e criar novas propostas, a responsabilidade de gerar recursos metodológicos de forma dinâmica, que permitam repercutir a reflexão teórica na ação prática e o compromisso ético de entender a formação universitária como ação cidadã.

REFERÊNCIAS

AGAZZI, E. (1996), *El bien, el mal y la ciencia*, Madrid, Tecnos.

BONIL, J. [et al.] (2004), "El diálogo disciplinar, un camino necesario para avanzar hacia la complejidad" dentro de Investigación en la escuela, p.83-97 Sevilla, Díada.

MARQUEZ, C. [et al.] (2004), *"La construcción de modelos explicativos complejos mediante preguntas mediadoras"* dins Investigación en la escuela, Sevilla, Diada.

MORIN, E. (2000), *Els set coneixements necessaris per a l'educació del futur*, Barcelona, UNESCO. (*Os sete saberes necessários à educação do futuro.* São Paulo: Cortez.)

PUJOL, R. M. (2003), *Didáctica de las ciencias en la educación primaria*, Madrid, Síntesis.

ROGER, E. (2000) *El modelo organizacional, su metodo.* en <http//: www.complejidad.org>

VILAR, S. (1997), *La nueva racionalidad. Comprender la complejidad con métodos transdisciplinares*, Barcelona, Kairós.

WAGENSBERG, J. (2005), *La rebelión de las formas*, Barcelona, Tusquets.

Capítulo 13

A Transdisciplinaridade na Educação Infantil

Maria Antonia Pujol Maura
Departamento de Didática e Organização Educativa
Universidade de Barcelona

1. INTRODUÇÃO

Neste capítulo, a autora pretende compartilhar seus pensamentos oferecendo uma pincelada sobre o que é possível supor sobre a educação de crianças pequenas, a partir do ponto de vista transdisciplinar. Convencida da plasticidade que as crianças têm de adquirir conhecimentos, habilidades e saberes, favorecem a aprendizagem integral a partir da inter-relação multissensorial de todos os estímulos e experiências que vão tendo e, à medida que seu crescimento harmônico se realiza dentro de uma comunidade, vão aumentando as possibilidades de seu desenvolvimento individual e coletivo.

É verdade que existe hoje um campo emergente que envolve toda uma concepção de vida e de educação e que vai além de uma moda ou forma de interpretar e construir as disciplinas, que até hoje eram a única forma de estruturar a aprendizagem. Também não é uma estratégia didática que põe em jogo uma série de saberes para facilitar a interiorização de conhecimentos. Podemos afirmar, entretanto, que no momento em que a criança pequena começa sua aprendizagem, uma força atua fazendo com que seu universo seja transdisciplinar por excelência, já que sempre inter-relacionam todos os estímulos que recebem e, ao mesmo tempo, fazem fluir todos os desejos em uma mesma direção. Esta forma de aprender não se reduz ao conhecimento demonstrativo, mas este está aberta a outras aprendizagens que estão *entre*, *através* e *além* do conceito disciplinar. Por isso podemos dizer que as aprendizagens durante a educação infantil devem ter uma forma transdisciplinar que garanta uma aprendizagem integral.

Mas esta aprendizagem integral não pode ser deixada ao acaso. Requer uma intencionalidade dirigida no sentido da obtenção desse pensamento transdisciplinar e que tem a clara finalidade de descobrir e compreender os múltiplos aspectos da realidade. Tanto as meninas quanto os meninos iniciam, nessa etapa da educação infantil, sua caminhada a partir de um pensamento holístico, que lhes permite uma visão de tudo que há ao seu redor de forma global. No entanto, essa globalidade aos poucos abre espaço para uma inter-relação de saberes, sentimentos, experiências e vivências, que proporcionam um pensamento mais complexo, já que educar não é uma forma de transformar o indivíduo, mas sim de abastecê-lo de competências a partir do aproveitamento de suas próprias capacidades.

Suas manifestações, muito aos poucos, aparecem inter-relacionadas; as crianças jogam enquanto aprendem, e aprendem enquanto jogam. Mas também aprendem enquanto estão comendo, falando, correndo, manipulando ou fazendo intercâmbio com seus contemporâneos. É uma forma de aprender que leva a uma interação transdisciplinar por excelência, já que conseguem uma complementaridade com tudo aquilo que ocorre ao seu redor. Nessas idades, tudo tem relação e tudo influencia, tanto em seu estado de ânimo como em sua vida cotidiana e tal fato deve ser aproveitado por parte das pessoas que têm a tarefa e a responsabilidade de educá-las e acompanhá-las até a vida adulta.

Assim como os adultos tentam compreender a complexidade de tudo aquilo que há ao seu redor, a criança aproveita todas e cada uma das experiências para integrá-las e frutificá-las. Assim, consegue uma maior otimização de todas as práticas que realiza, com as quais compartilha vivências, interioriza saberes e percebe o valor de ser membro de uma coletividade, descobrindo também o respeito à natureza e ao meio ambiente, realizando uma ecoformação a partir da própria forma de relacionar-se, tanto com contemporâneos como com o próprio meio, de maneira ecológica e sustentável. Esta relação sustentável só é possível quando se estabelecem relações entre os elementos.

As crianças pequenas não precisam de muitas explicações, teorias ou grandes argumentos, mas sim de pautas claras de comportamento e hábitos concretos que encham de conteúdo sua forma de ser e de fazer. Por isso não é preciso uma explicação teórica com grande discurso esclarecedor quando está realizando uma ou outra atividade escolar ou de vida, mas necessita sim uma comunicação fluida e afetiva, que dê sentido àquilo que está fazendo e que o ajude a integrar tudo aquilo que está vivenciando, tanto na forma individual como coletiva. Portanto, como dissemos anteriormente, trata-se de estabelecer redes de comportamento e de ações que lhes ajudem a dar sentido à sua forma de ser e de agir e tudo isso a partir do olhar transdisciplinar. Este olhar deve buscar a compreensão da complexidade de todo o universo, da complexidade das relações dos sujeitos entre si, assim como a relação entre os objetos. Dessa forma, consegue-se que, desde pequenas, as crianças possam descobrir as conexões que existem ou podem existir entre tudo aquilo que está ao seu redor e entre as distintas disciplinas que, ao longo do seu caminho escolar, irão encontrar. Portanto, não é preciso que ninguém lhes diga o que estão fazendo, se é matemática ou linguagem, se é recreio ou trabalho. Mas é preciso propiciar um clima para que as crianças se lancem nas atividades de forma lúdica. Uma vez programadas levando em conta os recursos emotivos, emocionais e de interesses particulares, garante-se uma forma de fazer específica, que coincide com uma etapa enormemente plástica e que ajuda a viver em um período de aprendizagem precoce muito estimulante e enriquecedor, articulando sua formação em relação ao mundo, em relação a seus companheiros e companheiras, ao mesmo tempo em que articula sua própria formação com ela mesmo e com os saberes que pouco a pouco vai adquirindo.

A educação emocional acompanha essa abordagem, e no papel de educação emergente faz com que a forma de aprender das meninas e meninos de pouca idade possa fluir e aproveitar de todas as experiências que vão se acumulando, fazendo com que as aprendizagens *através* de suas próprias vivências e seus próprios descobrimentos e relações convertam-se em pontos de apoio para o crescimento em harmonia e plenitude. O fato de todas as suas ações se realizarem com toda intensidade, e sua própria inteligência emocional, faz com que seus mesmos níveis de realidade se circunscrevam ao fato de *fazer,* mais do que ao fato de *saber,* e que seus pontos de referência se ampliem de forma significativa.

Com pouca idade, o mais oportuno e recomendado é que a educação, a aprendizagem, o crescimento se realizem de forma harmônica e criativa. Isso ajuda na visão transdisciplinar que amplia as possibilidades de compreensão de tudo o que ocorre ao seu redor e dá acesso a distintas formas de interpretar tudo que descobre, ao mesmo tempo em que pode se comunicar e compreender tanto suas próprias realidades como as que descobre no seu contexto mais imediato. Por isso, não devemos cair na armadilha de realizar uma ação compartimentada e sem sentido, mas tentar aproximar o mundo das crianças de uma atitude respeitosa, lúdica e criativa, que lhes ajude a descobrir a globalidade e inter-relação do mundo que os rodeia. Os cenários de aprendizagem devem ser suficientemente ricos e criativos para poder garantir uma forma de fazer que potencialize um crescimento dinâmico, amplo e aberto e que dê às crianças a oportunidade para que sejam atores globais de seus próprios avanços.

Como disse Laszlo (2004), o universo é um sistema coerente com um alto grau de integração, parecendo um organismo vivo. Sua propriedade mais importante está no fato de a informação ser gerada, conservada e transmitida para e entre as suas partes. Esta característica é totalmente fundamental. É capaz de transformar um universo, que dirige sem enxergar, desde a fase de evolução até a seguinte, em um sistema estreitamente interconectado que se constrói a partir da informação que já foi gerada. O universo formado é de uma coerência extraordinária. Tudo o que acontece em um lugar passa também por outros lugares; tudo o que já aconteceu uma vez, volta a acontecer também muitas vezes depois.

2. O QUE ENCONTRAMOS DE TRANS NA EDUCAÇÃO INFANTIL?

O conceito transdisciplinar traz algumas constantes na educação infantil. Alguns espaços, olhares e cenários que fazem com que essa visão seja uma das formas mais inovadoras de criar entornos que façam da educação cotidiana uma forma de garantir as bases para então iniciar aprendizagens integradoras, significativas e funcionais. Portanto, as crianças pequenas iniciam a formação a partir de uma propriedade importante e a informação é recebida, gerada, conservada e transmitida para e entre todas as suas partes. É nessa idade que percebem os gostos e interesses pessoais, que bem aos poucos são compartilhados com outros colegas, que aqueles lugares que lhes dão prazer também são requisitados pelos demais, que deve compartilhar e respeitar tudo o que utiliza e tem ao seu redor, estando consciente de que faz parte de um universo compartilhado. O tal universo se inicia na sua própria casa, mas rapidamente se amplia na aula, na escola, no bairro, na cidade, no país, no mundo. Essa forma de se comprometer com tudo o que existe ao seu redor faz com que adquira valores e atitudes que lhe permitam viver de maneira comprometida, adquirindo um sentido verdadeiramente ecológico.

Portanto, se levamos em consideração que o universo é um sistema coerente com um alto grau de integração, é necessário ter em mente essa forma de ver o universo quando as crianças são pequenas. Isso porque desde a concepção tudo o que está ao seu redor influencia para que cresça de forma integral e participe desse universo. Inicialmente ele é o seu próprio lar, mas aos poucos, diante das próprias experiências pessoais, vai se ampliando e descobrindo as inter-relações que existem no seu entorno familiar, escolar, da vida cotidiana e, assim como elas, vai se integrando às necessidades de um pensamento socializado e ecológico. Logo se sente parte de um universo e de uma coletividade e isso lhe dá a possibilidade de ser um membro vivo e ativo.

A capacidade de ser um organismo vivo, portanto, faz

com que essas crianças descubram sua própria consciência e suas próprias capacidades de serem competentes no contexto em que vivem, sem esquecer o olhar em direção ao *além*, e de serem responsáveis e conscientes de tudo o que acontece à sua volta, já que um ser vivo é um ser capaz de se transformar e de transformar tudo aquilo que há ao seu redor. O respeito por tudo o que tem e precisa o faz ser uma pessoa consciente do valor de cada uma das coisas que possui e que pode possuir. Aos poucos, sua forma de fazer se contrasta com as formas de fazer dos demais e isso provoca uma sensação de bem-estar. Por outro lado, esse bem-estar deve ser compartilhado com os demais, já que sua forma de ser e de fazer dependerá sempre de como se valoriza e se compartilha saberes, fatos e atitudes.

Portanto, se observarmos o que há no universo da criança pequena, veremos que a propriedade mais importante da criança é o fato de a informação ser adquirida por seus próprios meios, físicos, sensoriais, afetivos, sociais e emocionais, e isso faz da educação uma ferramenta que contribui para a formação de uma nova cultura, necessária para criar uma formação ecológica, dinâmica e responsável com relação à forma de viver em um espaço coletivo que é o espaço "terra". Desde muito pequenas, as crianças podem viver essa situação e descobrir caminhos, para fazer de seu caminho pela natureza uma forma viva e dinâmica para poder utilizar a informação que todos os dias vai acumulando, ao adquirir alguns hábitos de conservação e respeito em relação à natureza, ao meio ambiente, que dão sentido e possibilidades à sua própria vida individual e coletiva, ao mesmo tempo em que estimulam sua curiosidade e desejo de indagar tudo aquilo que se encontra ao seu redor.

Esta característica é totalmente fundamental para formar uma concepção curricular transdisciplinar e não fragmentada, para que cada uma das tarefas, rotinas, aprendizagens ou atividades lúdicas, criativas ou experienciais façam parte de um todo e não se diversifiquem em valores sequenciais ou compartimentados, garantindo, dessa maneira, uma educação integrada e globalizada. As crianças hão de viver sua fase de crescimento apoiando-se e nutrindo-se de tudo aquilo que há ao seu redor, de uma maneira global, integral, efetiva, afetiva e solidária.

3. PARA A EDUCAÇÃO TRANS É PRECISO ALGUMAS CONSTANTES

As constantes que as crianças necessitam para seu crescimento integral são aquelas que podemos oferecer em um ambiente organizado, estimulante, criativo e cheio de pontos de apoio. Estas constantes têm que responder a esquemas respeitosos que farão da educação uma forma de criar, com um alto conteúdo de dinamismo. É preciso aproveitar tudo o que há ao nosso redor, de uma forma equilibrada, respeitosa, sustentável e imaginativa. Todo *trans* conduz a uma visão aberta da educação, não como um produto acabado, mas que vai sendo construído à medida que seu próprio crescimento acontece e que tudo o que está ao redor do indivíduo vai servir para seu desenvolvimento intelectual, linguístico, físico, artístico, afetivo, social e comunitário, e não deve permitir que se viva de uma maneira fracionada, mas sim inter-relacionada e com senso de responsabilidade. Tudo o que há ao nosso redor herdamos dos que nos precederam e tudo será utilizado, mas também é nosso dever manter essa herança de forma consciente e responsável para poder transmiti-la aos nossos descendentes.

Um dia, em uma sala de crianças de cinco anos, dois meninos tinham a responsabilidade de limpar a classe, depois de terem realizado uma atividade em que os alunos deveriam construir um grande mural, onde mostrariam como foi a visita que fizeram a um parque das redondezas. Para essa atividade, utilizaram muitos papéis de várias cores e tamanhos e evidentemente o chão ficou todo cheio de pequenos pedaços de papel colorido, sobras da composição realizada. As crianças encarregadas da limpeza notaram os papéis e antes de recolhê-los para jogá-los no lixo, pediram uma caixa para a professora para juntá-los. Estavam conscientes de que poderiam utilizar aqueles pedacinhos de papel em outra atividade. Esta atitude mostra uma conscientização de que devemos cuidar da riqueza que temos e que tais papéis poderiam servir em outro momento. Jogá-los no lixo seria desperdiçar materiais, além de ser uma falta de respeito com a natureza, já que muitas árvores são derrubadas para produzir tais papéis e o meio ambiente é atacado para fabricar as cores das folhas de papel. Esta atitude de respeito em relação à economia de pequenos materiais é uma constante que devemos potencializar ao longo de nossa atividade docente e canalizar essas atitudes em múltiplas situações. As crianças adquirem a consciência de cuidar do seu entorno a partir de pequenas atitudes. Inter-relacionar um saber, um fazer e uma atitude faz com que exista uma verdadeira compreensão e consequentemente uma nova perspectiva ecológica.

4. PARA CHEGAR A NOVOS SABERES É PRECISO ESPAÇO

Bem aos poucos começa a se falar da necessidade de espaços adequados, mas é evidente que a organização dos espaços é preciso partir de uma concepção transdisciplinar. O que queremos potencializar? O que queremos que as crianças encontrem ao entrar na sala de aula ou no espaço dedicado às suas atividades cotidianas? É evidente que temos consciência de que não queremos espaços que denotem rigidez, autoritarismo, disciplina, temáticas fechadas etc. Temos que organizar esses espaços de forma que potencializem a atividade integral e autônoma e, dessa maneira, conseguiremos um clima mais favorável para a ruptura de fronteiras, disciplinas ou matérias, criando entornos ricos e estimulantes que garantam que a aprendizagem vá *além* de uma visão compartimentada ou fragmentada, inter-relacionando assim todas e cada uma das experiências que se vá adquirindo com aquelas já existentes. Esse olhar interativo em direção ao que está ocorrendo ao seu redor torna possível a transdisciplinaridade a partir de uma visão e compreensão da realidade, com um alto valor ligado à intencionalidade. No que diz respeito à educação das crianças, nada deve acontecer por acaso. Assim, o espaço onde ocorre parte da vida das crianças deve estar minuciosamente preparado, organizado e planejado. Isso não quer dizer que não haja espaços para a imaginação e improvisação, mas esses também devem estar inseridos dentro de uma organização espacial.

Quando organizamos alguns espaços, nossa experiência nos mostra que aos poucos o fazemos a partir de uma perspectiva que parte de pontos concretos e essa é a possibilidade que temos de refletir sobre os novos significados desses espaços e quais devem ser as inovações que devem aportar. Uma nova forma de conceber tais espaços é a que nos permitirá criar entornos ricos e estimulantes que favoreçam esta intervenção e que rompam com a forma tradicional através da qual foram criados, a partir de uma perspectiva mais ampla, holística e ecológica, afastando-se de uma visão disciplinar. As crianças dessa idade devem poder utilizar o espaço de forma integral, aproveitando cada um dos ângulos que tanto o espaço fechado (a aula) quando os espaços abertos (o pátio) podem oferecer de forma imaginativa e criativa. Temos de saber aproveitar cada uma das possibilidades que os espaços dedicados às crianças nos oferecem, para que sejam verdadeiras oficinas integrais de aprendizagem.

5. É PRECISO OLHARES ESTIMULANTES E CRIATIVOS

O universo informado é de uma coerência extraordinária e é preciso levá-la em conta para organizar o entorno de aprendizagem e de educação das crianças desde cedo. É necessário garantir as bases e sustentações que farão dessa ação educativa uma forma de entender o progresso e o crescimento individual e coletivo. É preciso recordar, como disse Laszlo, que tudo que acontece em um lugar, ocorre também em outros; tudo o que aconteceu uma vez, volta a acontecer muitas vezes depois, e isso nos abrirá novos caminhos para olhar para trás e, a partir desses olhares, acertar o caminho que vem adiante.

Mas também precisamos de um olhar criativo que nos faça capaz de encontrar cada uma das singularidades de nossas crianças, fazendo de nossa ação docente uma forma de reforço e de tomada de consciência das potencialidades de cada um deles. Esta visão nos ajudará a ter uma verdadeira visão transdisciplinar, considerando que não segmentaremos o conhecimento, e sim o vivenciaremos de forma a garantir uma educação e um desenvolvimento sustentável que leve em conta a conservação e a potencialização da vida dentro do planeta Terra. Desde bem pequenas, as crianças são capazes de respeitar tudo aquilo que faz parte do seu entorno mais imediato e a partir desse formato tão vivenciado, vão descobrindo o valor de tudo o que faz parte do seu entorno. Isso segue adiante à medida que vão crescendo e se tornando conscientes de que podem ser membros ativos dentro da coletividade dos seres vivos.

Meninos e meninas de quatro anos estavam observando uma pequena tartaruga durante a aula. O professor lhes havia pedido que observassem como ela se locomovia, como se movimentava, como caminhava. Logo começou uma pequena discussão: o que era mover-se? O que era locomover-se? O que era caminhar? Era evidente que essas três perguntas faziam parte de uma visão parcial. Era um problema de linguagem? Era uma questão de compreensão? Era uma questão de conhecimento? Era uma forma de abordar uma resposta concreta? As crianças iniciaram uma reflexão, cada uma delas tentava dar uma resposta e, enquanto falavam, ficavam de olho no olhar atento de seu professor. Esse olhar deveria responder de forma afirmativa, ou simplesmente deveria realizar um gesto e continuar esperando mais intervenções?

Depois de alguns momentos, surgiram problemas de linguagem na discussão – um dizia que tudo era questão de movimento, outro assegurava que uma coisa era igual a outra. Uma menina afirmava "para mim tanto faz, o importante é que agora está mais perto de mim do que quando começamos a observá-la". Outro tinha aberto um caderno e tentava desenhar as características morfológicas daquele pequeno animal; outra menina tentava reproduzir os movimentos que a tartaruga fazia com seu próprio corpo, arrastando-se como se ela mesma fosse uma tartaruga. Todos debaixo do olhar atento do professor, todos tentando trazer alguma coisa. A verdade é que iam relacionando experiências e conhecimentos, sem se importar muito com a intencionalidade do professor.

Depois de algum tempo, o professor tentou reunir cada uma das considerações dos alunos, de forma a fazer um resumo sem deixar nada do que foi dito de lado. Foi uma maneira de ir além de uma aula de linguagem, de física ou de ciência. Tratava-se de aceitar a complexidade do que cada um dos alunos e alunas interpretava a partir da pergunta de seu professor, das observações realizadas, inter-relacionando-as tanto com suas próprias experiências e saberes, como com às observações dos demais, modificando, ampliando ou adquirindo novos conhecimentos. Dar atenção a cada uma das considerações realizadas pelos colegas ajudava a realizar uma aprendizagem integral e não fragmentada em relação às peculiaridades do movimento de locomoção da pequena tartaruga. Com a pergunta inicial do professor foram descobertos conceitos de velocidade, direção, forma e figura, conseguiram usar a linguagem de forma precisa, descobriram características morfológicas da tartaruga, exteriorizaram desejos e sentimentos. Na verdade, aprenderam inúmeras coisas que foram além daquilo que se pretendia no início da observação.

A possibilidade de levar em consideração todas e cada uma das abordagens que os alunos vão realizando ao longo de suas próprias experiências escolares não é uma tarefa fácil. Deixar de ter razão e saber estimular a participação, a reflexão e a inter-relação de saberes significa saber vencer resistências que, aos poucos, fazem parte de nossa própria idiossincrasia docente.

6. É PRECISO TER CENÁRIOS QUE POSSIBILITEM UMA APRENDIZAGEM TRANS

Para estimular e promover a aprendizagem que seja capaz de inter-relacionar e interatuar todas e cada uma das disciplinas transformando-as em um todo, é preciso planejar cenários que tornem isso possível. A possibilidade que tem o ser humano de reorganizar suas próprias atuações, de compartilhar com outros docentes, de pesquisar sobre algumas das ações realizadas, faz com que continuamente se possa cogitar criar cenários diferentes e que cada um deles leve a uma forma de atuar e de responder a situações diversas. Não há dúvidas de que cada uma das crianças nessa idade é capaz de comportar-se de maneiras diferentes de acordo com o cenário onde ocorre a ação. É por isso que é fundamental que o docente seja capaz de criar novos cenários e que cada um deles potencialize interações capazes de provocar nas crianças respostas diversas. Isso contribuirá para que possam interpretar novas situações em novos cenários.

Por outro lado, é preciso compreender a relação que existe entre uma forma de atuar e outra. Não é o mesma coisa quando a criança está em uma ambiente conhecido ou desconhecido, já que essa situação fará com que suas respostas sejam diferentes e que possa generalizar um comportamento a partir da reflexão das duas situações.

O esforço em aproveitar os distintos cenários para conseguir novas conquistas nos faz pensar na necessidade de ter uma visão transdisciplinar e pode ir *além* do puramente acadêmico. Hoje em dia, a educação não tem meramente um papel de instrução, mas essa educação está ligada a tudo aquilo relacionado com a formação planetária – as fronteiras se aproximaram, o que ocorre há muitos quilômetros de distância muitas vezes presenciamos como se estivéssemos no local, a informação corre a uma velocidade impressionante, sabemos e conhecemos situações que antes não teríamos consciência de que existiam, o mundo se aproximou das pessoas. Portanto, é preciso ter em mente uma educação que tem uma abordagem global e que, ao mesmo tempo, faz os alunos se sentirem membros de uma comunidade. E como membros de tal grupo devem ser conscientes do valor que tem o respeito por tudo que faz referência a estes cenários, entendidos como o próprio universo. Essa conscientização consiste em respeitar primeiramente tudo o que está ao seu redor, mas temos de ser capazes de imaginar e criar atitudes respeitosas com relação ao individual e ao coletivo, já que tudo faz parte de nossa própria natureza. Nosso meio natural, social e afetivo deve ter um princípio de respeito ecológico.

7. É PRECISO INTENCIONALIDADE PARA EDUCAR DE FORMA INTEGRAL

A educação deve ser capaz de transformar um universo, que muitas vezes vai sem direção de uma fase de evolução à outra, em um sistema estreitamente interconectado, que se constrói a partir da informação que foi gerada anteriormente. As crianças aos poucos usam a informação que vão recebendo. É uma forma de ver e apropriar-se das peculiaridades de seu entorno humano, animal, vegetal, social, entre outros, e dessa maneira poderão respeitar, atuar e adquirir ao mesmo tempo uma consciência de respeito e de estima com relação a diferentes realidades.

Mas o papel que cabe aos adultos, no que diz respeito à educação das crianças, deve ser de uma postura responsável e intencionada. Nada deve ocorrer por casualidade, nem devemos deixar nada ao acaso. O ambiente que devemos criar deve garantir que as crianças sejam capazes de aproveitar toda e cada uma das possibilidades que o entorno escolar oferece, tudo deve ser minuciosamente pensado. Quando reduzimos as aulas a uma simples atividade motriz, estamos oferecendo uma forma de atuar e dominar suas potencialidades corporais, mas se queremos ir além, devemos inter-relacionar tudo aquilo que possa influenciar no pensamento e na aprendizagem mais globalizada e integral, temos de ser capazes de aproveitar o movimento para descobrir forças internas, formas de comunicação, domínio do espaço, coordenação motriz, possibilidades comunicativas, formas de expressão, práticas reflexivas, participação coletiva, entre outras. Quando estimulamos nossos alunos a intervir verbalmente em uma situação, pensamos que o verbo, a palavra, atua como generalizador, mas se vamos além do que é puramente a verbalização, teremos conseguido que as crianças utilizem esta capacidade para pensar, refletir, relacionar, compartilhar e tantas outras coisas que nos dão o dom da palavra com sua interação direta com o cérebro e com os demais. Quando implantamos uma forma de nos organizarmos e esta leva em conta somente a forma de fazê-lo, estamos educando-os de forma fechada e pouco estimulante. Por outro lado, se propomos reflexões de diversas maneiras imaginadas para conseguir o que propusemos, estamos criando e potencializando uma forma de pensamento autônomo, que lhes servirá para adquirir um modo de atuar mais independente, reflexivo e emancipado.

Entre aqueles que se dedicam à educação e formação infantil, encontramos muitos pontos em comum, como a valorização da importância da educação com espírito aberto e autônomo. A visão transdisciplinar nos dá a oportunidade de ir além do que é puramente instrução e isso nos leva a abordar nossa ação docente de modo a criar espaços para a reflexão, interação, cooperação e criatividade. Essas atitudes favorecem e colocam em jogo uma série de processos que fazem da educação uma forma de aproveitar tudo o que as crianças têm ao seu redor.

Mas para conseguir que essa educação transdisciplinar seja um fato, é preciso mencionar os valores humanos necessários para uma boa convivência, sem esquecer a importância que tem o desenvolvimento sustentável, a solidariedade com os mais próximos e os mais distantes, o conceito de cidadania que deve ser trabalhado desde o início da vida, o respeito pela natureza como um bem individual e coletivo, que nos proporciona vida e bem-estar, sendo que tudo isso deve ter uma intencionalidade clara, utilizando estratégias que favoreçam ações diretas individuais e coletivas. Estratégias que suscitem uma carga de reflexão, participação e ação.

Desenvolver todas essas considerações com crianças pequenas requer docentes sensibilizados, com certo grau de convicção. A educação no século 21 exige que avancemos além do que as disciplinas nos trouxeram até os dias de hoje. Exige que, sendo capazes de respeitar a natureza e o meio ambiente, possamos utilizá-los para o bem comum e que, a partir das possibilidades que temos, consigamos uma educação que leve em conta cada uma das considerações que a linguagem transdisciplinar nos oferece e que parta das relações e dos eixos necessários para uma compreensão planetária. As crianças devem descobrir, diante de suas atividades, jogos, manipulações e ações, o valor de fazer parte de uma coletividade e das potencialidades que esta lhes oferece. Atuar de forma consciente, reflexiva e ativa lhes dá a oportunidade de serem protagonistas de seu projeto de aprendizagem e de serem autônomos diante do vínculo que muitas vezes se cria entre elas e os professores.

As disciplinas nos serviram para chegar a refletir a partir de uma perspectiva curricular, mas no momento de atuar devemos ser capazes de romper com o obstáculo que representa uma fragmentação dos saberes. As crianças vivem suas primeiras experiências como um todo e devemos aproveitar essa solução para não fragmentar suas aprendizagens posteriores.

8. SÍNTESE

De tudo que foi dito, concluímos que a pluralidade de elementos que intervêm na educação transdisciplinar na primeira idade e na educação infantil fazem com que exista uma interação e uma coerência entre todos, assim como do caráter aglutinador dos fins e dos objetivos. Não se deve esquecer que a concretização de tais formas de atuar deve se realizar levando em conta o marco contextual próprio e deve ser fruto de uma reflexão individual, coletiva e posterior, de comum acordo de todo o corpo docente para convertê-las em ação. A ação será uma das armas que nos ajudarão a colocar em prática uma visão transdisciplinar da educação. Não podemos esquecer que uma coisa muito importante na nossa profissão é o fato de sermos capazes de:

APRENDER A **FAZER,**

FAZER

MOSTRAR COMO **FAZER**

FAZER **FAZER**

DEIXAR **FAZER**

QUERER **FAZER**

REFERÊNCIAS

AAVV (1007) *La educación infantil* (3 vol.) Barcelona. Paidotribo.

AAVV (2002) *Manual del educador de preescolar*. (3 vol.) Barcelona. Parramon.

LASZLO, I. (2004) *La ciencia y el campo akásico*. Madrid: Nowtilus.

MORIN, E., ROGER, E. y MOTTA, R. (2003). *Educar en la era planetaria.* Barcelona. Gedisa.

MORIN, E. (2003) *Los siete saberes necesarios para una educación de futuro*. Barcelona: Paidós. (*Os sete saberes necessários à educação do futuro.* São Paulo: Cortez.)

CAPÍTULO 14

ARTE E TRANSDISCIPLINARIDADE EM EDUCAÇÃO INFANTIL

Regina Ormeneze, Ana Kerina França, Sonia Louredo
Educação Infantil Centro Tic Tic Tac
Rio de Janeiro, Brasil

A criatividade das crianças se expandirá se for estimulada e alimentada. Dela depende sua forma de conceber a vida, uma vez chegados a adultos. - M. Dayer

INTRODUÇÃO

O presente artigo pretende situar-nos em uma visão transdisciplinar da Educação Infantil. Para este propósito, situaremo-nos em uma escola do Rio de Janeiro, Brasil, e apresentaremos uma experiência baseada nas artes plásticas como uma maneira de desenvolver a criatividade, onde o docente se apresenta como mediador e promotor de experiências, ações e atitudes transdisciplinares.

Para, além de compreender o mundo como um espaço de intercâmbio entre linguagem artística e conteúdo, professores e alunos são transformados pelo ato de sentir, pensar e atuar nas classes de educação infantil. Portanto, para esta proposta, assumimos um compromisso com os quatro pilares da educação do século XXI: o aprender a aprender, o aprender a fazer, o aprender a ser e o aprender a conviver.

Durante o transcurso dessa experiência, pudemos observar que as crianças possuem uma natureza singular como seres que percebem o mundo de uma maneira própria. Constroem seus conhecimentos nas interações desde muito pequenas com as pessoas que estão ao seu redor e com o mundo a que pertencem. As crianças não aprendem determinados conceitos, pois já dispõem deles quando chegam à escola. Elas os utilizam para aprender aspectos do mundo e da experiência (K. Egan, 1999, p.30).

"A criatividade da criança começa quando, pela primeira vez, faz uma relação que não havia feito previamente." (S. Torre e V. Violant, 2006, p.246)

"O conhecimento não se constitui na reprodução da realidade, mas é o fruto de um imenso trabalho de criação, significação e ressignificação." (RCNEI, MEC,1999)

Os descobrimentos das novas Ciências sobre a Complexidade vêm desencadeando uma série de processos em todas as direções do conhecimento, cujos impactos terminaram por produzir uma vertiginosa mudança nas hipóteses de trabalho e ocasionaram a obsolescência na taxonomia de saberes nos conhecimentos que são agora manejados (A. Nemeth Baumgartner, 1994, p.39).

Na inter e na transdisciplinaridade se produz uma fertilização cruzada de métodos e conhecimentos setoriais (disciplinas), o que possibilita uma integração ampliada do saber, havendo um "todo" relativo, mantendo os conhecimentos das "partes". Para que haja inter e transdisciplinaridade é preciso que se produza uma transformação recíproca de tais disciplinas em relação a estes ou aqueles sujeito/objeto/contexto complexos (S. Vilar, 1997, p.29). Enriquecer as percepções e os enfoques disciplinares. Isto requer uma ampla atitude e conhecimento, porque o novo paradigma se abre de todo: não resolve e nem resume a vida. Não dispõe de vida, conduz a ela. Tal como temos concebido, se abre por si mesmo à experiência, ao ser, ao indivíduo, ao dizer, ao que é cego para a visão unicamente molecular, sistêmica ou cibernética, imperceptível ao pensamento simplificador (E. Morin, 1983, p.411).

Um paradigma rege a maneira como pensamos e o modo como utilizamos nossa lógica. Também podemos decidir o que é aquilo que rege a ordem de nosso discurso, de nossos pensamentos e ações (Moraes e Torre, 2004, p.19).

Somente a superação da concepção uniformadora produzirá uma noção de educação genuinamente centrada nas pessoas, comprometida com um melhor desenvolvimento e as melhores competências.

Trasladar a análise desta problemática para a educação infantil permite aprofundar as verdadeiras vantagens da atenção para a infância. Mas esta educação não poderá dedicar-se a revelar potencialidades, capacidades e recursos das crianças atendidas se, ao mesmo tempo, não se estabelecem as condições pedagógicas adequadas para tanto.

Sabemos que as interações entre os alunos são uma ferramenta de aprendizagem, por isso outro aspecto importante é a aprendizagem colaborativa e cooperativa. Neste trabalho por projetos, o outro é alguém que também marca sua aprendizagem. Há que se levar em conta que um somente não chega ao mesmo lugar, mas se chega em cooperação com os demais, em grupo. Morin (2001, p.48) afirma que: "o conhecimento, buscando construir-se em relação ao contexto, ao global e ao complexo, deve mobilizar o que o inconsciente sabe do mundo".

Necessitamos trabalhar com uma boa autoestima e valorizar e estimular a curiosidade e a criatividade próprias da criança, o entusiasmo e o compromisso, para conseguir alcançar as metas que se propõem. Os autores M. Cândida Moraes e S. de la Torre (2205) fazem as seguintes reflexões:

"As emoções e os sentimentos, como energias geradoras de transformação do conhecimento, convidam a criança a pensar." "O sentir e o pensar são duas maneiras complementares de perceber e interpretar a realidade."

2. APRESENTAÇÃO DA EXPERIÊNCIA

Este trabalho foi desenvolvido com crianças de 5 e 6 anos de idade em uma escola de perfil construtivista no Rio de Janeiro, Brasil. Uma escola com alto compromisso didaticopedagógico e com um ambiente rico e estimulante. Tanto da direção, como do corpo de professores, todos têm mostrado um alto nível de profissionalismo, para conseguir estratégias inovadoras que favoreçam um desenvolvimento integral para a criança pequena. O projeto educativo é fruto de um trabalho que reúne tanto profissionais da área da educação como da saúde.

Etapa 1

Em primeiro lugar, cabe explicar que estávamos motivadas a trabalhar uma temática que desenvolveria a criatividade e a expressividade das crianças, relacionando-as, ao mesmo tempo, com outras áreas do saber. A ideia era trabalhar com a imaginação infantil, combinando-a com a necessidade real de um grupo de alunos, já que sabíamos haver uma dificuldade de deixar fluir e explorar suas ideias e imagens internas a partir do respeito e dos conteúdos propostos em aula. Acreditávamos que o trabalho com arte possibilitaria a ampliação de formas de expressão, como também um universo criativo e imaginário para as crianças.

Objetivos:

- Ampliar o contato de cada criança com seu próprio imaginário, extraindo suas imagens individuais.
- Saber comunicar-se através da arte, adequando essas imagens ao material utilizado, e expressar-se de maneira singular.
- Conseguir estruturar seus trabalhos plásticos através de construções coletivas.
- Saber apreciar e fazer reflexões sobre os trabalhos dos outros companheiros e do artista plástico escolhido.

No entanto, estes objetivos iniciais foram amplamente ultrapassados quando os grupos de crianças começaram a se expressar com sentido e a trabalhar efetivamente sobre as propostas.

Etapa 2

Metodologia

Para poder realizar essa tarefa sob um olhar transdisciplinar, potencializamos que outras disciplinas poderiam integrar-se ao projeto e, portanto, outras perspectivas foram se somando à proposta inicial, provocando uma sequência de descobrimentos múltiplos, em várias áreas do saber: a matemática, a linguagem, a comunicação, a educação ambiental, a informática e outros temas transversais como cidadania, moral e ética[11]. Estes foram alguns conteúdos abordados tanto pelo alunado como pelo professorado, conseguindo

[11] *Segundo Freire (2003) "educar é substantivamente formar" (p.33). Portanto, o educador teria um papel fundamental na formação ética e moral do indivíduo, principalmente na educação infantil, onde há vida escolar. Acredito que trabalhamos a ética e a moral na educação infantil vivendo-as, demonstrando-as aos alunos através de nossas ações, de nossa postura, das atitudes e dos valores nos quais acreditamos. Não se ensina moral e ética, mas se vivencia.*

uma trajetória enriquecedora para esse projeto.

Assim, os alunos foram estimulados e convidados a observar visualmente as obras de arte da artista plástica brasileira Beatriz Milhazes. A partir de então, as crianças iniciaram um longo caminho de descobrimentos que ampliaram seus horizontes. Com base na busca individual, alunos e professores aprenderam a admirar o mundo sob um olhar mais atento e crítico.

Entre os objetivos do trabalho, a proposta para a discussão e o diálogo sobre arte se mostraram os mais gratificantes, porque a partir das discussões provocadas pelas imagens dos quadros os alunos aprenderam a compartilhar ideias, contrapor opiniões e observar interpretações distintas, criando significados diferenciados na vida de cada criança.

Paulo Freire revela que o fundamento de toda a sua práxis se centra em sua convicção de que o homem é diálogo por essência, portanto, falar de uma educação dialógica é oposto aos esquemas do sistema de hoje. Nas palavras de Freire: "Nada és se proíbes que os outros sejam" (2003).

Desta maneira, conseguimos que, nas aulas, as crianças pudessem fazer uma leitura de mundo, enquanto nos espaços de aulas puderam vivenciar a arte na vida cotidiana, a partir das representações mais simples, como o desenho do campo de futebol, os jardins ou as cores e as formas dos desenhos. Observaram também os traços dos artistas plásticos e utilizaram tintas, experimentando outros materiais, observando a influência dos temas da artista na composição de sua obra. Essa foi a primeira busca de investigação e de exploração dos traços da artista Beatriz Milhazes em um contexto maior.

Acreditamos que observar imagens construídas pelos artistas seja um exercício que gera sentimentos agradáveis, ajuda na construção de um repertório estético privilegiado e desenvolve observações e a imaginação. A imagem é oferecida aos observadores (as crianças) sem que nos preocupemos em contar a história sobre os quadros. O contato com a imagem desperta o observador (o aluno), potencializa os interesses, os pensamentos e a imaginação, já que reconhece elementos da imagem que tomam parte de seu mundo artístico e começa a perceber e a ter significação a presença dos elementos de linguagem da arte: a linha que constrói o desenho, as cores que preenchem as formas e os espaços dos elementos significantes. As crianças pensavam enquanto observavam as imagens, as quais lhes despertavam a curiosidade. Estamos convencidas de que o contato com as imagens instiga a imaginação.

A imaginação das crianças

Diante das observações que as crianças apresentaram, exploramos com todo o grupo as imagens que tínhamos, das mais variadas maneiras. A interferência do professor consistia em coletivizar as percepções das crianças e concluir com o grupo, lançando um olhar intencional para poder destacar as observações e as questões principais eleitas como centro da imagem artística. É evidente que é impossível essa imagem ter significação sem a imaginação. Assim, podemos afirmar que as grandes hipóteses nascem das grandes teorias e são a essência da obra da imaginação.

Da nossa perspectiva, acreditamos que a criança vê e escuta, e isso constitui os primeiros pontos de apoio para sua futura criação. É o acúmulo material com o qual depois estrutura sua fantasia e, posteriormente, continua, num complexo processo de transformação desse material. A dissociação e a associação das impressões percebidas constituem os principais componentes e partes deste processo.

O sentido e a importância de uma criação consistem

em permitir ao aluno dar esse passo no desenvolvimento da imaginação criadora, que o brinda com uma nova direção de sua fantasia, que se mantém por toda a vida. Seu sentido está em aprofundar, ampliar e purificar a vida emocional da criança, estimular e condicionar pela primeira vez o adulto e, por último, sua importância radical está em permitir à criança, ao exercitar seus desejos de criação e seus hábitos, o domínio da linguagem; esse instrumento delicado e complexo de formação e entrega do pensamento e sentimento humano de mundo interior da espécie humana.

A formação da personalidade criadora

A formação de uma personalidade criativa projetada no futuro é preparada pela imaginação criadora, consubstanciada no presente. Desenvolver a capacidade criativa é primordial "em primeiro lugar, porque o inventar e o criar na criança são coisas naturais e respondem a uma de suas necessidades e, por outro lado, porque se faz necessária para um melhor desenvolvimento de uma sociedade como a nossa" (Torre, S. e Violant, V. 2006, 245).

Neste sentido, apoiamos o desenvolvimento da formação de uma personalidade criativa, aprofundando as discussões, para que, chegado a este ponto, muitas ideias possam surgir. Por isso, é preciso que estejamos atentos para ajudar a criança na organização de seus pensamentos, tecendo uma rede de ideias e conteúdos que se formam a partir desse processo coletivo. Dessa maneira, estimulamos as zonas de desenvolvimento proximal.[12] Ensinar o que a criança conhece é pouco desafiador e menos motivador. É preciso, portanto, ir

[12] *Segundo Vigotsky (2003), para serem assimiladas as informações é preciso que façam e isso ocorre quando elas incidem sobre o que este autor chamou de "zona de desenvolvimento proximal", a distância entre o que a criança sabe fazer sozinha (o desenvolvimento real) e o que é capaz de realizar com a ajuda de alguém mais experiente (o desenvolvimento potencial). Assim, o que é zona de desenvolvimento proximal hoje será um nível de desenvolvimento real amanhã, é dito no futuro. Por enquanto temos que ensinar o que incide na zona proximal.*

além do que se sabe, plantando o que se pode aprender.

Dispomos de muitas informações, por isso, é necessário ter cuidado para não limitar o pensamento infantil. Ao contrário, é interessante observar as associações e comparações feitas pelas crianças. "É necessário situar a informação e dados do contexto para que adquiram sentido. Para ter sentido, a palavra do texto, que é seu próprio contexto, assim como o texto, necessita do contexto onde se anuncia" (Morin, p.44).

A pintura de Beatriz Milhazes foi escolhida neste projeto por apresentar uma pintura rica em detalhes, texturas, formas, cores e movimentos. Elegemos algumas reproduções que pudessem despertar nas crianças a vontade de falar livremente sobre a obra. Apontamos algumas observações e comentários feitos pelos alunos, para que pudessem perceber como pensavam a obra e eles mesmos com relação à pintura, a relação dos elementos sobre o quadro e o que lhes chamava mais atenção na figura, estabelecendo relações entre as imagens e o que lhes era mais conhecido. Alguns dos trabalhos de arte que fizemos depois foram resultado das sugestões apresentadas pelas crianças a partir desse contato com a pintura. As imagens estiveram algum tempo expostas nas paredes da sala de artes para que os alunos pudessem observá-las livremente em outros momentos.

Apreciar imagens pode gerar trabalhos plásticos sobre as cores que existem na imagem, sobre a forma circular das flores que Milhazes traz sobre a textura e o tecido que alguns dos quadros apresentam e, portanto, reproduzir as formas ou ideias que as crianças ou pessoas adultas podem realizar ou gerar.

As ideias se reproduzem como ondas de pensamento interligando todos os conhecimentos prévios de cada um, alterando assim a percepção inicial que se tem das coisas em nosso entorno. Temos que prestar um pouco mais de atenção e perceber como as crianças fazem suas conexões livres de pensamento, como algo totalmente novo para elas. Como disse Piaget, é na relação com o meio que o aluno se desenvolve, construindo e reconstruindo através das experiências. "O conhecimento é construído através da experiência." (Piaget, 1997)

Durante o processo vivido no desenvolvimento do projeto de artes, pudemos perceber como nossa ação educativa contribuiu para que as crianças realizassem um processo de trabalho significativo e envolvente. Muitas manifestações de ideias surgiram a partir do contato com a obra de Milhazes.

A prática

Uma das atividades teve lugar na horta da escola. Os alunos plantaram e colheram flores e frutas, integrando as imagens da pintura com a educação ambiental. Depois, na classe, desenharam o fruto de seu trabalho colhido, observando as cores das flores e das frutas estudadas. Com os vegetais que recolheram na horta, foi possível fazer uma salada com alface, tomates, azeite e sal; como havia poucos tomates, os alunos fizeram cálculos matemáticos para dividi-los entre si.

Também na informática, algumas ideias tiveram ressignificado, sendo apontadas pela professora como trabalhos de arte feitos com cores, linhas e formas com o uso de ferramentas digitais, diferentes das utilizadas tradicionalmente pelos artistas, como os pincéis, as tintas e os suportes de papel.

Partindo dos interesses dos alunos, a escola promoveu uma exposição com os trabalhos elaborados por eles, a partir de suas observações. De maneira integrada, essa exposição buscava mostrar o desenvolvimento dos alunos e a conceitualização de imagens associadas com outros assuntos estudados no mesmo período. Desta forma, a exposição se mostrou como um mosaico de aprendizagens de muitas interfaces observadas. Desde a exposição das pinturas e a realização das imagens, as convivências, o livro de assinaturas, a monitoria, até a feitura dos convites de divulgação e a curadoria, todas estas etapas foram discutidas em conjunto entre os professores das diversas áreas e com o próprio alunado. Nesta fase do projeto, os alunos puderam vivenciar os processos dos artistas, sendo respeitados em suas sensibilidades e em seus trabalhos com o devido respeito que um bom artista merece ter.

Os alunos manifestaram seu agrado e satisfação e receberam elogios por parte de seus familiares quando estes viram o que haviam construído e aprendido com este projeto. Muitos assuntos surgiram durante a elaboração deste trabalho, como temas transversais: o respeito à natureza, o estado de conservação da terra, as relações entre o ser humano e o cultivo da terra, o domínio de técnicas de plantação, a utilização inteligente da água do planeta, o registro escrito e formal das descobertas a partir dos textos individuais e coletivos, o desenvolvimento da linguagem oral e escrita, a escuta, o exercício de compartilhar diferentes modos de pensar, o respeito às diversas opiniões, a criatividade e a importância da exposição como tarefa de grupo.

Avaliação

A avaliação desta forma de trabalho está em consonância com o artigo 5 da Carta de Transdisciplinaridade (1994). O artigo aponta para o seguinte: "a visão transdisciplinar resulta aberta na medida em que vá além do domínio das ciências exatas, por seu diálogo e suas reconciliações não só com as ciências humanas, mas também com a arte, a literatura, a poesia e a experiência cultural".

A proposta mostra ter promovido a construção conjunta das aprendizagens. Com respeito ao encantamento dos pequenos para com a arte, através de uma trajetória aberta, dialógica, surgia a cada dia com um novo elemento que enriquecia o grupo com um saber compartilhado. A exposição que os pequenos promoveram foi vista por muitas pessoas ao longo dos sete dias que durou. Percebemos também que os objetivos propostos foram amplamente atendidos, os quais nos proporcionaram uma abertura maior para outros campos de atualização. Continuamos esse trabalho, escolhendo outras imagens de arte para realizar novas experiências visuais a partir das quais projetamos outros trabalhos.

3. A FUNÇÃO DO DOCENTE

Neste contexto, a função do professor é cuidar para que as imagens ganhem visibilidade e se modulem para chamar a atenção sobre elas, colocando-as em um lugar visível, criando momentos coletivos importantes para apresentá-las e apreciá-las coletivamente.

"O docente necessita ter uma visão ecossistêmica e transdisciplinar para criar situações e condições de aprendizagem, conhecer os sujeitos, os conteúdos e os meios, conhecer os processos e buscar estratégias para sua aplicação" (Declaração Transdisciplinar de Barcelona, 2006, p.15). Como disse S. de la Torre, "a aprendizagem não se ensina, não se compra e não se vende, se promove, se incentiva e reconhece".

Estes procedimentos são feitos de diferentes maneiras. As crianças até três anos olham e descobrem coisas conhecidas e desconhecidas, comentam, apontam, lambem, passam as mãos, voltam muitas vezes para observar os desenhos e as formas, fazendo contato sensorial e físico com a obra através do tato. Já os de quatro a seis anos comentam suas observações, percebem detalhes, enumeram as cores e inventam histórias etc. Para continuar com este projeto, seria necessária a real compreensão dos interesses dos alunos, a fim de lhes proporcionar um aprendizado mais significativo. Seria imprescindível ouvi-los em suas colocações e desejos para determinarmos os próximos passos. A escolha dos temas e dos conteúdos abordados durante o trajeto do projeto foi incrementada a partir da elaboração conjunta e dialógica entre as crianças.

A transdisciplinaridade revalida o papel do educador, dinamiza as sensibilidades do corpo e a criatividade da mente, gerando oportunidades únicas de aprendizagem.

O contato que os pequenos fazem com uma obra de arte é de grande importância. Quando isto ocorre, percebe-se que adquirem novos repertórios e são capazes de fazer relações com suas próprias experiências e, também, são estimulados a observar, transformar, falar, refletir. A partir daí, observamos quantas descobertas instigantes podem ocorrer no universo infantil. Por exemplo, com a obra de Beatriz Milhazes, quando alguns conhecimentos são desvelados sobre o uso de materiais, a composição das cores, a história da trilha, as funcionalidades etc. Esta confrontação deve ser priorizada no âmbito da escola, facilitando as condições efetivas de apresentação das obras de arte junto aos pequenos. A convivência direta com essas "obras-primas" atende a uma das principais funções da escola, que abre a possibilidade do ensino transdisciplinar, dirigir o olhar para a alegria cultural presente e, em particular, para a alegria estética. Isto trará mais consciência como uma obra de arte vista e revisitada pelos pequenos de qualquer idade.

Na organização de novos planos de aula, as áreas de conhecimento são enunciadas de forma articulada. A articulação é possível porque o processo de conhecimento pode envolver determinados assuntos, fatores, conceitos, ou determinadas técnicas utilizadas por artistas nas questões que englobam conteúdos de diversas áreas e disciplinas. Estas atividades de artes são planejadas em articulação com as demais áreas propostas pelo currículo escolar, em múltiplas associações.

Esta articulação ocorre com frequência na educação infantil, até pelo pouco tempo de desenvolvimento das atividades nas salas de artes e, em função das capacidades dos alunos, pode-se ir avançando naquilo que temos proposto. Geralmente, os pequenos fazem associações diretas com outras obras propostas e vividas por eles mesmos e os assuntos atendem como demanda de busca, que podem persistir por um tempo determinado para os interesses desse grupo. Novos projetos surgem, ressaltando pontos em comum em diversas esferas. Neste momento da escolaridade, a aproximação que os alunos possuem com os conteúdos é de ampla natureza, pois fazem todo o tipo de relação com suas aprendizagens extraescolares e aprendizagens anteriores em todas as áreas. Em educação infantil, ainda não é possível para o alunado conseguir operacionalizar seus conteúdos em profundidade, como ocorre em outros seguimentos posteriores. A horizontalidade, ou seja, a relação com os conteúdos de todas as áreas do conhecimento, transversaliza a maioria das atividades vividas pelos pequenos, sendo esse desenvolvimento diário no viver escolar.

Um trabalho em equipe favorece a prática articulada entre as áreas porque a cooperação entre os educadores beneficia mudanças, integra os professores de várias áreas do conhecimento, de um conjunto de saberes. Aqui podemos levantar essa questão para discutir a importância da atualização dos professores com relação à cultura, bem como os conhecimentos que podem aprender com seus alunos. Mais especificamente através da arte, sendo esse um terreno fértil para uma articulação com outros conteúdos. Portanto, ao mesmo tempo em que os conhecimentos do professor merecem respeito por seu papel, somente se completam no exercício de uma atividade constante de busca, de estudo e de produção escrita e reflexiva, de modo que possam avançar garantindo um conteúdo substantivo e atualizado em relação à cultura e à educação para si mesmo e para aqueles a quem pretende educar, ampliando progressivamente seu círculo de experiência. O professor deve ser o conhecedor dos assuntos que expõe, mas é preciso ter em mente que quando uma produção é aberta, ela se transforma. Cabe mencionar que o professor deve saber com propriedade os modos de apropriação e produção dos alunos e ter respeito pelos conteúdos.

A reorientação dessa visão de si mesmo, como simples reprodutor de ideias para a nova concepção deste papel, de agente de sua própria prática educativa, poderá ser concretizada nos trabalhos de formação dos educadores.

Também se torna importante discutir o cuidado e a atenção que os professores devem ter em seu cotidiano escolar, evitando reproduzir nas classes ideias soltas, as quais se encontram em planejamentos listados ou em livros didáticos que não estimulam a reflexão. É possível acreditar que o professor que produz conhecimentos pedagógicos desempenha um papel mais significativo, capaz de colaborar efetivamente nas discussões sobre as questões que envolvem a educação infantil. A interdisciplinaridade é o meio necessário para se chegar à transdisciplinaridade, principalmente nas primeiras fases de formação de uma equipe de trabalho. Geralmente, para a maioria dos investigadores, professores e gestores lhes parece difícil alcançar a transdisciplinaridade sem passar pela interdisciplinaridade (S. Vilar, 1997, p.217).

Portanto, esse trabalho de arte, situado no que é a

educação infantil, embasado em teorias que buscam levar os educadores a perceber como os indivíduos são capazes de aprender e recuperar perdas culturais de sua própria formação, recobra agora um sentido dinâmico que favorece a forma de entender a arte unindo a educação integral. Muitos teóricos têm dado muito valor e importância ao fato de criar e favorecer um ambiente de busca de documentação, iniciando intercâmbios entre professores de diferentes áreas com escolas e criando redes num campo de cultura.

Este caminho se mostra como uma prática eficiente na reorientação, ou seja, uma inserção do professor como agente mediador de cultura e promotor de aprendizagem.

Este trabalho foi desenvolvido através da compreensão do pensamento de alguns autores de educação transdisciplinar e outros de arte, aliada às observações que se apresentam no trajeto das classes de arte na educação infantil. Esperamos ter contribuído para uma abordagem mais ampla da conceitualização, da estruturação e da avaliação que a transdisciplinaridade pode desenvolver nas escolas. Assim, poderá incorporar, no futuro, novos olhares sobre a prática para o ensino de qualquer idade, por manter o compromisso com o aprender a aprender, aprender a ser, aprender a fazer e aprender a conviver.

4. REFLEXÕES FINAIS

A tarefa fundamental é oferecer situações que ajudem as crianças a pensar, a investigar, a confrontar com outros suas ideias, a chegar a acordos, a aprender a partir do erro.

Trabalhando com projetos é mais fácil chegar nesse resultado. Todo projeto, seja do tipo que for, implica três elementos: uma proposta de fazer conhecer algo, os meios para levá-la adiante e um produto ou realização que pode avaliar e melhorar. É, portanto, um processo válido para qualquer momento, idade e situação vital. Ao longo da vida, quando nos propomos ou buscamos algo, seguimos este itinerário: planejar, realizar e avaliar. Iniciar-se na tenra idade – a educação infantil – neste processo, nos parece importante, já que é uma forma de aprender a viver, de aprender a ser, buscar metas, pensar nos meios para consegui-las e autoavaliar-se.

Educar na criatividade é preparar alunos para a vida em uma sociedade democrática e plural, na qual a convivência entre culturas e crenças seja possível. É contribuir com o desenvolvimento de valores, atitudes e hábitos de liberdade e autonomia, de iniciativa, de imaginação e fantasia, de habilidades criativas, de entusiasmo e satisfação de constância e empenho, de tolerância ao diferente, de vivência desde a complexidade, de flexibilidade mental, de originalidade, facilidade e qualidade nas realizações; em suma, de ser útil aos demais, deixando-lhes os passos de seu próprio ser. (Torre e Violant, 2006, p.321)

Algumas das implicações didáticas consideradas neste projeto derivam da visão inter e transdisciplinar, a saber: a incorporação de situações didáticas, cenários e climas, a observação, uma metodologia vivencial, lúdica e criativa, utilizando diferentes procedimentos e meios sistematizados de organizar e desenvolver as atividades, estimulando o pensamento criativo, a organização de atividades que levam a criança a refletir, pensar. Criação de um espaço de diálogo entre as pessoas, conceitos e disciplinas. Um planejamento aberto ao imprevisto, flexível no desenvolvimento da consciência e na construção de significados fazendo uma inter-relação entre todos os elementos de um sistema.

É importante ter a concepção de que a criança PENSA, é crítica reflexiva, pensante, capaz de criar hipóteses. Não tem que ocultar/calar seus saberes, porque as atividades em aula levam a crianças a pôr em julgamento o que sabem, aquilo em que creem... suas hipóteses, seus conhecimentos, suas crenças etc.

O sentir e o pensar são duas formas complementares de perceber e interpretar a realidade. Uma envolvendo o âmbito cognitivo e a outra o afetivo/emocional. Ambas convergem na direção do mesmo ato de conhecer. (M. C. Moraes, 2005)

Uma mudança de atitude por parte do educador. Seu trabalho principal não é transmitir conhecimentos, mas, sim canalizar, orientar, guiar, mediar, provocar conflitos que possibilitem a construção de aprendizagem. O professor proporciona informação e estimula para que os alunos definam e construam seu próprio saber. Não somente receber a cultura, mas também as atitudes e valores, fazendo uma transladação para a prática. Disse-nos Morin (2001, p.68): "A cultura está constituída por um conjunto de saberes, regras, normas, proibições, estratégias, crenças, ideias, valores e mitos que se transmitem de geração em geração e se reproduzem em cada indivíduo, controla a existência da sociedade e sustenta a complexidade psicológica e social".

Segundo K. Egan (1999, p.45), nós damos sentido ao mundo e à experiência de maneira "afetiva" não menos que "cognitiva". É fundamental evidenciar que a imaginação se constitui em uma poderosa e desejada ferramenta de aprendizagem e que temos que considerar nossas práticas docentes e curriculares desde a perspectiva mais equilibrada das capacidades intelectuais das crianças (K. Egan, o.c., p.34).

Tem nos chamado a atenção uma citação de Morin (1985): "Sem uma reforma do pensamento é impossível aplicar nossas ideias. O ser humano é reducionista por natureza e, por isso, é necessário esforçar-se para compreender a complexidade e combater a simplificação".

A perspectiva globalizadora não se considera como uma técnica didática, mas sim como uma atitude frente ao processo de ensino. (Zabala. A, 2002)

Assim, tem-se estabelecido que a capacidade de crescer contornando obstáculos – em contextos em que estes são formados sempre como parte natural da paisagem – constitui uma característica essencial do potencial psicobiológico de nossas espécies ao longo da história e da evolução (Maturana, 1995).

A crítica e a superação de uma concepção universalista e racionalista da inteligência humana, sempre leva à noção de uma educação verdadeiramente centrada nas pessoas, crianças, empenhada na qualidade das suas melhores competências, e longe, muito longe da antiga reivindicação de uniformidade que manchou tão profundamente a nossa prática e as nossas aspirações educativas.

Como menciona Saturnino de La Torre (Declaración Transdisciplinar de Barcelona, 2006. p.5) "Uma visão transdisciplinar da educação requer uma nova consciência, uma atitude e uma formação que leve em consideração o que existe entre, através e além dos saberes disciplinares".

REFERÊNCIAS

BADESCU, H. e NICOLESCU, B. (2001). *Stéphane Lupasco: o homem e a obra*. São Paulo: TRIOM.

CARNEIRO, M. A. (1998). *LDB fácil: leitura crítico-compreensiva: artigo a artigo*. Petrópolis, RJ: Vozes.

DEMO, P. (1998) *A nova LDB: Ranços e Avanços*. Campinas/SP: Papirus.

FREIRE, P. (1997). *Educação e Mudança*. Rio de Janeiro: Paz e Terra.

FREIRE, P. (1996). *Pedagogia da Autonomia: saberes necessários para uma prática educativa*. São Paulo: Paz e Terra. 7ª edição, 2003.

GARDNER, H. (1994). *As estruturas da mente*. Porto Alegre, Editora Artes Médicas.

KEGAN, E. (1999) *Fantasia e imaginación: su poder de la enseñanza*. Ediciones Morata.

MATURANA, H. e VARELA, F. (1995) *A árvore do conhecimento*. Campinas: Ed. Psy (São Paulo: Palas Athena)

MILHAZES, B. e RENNÓ, R. (2003) *Sonhos Despedaçados*. Fundação Bienal de Veneza, Catálogo de exposição. São Paulo.

MORAES, M. C. (2005) "Sentir, pensar e educar". PUC/SP, em http://www.sentipensar.net/investigación.html

MORAES, M. C. (2005) *O paradigma emergente. Educar na biologia do amor e da solidariedade. Paradigma ecossistêmico.* 15ª edição. São Paulo.

MORAN, J. M. (1994) Interferências dos Meios de Comunicação ao nosso Conhecimento. Intercom Revista Brasileira de Comunicação. São Paulo, XVII (2): 38-49, julho-dezembro.

MORIN, E. (1985) *Ciência com conciencia.* Barcelona: Anthropos.

MORIN. E.; ROGER, E. e MOTTA. R. (2003) *Educar en la era planetária*. Barcelona: Gedisa.

MORIN, E. (2001) *Introducción ao Pensamiento Complejo*. Barcelona: Gedisa.

MORIN, E. (2004) *A cabeça bem feita: repensar a reforma, reformar o pensamento*. Rio de Janeiro: Bertrand Brasil.

MORIN, E. (2001) *Os sete saberes necessários à educação do futuro*. 9ª edição. São Paulo. Cortez.

NEMET, A. (1994) *Macrometanoia. Un Nuevo Orden. Una Nueva Civilización. El Cambio de Paradigma Científico en las Ciencias Jurídicas, Políticas ey Económicas*. Santiago do Chile: Edutorial, Sudamericana.

NICOLESCU, B. (1999). *O Manifesto da Transdisciplinaridade*, São Paulo, TRIOM.

OLIVEIRA, J. V. G. (2002) *Do essencial invisível: arte e beleza entre os cegos*. Rio de Janeiro: REVAN: FAPERJ.

PACHECO, J. *Escola da Ponte. Defender a escola pública*. Org. Rui Trindade, Rui Canário e Filomena Matos. Porto: Profedições

PIAGET, J. (1977). *O julgamento moral da crianças.* Rio de Janeiro: Zahar.

RAMAL, A. C. (1999) "*Avaliar na Cibercultura*" em Histórias de Gente que Ensina e Aprende. RCNEI, MEC.

Revista do Instituto Humanitas Unisinos (2005) "Transdisicplinaridade. Um outro modo de pensar o mundo". Ano 4. N° 153. Agosto.

SANZ, G. e TORRE, S. de la (2006). Declaración de Barcelona. Transdisciplinariedad y Educación. Em *Transdisciplinariedad e Ecoformación, uma nueva mirada sobre la educación*. Madri: Universitas.

TORRE, S. de la (1993). *Aprender de los Errores*. Madrid: Escuela Española. Editado en 2005 por Lumen. Argentina.

TORRE, S. de la e MORAES, M. C. (2005) *Sentipensar – Fundamentos e estratégias para reencantar a educação*. Petrópolis/RJ: Vozes.

TORRE, S. de la y VIOLANT, V. (Dirs) (2006). *Comprender y evaluar la creatividad*. Málaga: Octaedro.

VYGOTSKY (2003) *Imaginación y creación en la edad infantil*. Buenos Aires: Nuestra America.

VILLAR, S. (1007). *La nueva racionalidad. Comprender la complejidad com métodos transdisciplinares*. Barcelona: Editorial Kairos.

ZABALA, A. (2002) *Enfoque globalizador e pensamento complexo*. São Paulo: Artmed.

Endereços eletrônicos:

http://personal.telefonica.terra.es/web/crearmundos/entrevista%20saturnino%20de%20la%20torre.html

http://www.santillana.com.ar/03/congresos/03_4pobb.asp?id=32

http://www.ung.br/wpages/news/capacitacao_interdisciplinaridade_texto3.htm

http;//www.cetrans.com.br

http://www.redebrasileiradetransdisciplinaridade.net/

CAPÍTULO 15

DA GRADE CURRICULAR À TEIA TRANSDISCIPLINAR

Patricia Limaverde Nascimento e Fátima Limaverde
Professoras da Escola Tic Tic Tac, Rio de Janeiro

A estrutura curricular à qual estamos habituados, essencialmente disciplinar e tendendo à hiperespecialização, nem sempre se apresentou desta forma ao longo da história.

De certo ponto de vista, a humanidade sempre elaborou currículos, desde a remota Idade da Pedra, se considerarmos que havia uma organização de saberes eleita pela comunidade para ser passada às novas gerações. Um currículo válido para os seres humanos dessa época seria composto de conteúdos como: construção de ferramentas, produção de fogo, seleção e coleta de alimentos, utilização de algumas ervas medicinais.

Currículo, cultura e sociedade confundem-se em um ciclo autopoiético e se dispõem de tal maneira acoplados que não podemos mais visualizar claramente qual dos aspectos é gerador e qual deles é produto.

Características da nossa sociedade e da nossa cultura são

perpetuadas, intensificadas ou modificadas através de um currículo expresso nas escolas, nas famílias, na mídia etc, e de um currículo oculto tão ou mais poderoso que o primeiro.

Por trás da Grade

Hoje em dia, a Grade Curricular escolar se apresenta repleta de informações e conhecimentos disciplinares, eleitos como essenciais para serem transmitidos geração após geração, no contexto do mundo globalizado em que vivemos.

Podemos verificar algumas características da Grade Curricular usual das escolas em nossa sociedade ou vice-versa. Por exemplo:

1. Tendência à distinção

A ação do pensamento e a produção de conhecimento são movimentos recursivos e constantes de análise e de síntese, onde há operações mentais de distinção e classificação e, ao mesmo tempo, de associação e produção de significado.

Contudo, a Grade Curricular prioriza a discriminação de conteúdos, dispondo-os em celas cada vez mais compartimentadas. Uma área do conhecimento é fragmentada em subáreas e estas, em sub-subáreas, recheando o currículo de conteúdos setorizados e muito bem discriminados. Porém, priorizando somente a operação de separação dos conteúdos, sem desenvolver operações mentais de religação e associação, produz-se por parte dos alunos um acúmulo substancial de informações desconectadas e sem significado expressivo em sua apreensão. O conhecimento torna-se desvinculado de contextos e distanciado da realidade prática.

A organização dos conhecimentos é realizada em função de princípios e regras que não cabe analisar aqui; comporta operações de ligação (conjunção, inclusão, implicação) e de separação (diferenciação, oposição, seleção, exclusão). O processo é circular, passando da separação à ligação, da ligação à separação, e, além disso, da análise à síntese, da síntese à análise. Ou seja, o conhecimento comporta, ao mesmo tempo, separação e ligação, análise e síntese.

Nossa civilização e, por conseguinte, nosso ensino, privilegiaram a separação em detrimento da ligação, e a análise em detrimento da síntese. Ligação e síntese continuam subdesenvolvidas. E isso, porque a separação e a acumulação sem ligar os conhecimentos são privilegiadas em detrimento da organização que liga os conhecimentos. (MORIN, 2001, p.24)

Uma sociedade assentada na priorização das distinções acaba por vivenciar, em seu cotidiano, classificações decorrentes desse modo de pensar. Mesmo apropriadas das informações recebidas através da Grade Curricular, as pessoas sentem uma grande dificuldade em colocar em prática o saber decorrente das associações entre essas informações. Por exemplo, na escola aprende-se que fumar faz mal à saúde e, mesmo assim, os jovens aprendem a fumar. Aprende-se sobre leis e estatutos que não são colocados em prática. Aprende-se sobre grandes mudanças históricas que a humanidade vivenciou e não se consegue agir buscando a transformação da realidade socioambiental de sua comunidade. Aprende-se a linguagem escrita, mas não se tem prazer em escrever ou ler.

Ou seja, aprender os conteúdos da Grade Curricular tem um único significado: o de realizar exames e "passar de ano". A aprendizagem que prioriza somente a distinção, sem a preocupação em associar conhecimentos, produz um saber pobre e sem sentido.

Além disso, ao aprender a distinguir tão bem e ao deixar de desenvolver a habilidade de associar e religar conhecimentos, passamos a valorizar muito mais as características que distinguem os objetos, a natureza e as pessoas, do que as características de associação entre esses mesmos "objetos". Esse fator, transposto para sociedade, justificaria, por exemplo, a grande incidência de atitudes de discriminação entre as pessoas e a exploração e manipulação despreocupada da natureza. As habilidades de associação presentes nas relações pessoais, que enfatizam aspectos comuns a todos nós, capazes de nos fazer sentir como membros de uma família humana, são subdesenvolvidas por não serem enfatizadas em um currículo fragmentado. Assim como o sentimento de associação e vínculo que qualquer ser humano pode sentir em relação às outras formas de vida e a toda a Natureza, tornando evidente a integração da nossa espécie a todo o meio ambiente.

2. Tendência à ordenação

Além de hiperespecializado, o conhecimento organizado na Grade Curricular obedece uma ordenação rígida e inquestionável por parte dos professores.

Essa ordenação visa organizar a apreensão do conhecimento, partindo de conteúdos mais simples aos mais complexos, em uma escala hierárquica. De certa forma, áreas como Matemática e Física tornam-se hipervalorizadas, em detrimento de outras áreas, principalmente relacionadas às Humanas, desconsiderando-se a complexidade que estas outras ciências abarcam.

Além disso, estabelece um cronograma rígido a ser seguido, como se todos os aprendizados seguissem a mesma lógica, ordenação e ritmo, desconsiderando as habilidades e particularidades no ritmo de aprendizado dos alunos.

Na escola, a hierarquização de conhecimentos extrapola a Grade Curricular e sobe os flanelógrafos em "Quadros de Honra", onde os alunos são citados em ordem do que "sabe mais" ao que "sabe menos". E, para fora dos muros escolares, a hierarquização contamina a sociedade, onde no topo estão os que pensam e na base massiva, aqueles que "não sabem" e, por isso, têm que trabalhar em "subempregos". Esse pensamento desconsidera totalmente a qualidade do saber popular e das tradições, além de desvalorizar completamente o trabalho ligado à ação física, como o dos serventes, faxineiros, garis, agricultores, operários, ou seja, desvaloriza justamente quem produz e mantém os bens de consumo.

3. Fragmentação do saber

A organização da Grade Curricular de forma a valorizar a distinção e a ordenação de conteúdos, reflete e perpetua aspectos da nossa sociedade. Ao distinguir conteúdos e ordená-los, ao mesmo tempo produz e reflete o pensamento e a atitude da sociedade ao discriminar e hierarquizar objetos (incluindo nestes "objetos", outras pessoas e a natureza).

Essa tendência à fragmentação do saber acaba por compor uma estrutura capaz de manter o poder conferido aos poucos que se apoderam do conhecimento.

O crescimento ininterrupto dos conhecimentos constrói uma gigantesca torre de Babel, que murmura linguagens discordantes. (MORIN, 2001, p.16)

A fragmentação do saber dá corpo às disciplinas e suas subáreas, construindo a estrutura de sua Grade que, ao mesmo tempo protege seu conteúdo, limita e aprisiona. A hipe-respecialização promove a construção de linguagens próprias garantindo que somente o especialista daquela determinada subárea seja capaz de dominá-la. Assim, mesmo pertencendo a uma área comum, especialistas de subáreas distintas muitas vezes não conseguem permutar saberes ou perceber e estudar problemas complexos que extrapolam disciplinas.

Na sociedade, a fragmentação de saberes desemboca na divisão de trabalho hipersetorizada, favorecendo a burocracia e a inabilidade de todos, inclusive dos cientistas mais renomados, em estabelecer mecanismos de resolução dos problemas complexos da atualidade, como é o caso do aquecimento global, da fome, das guerras, da educação deficitária etc. A humanidade nunca produziu tantas informações como atualmente, mas, ao mesmo tempo, não desenvolveu as habilidades necessárias para utilizá-las de forma relacional. Nesse sentido, as grades disciplinares são bastante limitantes.

O conhecimento só é conhecimento enquanto organização, relacionado com as informações e inserido no contexto destas. As informações constituem parcelas dispersas de saber. Em toda parte, nas ciências como nas mídias, estamos afogados em informações. [...] os conhecimentos fragmentados só servem para usos técnicos. Não conseguem conjugar-se para alimentar um pensamento capaz de considerar a situação humana no âmago da vida, na terra, no mundo, e de enfrentar os grandes desafios de nossa época. Não conseguimos integrar nossos conhecimentos para a condução das nossas vidas. (MORIN, 2001, p.16-17)

4. Excessiva valorização do pensamento em detrimento do corpo e das emoções

Não é difícil perceber que na Grade Curricular há pouco lugar para o corpo e para os sentimentos e emoções dos alunos. Os conteúdos teóricos são prioridade incontestável na escola.

Os corpos dos alunos, na escola, são extremamente disciplinarizados. Sentar e ficar quieto, prestando atenção, é a ordem de todos os dias. Não há lugar para corpos com vontade, com ação, com necessidades. Os corpos dos alunos só despertam na hora do recreio ou das aulas de Educação Física.

Na sala de aula, também não há lugar para emoções ou sentimentos. A não ser, de vez em quando, nas aulas de Artes, quando é permitida aos alunos a livre expressão de sentimentos através das diversas formas de arte.

A escola produz um grande distanciamento entre o pensamento, o corpo e as emoções dos alunos, fraturando o ser humano integral em partes distintas.

Tornamo-nos, acima de tudo, seres pensantes, em busca de uma suposta verdade, e esquecemos de desenvolver aspectos ligados à ação do sujeito em seu meio e à interação desse sujeito com outros sujeitos e consigo mesmo. Cooperação, comunhão, autoconhecimento e outras habilidades e conquistas essenciais à existência humana não encontram lugar na Grade Curricular.

Sem amor, sem aceitação do outro junto a nós, não há socialização, e sem esta não há humanidade. Qualquer coisa que destrua ou limite a aceitação do outro, desde a competição até a posse da verdade, passando pela certeza ideológica, destrói ou limita o acontecimento do fenômeno social. Portanto, destrói também o ser humano, porque elimina o processo biológico que o gera. (MATURANA & VARELA, 2001, p.269)

Muitos de nós temos uma grande dificuldade em colocar em prática saberes já aprendidos, ou seja, não aprendemos realmente, ou aprendemos "pela metade", já que não produzimos mudanças em nossas ações a partir de conhecimentos adquiridos. Não desenvolvemos a habilidade de incorporar saberes. Tornamo-nos seres pensantes e não seres atuantes ou seres emocionais, ou ainda, seres integrais.

Acabamos por desconhecer nosso próprio corpo, suas habilidades e limitações, seus pontos fortes e seus pontos fracos. Não aprendemos a atuar na sociedade de forma a proporcionar transformações sociais. Assim como desconhecemos nossos próprios sentimentos, o que são, de onde vêm e como expressá-los sem violentar outras pessoas. Estes são aprendizados necessários à plena existência humana e que não encontram espaço em uma Grade Curricular rígida. Portanto, a escola costuma ignorar esses conteúdos.

5. Tendência à generalização e o distanciamento entre os sujeitos e a produção de conhecimento

A Grade Curricular dispõe de uma série de conteúdos de maneira predefinida ao aluno e ao professor. Os livros didáticos, guiados por essa Grade, apresentam esses conteúdos didaticamente. Não existe um questionamento prévio sobre esses conteúdos, sua disposição e a forma como se apresentam. É como se o conhecimento existisse por si só e só resta apresentá-lo aos alunos.

Desde cedo os alunos argumentam que, se existem duas ou mais definições a respeito de um mesmo objeto de conhecimento, apenas uma delas é a correta: a que está disposta no livro didático. O livro torna-se a fonte do conhecimento ou o próprio conhecimento em si.

A ideia de que o conhecimento existe por si e está fora dos sujeitos, pode causar um distanciamento considerável entre esses sujeitos e a produção do próprio conhecimento. Passa a idolatrar um conhecimento enciclopédico distante de si mesmo e aprende a apenas reproduzi-lo em exames e na vida.

Quanto mais simples e dócil é o receptor dos conteúdos com os quais, em nome do saber, é "enchido" por seus professores, tanto menos pode pensar e apenas repete. (FREIRE, 1979, p.53)

A tendência excessiva à generalização remete a uma ideia ilusória de definições absolutas e ignora a dinâmica processual da história das ciências. Todos os conceitos que compõem a Grade Curricular foram construídos de maneira processual, ao longo da história, sendo muitas vezes refutados, complementados e por vezes até ignorados durante séculos até se reerguerem à luz de outros tempos. Todos os conhecimentos atuais, tidos como imutáveis por muitos, já sofreram muitas modificações na história e ainda irão ser transformados, algum dia.

Um sujeito que não compreende sua ação na construção do conhecimento, torna-se pacato e dócil, como diz Paulo Freire, e não percebe o poder que possui a sua ação na sociedade em que vive. Não percebe que realidades podem ser transformadas, no cotidiano, no dia-a-dia das relações sociais.

A Teia Curricular

As características descritas anteriormente permitem uma íntima comparação entre o currículo e a sociedade, evidenciando o ciclo em que estão imbricados. Essa estreita relação nos faz pensar em produzir alguma significativa transformação no processo autopoiético currículo/sociedade, com o fim de construirmos um conhecimento e uma sociedade transdisciplinares.

Afirmamos que, no âmago das dificuldades do homem atual, está seu desconhecimento do conhecer. (MATURANA & VARELA, 2001, p.270)

Como seria a configuração de um currículo não gradeado, vivo, dinâmico e que favoreça os processos de análise e de síntese ao mesmo tempo? Um currículo que permita a conjunção de conteúdos de diferentes disciplinas, a religação de saberes e a produção significativa de conhecimento? Um currículo problematizador, que permeia o ser humano e suas relações?

O que importa fundamentalmente à educação, contudo, como uma autêntica situação gnosiológica, é a problematização do mundo do trabalho, das obras, dos produtos, das ideias, das convicções, das aspirações, dos mitos, da arte, da ciência, enfim, o mundo da cultura e da história, que, resultando das relações homem/mundo, condiciona os próprios homens, seus criadores. (FREIRE, 1979, p.83)

A proposta de uma configuração curricular em Teia procura atingir esses objetivos. Quais seriam, portanto, suas características?

1. Atenção ao contexto e realidades locais e globais

Diferentemente da Grade Curricular, a Teia Curricular é construída a partir de seu contexto e realidades locais e globais. Como uma aranha constrói sua teia de forma diferente em cada ambiente, levando em consideração todos os aspectos do entorno em que se encontra, a escola deve considerar sua realidade e necessidade locais quando desenvolve seu currículo, sem esquecer os problemas globais da humanidade.

A Teia Curricular se inscreve através da escola na comunidade em que está localizada. Extrapola os muros escolares e entra em contato com a vizinhança, a rua, os problemas socioambientais de sua região. Busca o contato e o encontro com a vida em seu entorno.

Uma maior consciência ecológica traz consigo um sentimento de pertencimento mútuo que nos une à Terra e ao Cosmos. Esta consciência nos revela que temos também um destino comum e que estamos todos no mesmo barco. Somos companheiros de jornada e precisamos tomar consciência de nossas relações e compromissos fundamentais com a vida, com a natureza, com o outro e com o sagrado que existe dentro de cada um de nós. (MORAES & TORRE, 2004, p.41)

Deseja agir no mundo e transformá-lo. Estabelece, genuinamente, um diálogo com a vida social e ambiental, com a comunidade e seus problemas.

O diálogo é o encontro amoroso dos homens que, mediatizados pelo mundo, o "pronunciam", isto é, o transformam, e, transformando-o, o humanizam para a humanização de todos. (FREIRE,1979, p.43)

A Teia Curricular não nega adversidades globais, ao contrário, as incorpora ao seu conteúdo.

2. Atenção às tessituras

Uma Teia é tecida linha a linha, ligando-se pontos em uma única trama. A proposta da Teia Curricular é não somente analisar, mas também relacionar, interligar, gerar sentidos e sínteses.

A Teia Curricular tem um sentimento de inclusão e diversidade. Procura religar saberes, transpõe e extrapola disciplinas. Conquista os espaços em branco e legitima, em sua estrutura, os lugares do corpo, das emoções, das tradições, da arte, das relações interpessoais, intrapessoais e para com a natureza. Procura novas linguagens e mecanismos de expressão de novas ideias, sentimentos, desejos e emoções.

Na Teia Curricular, a Ciência reaproxima-se das Artes e da Tradição, incorporando conteúdos que extravasam qualquer fronteira disciplinar. Fayga Ostrower discorre sobre o conteúdo sintético da Arte:

Por serem sínteses, as formas artísticas podem expressar algo que ultrapassa a verbalização discursiva: elas captam a fluidez e riqueza de nossas vivências, a interpenetração de sentimentos e emoções por vezes contrastantes ou até mesmo opostos, sem reduzir ou esquematizá-los. Nestas formas, a arte incorpora verdades sobre o viver, cuja profundidade ultrapassa o pensamento lógico racional e na qual uma análise jamais poderia penetrar. (OSTROWER, 1998, p.202)

O tecido da Teia Curricular é vivo e carrega consigo o desejo transdisciplinar do encanto, do mistério, do conhecimento e do desconhecimento. Procura associar: corpo, emoções e pensamento; arte, ciência e tradição; indivíduo, sociedade e natureza; teoria, prática e sentido.

3. Dinâmica processual, recorrente e aberta às emergências

É sabendo que sabe pouco que uma pessoa se prepara para saber mais. O homem como um ser histórico, inserido num permanente movimento de procura, faz e refaz constantemente seu saber. (FREIRE,1979, p.47)

A Teia Curricular não é rígida como a Grade, está em constante transformação sem, contudo, perder sua unidade. Assim como o saber é construído e reconstruído, o currículo vivo também deve se permitir uma dinâmica não linear atenta às emergências.

É um currículo derivado dos contextos e dos sujeitos e aberto às mudanças necessárias tanto sobre o aspecto técnico/científico para acompanhar a evolução da ciência e tecnologia, como também no que se refere aos aspectos socioculturais. É um currículo aberto à vida, ao que acontece no mundo, no entorno e voltado para a solução criativa e crítica dos problemas. (MORAES & TORRE, 2004, p. 46 - 47)

Não possui a pretensão de aprisionar os conhecimentos, ao contrário, os liberta para um caminhar próprio de evolução conjunta com os sujeitos. Percebe o conhecer como um processo de construção e a relatividade das generalizações conceituais. Reaproxima sujeito ao seu saber, construído e significativo.

É permeável e incorpora novos saberes imediatamente, reconfigurando sua estrutura dinâmica e viva. Encara frente a frente as incertezas no mundo atual, procurando alternativas de transformação.

Teia da Vida, Teia da Vila: uma proposta de currículo transdisciplinar

Com o intuito de oferecer um referencial de construção de uma Teia Curricular, exemplificamos essa ideia com o currículo da Escola VILA. É uma Escola de Educação Infantil e Ensino Fundamental, localizada em Fortaleza, no Estado do Ceará, Brasil, com uma rica história de intervenções socioambientais e de construção curricular alternativa, sempre se preocupando em ir além das fronteiras disciplinares.

Para não estender ainda mais o presente artigo, indicamos para maiores informações o site da escola: www.escolavila.com.br

A partir de um centro único, três Teias Curriculares são interligadas (Figura1):

1 – Teia Curricular: Cuidar do Ser (Figura 2)

2 – Teia Curricular: Cuidar do Meio Social (Figura 3)

3 – Teia Curricular: Cuidar da Natureza (Figura 4)

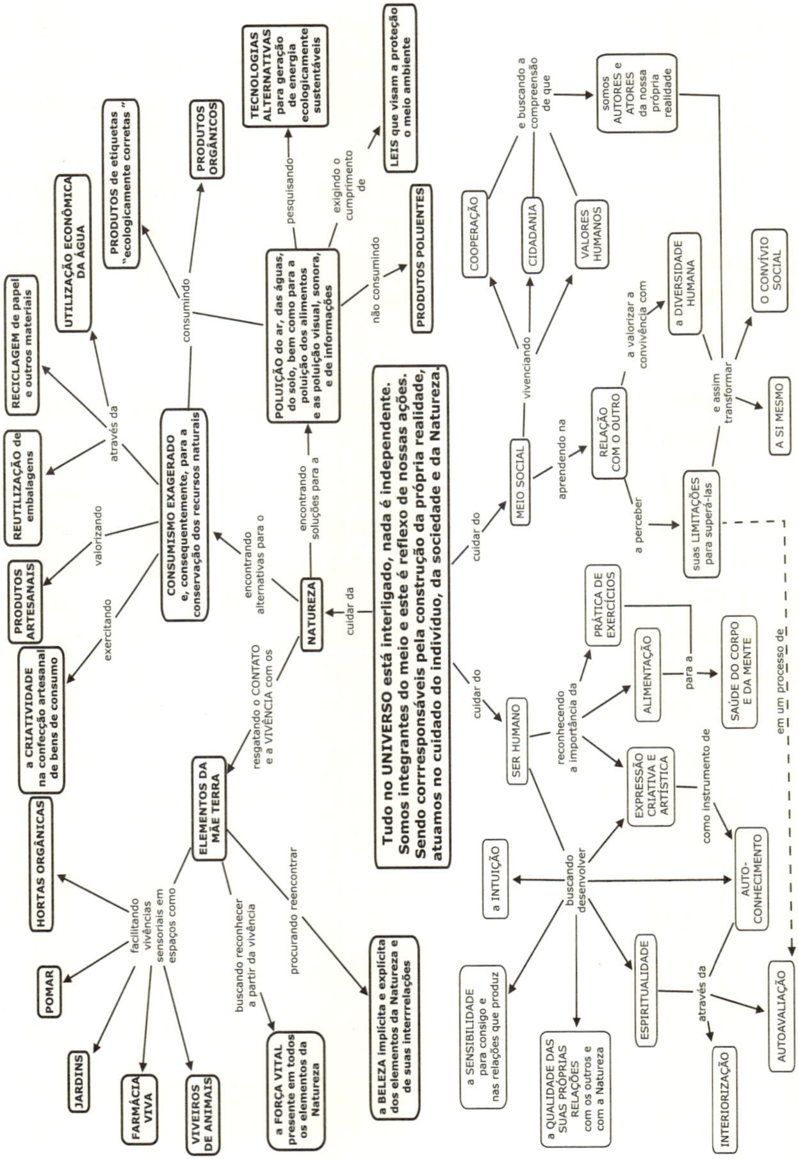

Figura 1 – Teia Curricular da Escola Vila

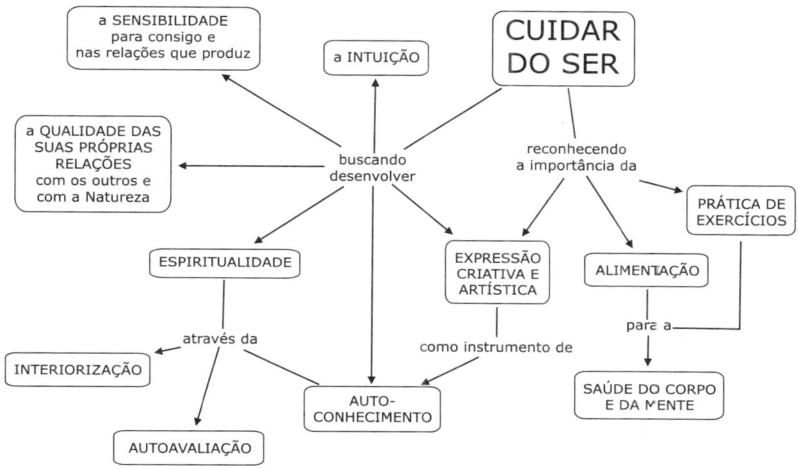

Figura 2 – Teia Curricular: Cuidar do Ser

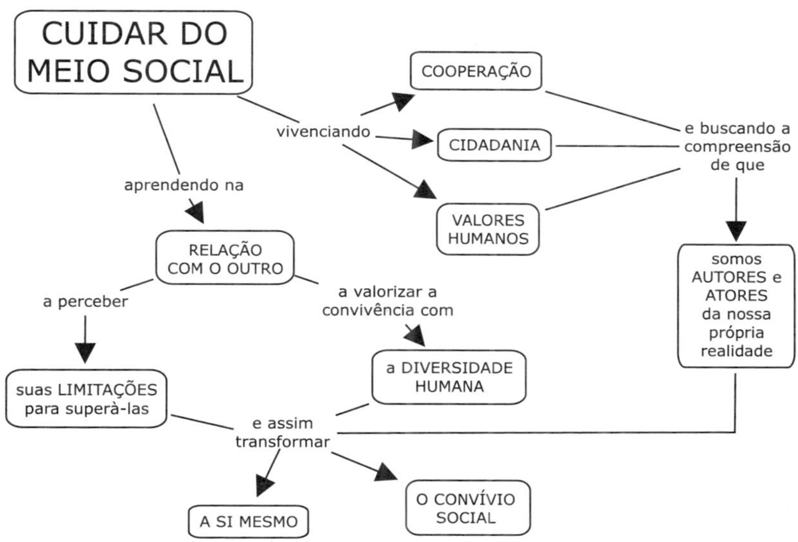

Figura 3 – Teia Curricular: Cuidar do Meio Social

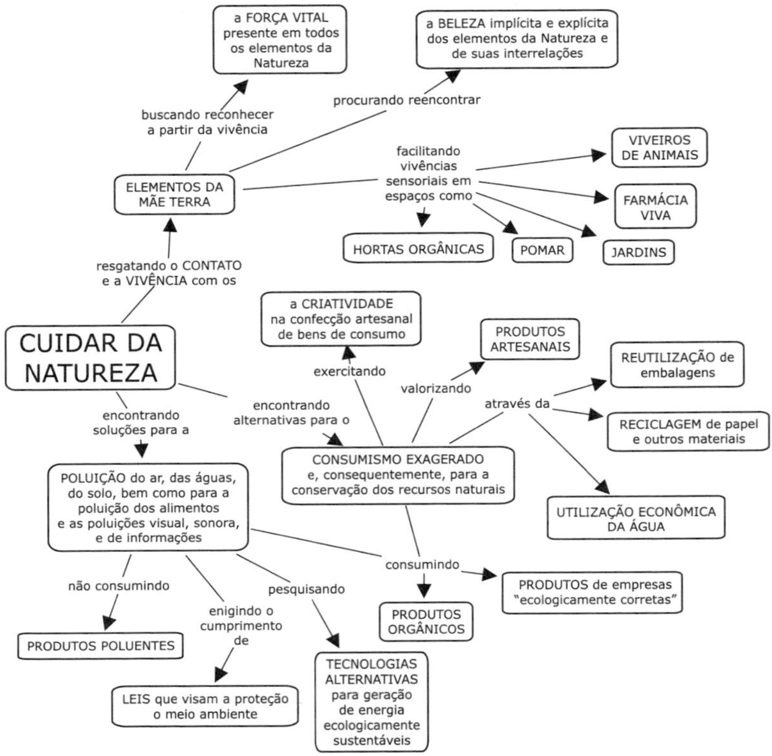

Figura 4 – Teia Curricular: Cuidar da Natureza

Todos os conteúdos disciplinares estão presentes nas Teias Curriculares da Escola Vila, de forma submersa, nas atividades que são desenvolvidas com base nos conteúdos da Teia.

A didática e as formas de avaliação têm como objetivos os mesmos presentes na Teia. O trabalho com Projetos, por exemplo, é uma constante no dia-a-dia desta escola. O sistema de avaliação é descentralizado e inclui a autoavaliação por parte do aluno, a heteroavaliação por parte do professor e a ecoavaliação por parte do grupo como um todo.

Esta é uma experiência particular, da Escola Vila, que produz belos e ricos resultados. Seus alunos egressos, já adultos, formados ou em formação e constituindo família, demonstram que permanecem em suas ações, pensamentos e aprendizados conquistados na Vila.

O objetivo de expor, como um referencial, as Teias Curriculares da Escola Vila, é que outras escolas, em seus processos de concepção curricular, sintam-se mobilizadas a compor suas próprias Teias!

Da Grade à Teia Curricular

Como então dar o primeiro passo? Como aventurar-se na construção viva de um currículo? Não é possível, contudo, estabelecer uma única forma de concepção curricular, ou um manual passo-a-passo que oriente as escolas nesse processo, senão cairíamos em contradição, "gradeando" condutas e saberes. Porém, algumas dicas podem ser levadas em consideração:

1. A escola enquanto organismo

A escola é um organismo social, composto por diferentes pessoas e funções. Como toda organização social, apresenta setores e divisões de trabalho. Porém, para constituir-se como uma unidade, deve sobretudo investir na qualidade das relações entre esses setores. Ou seja, as relações interpessoais da escola devem sempre ser cuidadas, assim como a qualidade da comunicação entre setores.

Uma transformação profunda em qualquer organismo deve ser realizada por toda sua unidade e demanda tempo. Se ocorre uma grande transformação em um único setor ou em um setor fragmento do todo, é possível que haja perturbação em toda a unidade e devemos estar preparados para isso.

2. Olhar para dentro: sensibilização e mobilização

Tendo como centro vital da escola os professores, estes devem ter uma atenção especial.

Atividades, dinâmicas e outras vivências são bem-vindas, como instrumentos de sensibilização e mobilização para transformação. Não há nada mais difícil do que mudar padrões de comportamento, e esse é outro aspecto que demanda muito tempo.

Cada professor tem seu ritmo próprio, seu modo particular de atuar com os alunos e todas essas características específicas devem ser levadas em consideração. A equipe técnica da escola deve atuar junto com os professores da mesma maneira como espera que eles atuem com seus alunos. Em tempos de mudanças, as incoerências são extremamente destacadas por todos.

3. Olhar para fora: permear o entorno

A escola, enquanto organismo, deve interagir com seu entorno. Quando opta por ser viva, deve estar preparada para as adversidades que a própria vida comporta.

Olhar através de seus muros é essencial, pois é a partir do sentimento de ser pertencente a uma comunidade que ela poderá vivenciar a necessidade e a riqueza de abrir as grades. O mundo fora dos muros escolares é muito mais rico e diverso que a artificialidade produzida internamente.

Para ser viva, a escola necessita interagir e alimentar-se do mundo externo. Ao mesmo tempo, deve produzir frutos que possam transformar esse mundo. Em toda interação genuína, nos transformamos e produzimos transformações. É, portanto, essa relação que garante evolução e vida ao organismo e à escola.

4. Buscar mudanças graduais e profundas

Mudanças impostas são fáceis e rápidas de ocorrer, porém mudanças profundas demandam bem mais tempo e energia.

Portanto, deve-se prever que algumas mudanças prontamente irão demonstrar resultados, outras vão necessitar de mais atenção e tempo.

Além disso, um currículo vivo nunca está acabado. Assim como o conhecimento e a evolução, está sempre em processo, desde que permaneça aberto e dinâmico.

Abrir as portas da escola para a vida é uma atitude transdisciplinar que implica abertura das Grades Curriculares que limitam o conhecimento do ser humano pelo ser humano. Esse é um grande desafio da Educação: permitir que o encantamento de poder transformar realidades permeie a escola. E, a partir daí, possa avançar, a partir de emoções, pensamentos e atitudes, rumo à construção de uma sociedade mais amorosa, fraterna e humana.

REFERÊNCIAS

FREIRE, P. *Extensão ou comunicação?* Rio de Janeiro: Paz e Terra, 1979.

MATURANA, H. & VARELA, F. *A árvore do conhecimento: as bases biológicas da compreensão humana.* São Paulo: Palas Athena, 2001.

MORAES, M. C. & TORRE, S. *Sentipensar: fundamentos e estratégias para reencantar a educação.* Petrópolis: Vozes, 2004.

MORIN, E. *A cabeça bem-feita: repensar a reforma, reformar o pensamento.* Rio de Janeiro: Bertrand Brasil, 2001.

OSTROWER, F. *A sensibilidade do intelecto.* Rio de Janeiro: Campus, 1998.

Anexos

Bibliografia sobre Complexidade e Transdisciplinaridade

Seleção: Saturnino de la Torre

ABRAHAM, R.; MACKENNA, T. & SHELDRAKE, R. (1994). *Caos, criatividade e o retorno ao sagrado*. São Paulo: Cultrix.

ASSMANN, H. (1998). *Metáforas novas para reencantar a educação: epistemologia e didática*. Piracicaba: UNIMEP.

ATLAN, H. (1992). *Entre o cristal e a fumaça: Ensaio sobre a organização do ser vivo*. Rio de Janeiro: Zahar.

BINNIG, G. (1996). *Desde la nada: Sobre creatividad de la naturaleza y del ser humano*; Barcelona: Galaxia Gutemberg y Circulo de lectores.

BÖHM D. y PEAT, D. (Ed))1998). *Ciencia, orden y creatividad. Las raíces creativas de la ciencia y la vida*. Barcelona: Cairos.

BÖHM, D. (1991). A ordem implícita e a ordem super-implícita, In R. Weber (org), *Diálogos com cientistas e sábios: A busca da unidade*. São Paulo: Cultrix.

BÖHM, D. (1992). *A totalidade e a ordem implicada: uma nova percepção da realidade*. São Paulo: Cultrix.

BÖHM, D. (1992). *La totalidad y el orden implicado*. Barcelona: Kairós.

BÖHM, D. (1994). *Sobre el diálogo*. Barcelona: Gedisa.

BÖHM, D. (1994). *Sobre la Creatividad.* Barcelona: Kairós.

BÖHM, D. (2001). *Sobre el dialogo*. Barcelona: Kairós.

BÖHM, D. y otros (1990). *El paradigma holográfico*. Barcelona: Kairós.

BRANDÃO, B. e CREMA, R. (1991) *O novo paradigma holístico*. São Paulo: Summus.

BRIGGS, J. y PEAT, D. (1999). *Las siete leyes del caos. Las ventajas de una vida caótica*. Barcelona: Grijalbo.

BRIGGS, J. y PEAT, F. D. (1994). *Espejo y reflejo: del caos al orden.*

Barcelona: Editorial Gedisa.

CAPRA, F. (1997). *A teia da vida*. São Paulo: Cultrix/Amana.

CAPRA, F. (2002). *Conexões ocultas*. São Paulo: Cultrix/Amana.

CHOPRA, D. (1994). *Las siete leyes espirituales del éxito*. Bogotá: Norma. (*As sete leis espirituais do sucesso*. Rio de Janeiro: Bestseller.)

CIRET-UNESCO (1997). ¿Qué universidad para el mañana? Hacia una evolución transdisciplinaria de la universidad. Declaración y recomendaciones del Congreso Internacional sobre Transdisciplinariedad. Locarno (Suiza), Mayo 1997.

COLOM, A. (2003). *A (des)construção do conhecimento pedagógico: Novas perspectivas para a educação*. Porto Alegre: ArtMed.

CREMA, R. (1990). *Introdução à visão holística*. São Paulo: Summus.

CSIKSZENTMIHALYI, M. (1998). *Creatividad*. Barcelona: Paidós.

D'AMBROSIO, U. (1986). *Da realidade à ação*. São Paulo: Summus.

D'AMBROSIO, U. (1986.) *Etnomatemática: arte ou técnica de explicar e conhecer*. São Paulo: Atica.

D'AMBRÓSIO, U. et al. (1998). *Conhecimento, cidadania e meio ambiente. v. 2*. São Paulo: Peirópolis.

DAMASIO, A. (2003). *O mistério da consciência*. São Paulo: Companhia das Letras.

DAMASIO, A. (2005). *Em busca de Espinosa*. São Paulo: Companhia das Letras.

DEMO, P. (2002). *Complexidade e aprendizagem: dinâmica não linear do conhecimento*. São Paulo: Atlas.

EGAN, K. (1999). *Fantasía e imaginación: su poder en la enseñanza*. Madrid: Morata.

EMOTO, M. y otros (2006). *El poder curativo del agua*. Barcelona: Obelisco.

EMOTO, M. (2005). *El mensaje del agua*. Barcelona: La liebre. (*Mensagens da Água*. São Paulo: Isis.)

FERGUSON, M. (1991). *La conspiración de acuario*. Barcelona: Kairós. (*A Conspiração Aquariana*. Rio de Janeiro: Record.)

FISZBEIN, M. R. (2005). *Agua y conciencia*. Barcelona: Obelisco.

FRIAÇA, A. e outros (coord.) (2005). *Educaçao e transdisciplinaridade III*. São Paulo: TRIOM.

GOLBERG, E. (2004). *El cerebro ejecutivo: lóbulos frontales y mente civilizada*. Madrid: Critica.

GOSWAMI, A. (2000). *O universo autoconsciente: como a consci-*

ência cria o mundo matérial. Rio de Janeiro: Record / Rosa dos Tempos.

GUTIÉRREZ PÉREZ, F. y PRADO ROJAS, C. (2004). *Ecopedagogía y ciudadanía planetaria.* Játiva: Diálogos.

HOCK, D. (2001). *El nacimiento de la era caórdica*. Barcelona: Gránica.

KRAMER, F. (2003). *Educación ambiental para el desarrollo sostenible*. Madrid: L Catarata.

LAMATA, R. (2005). *La actitud creativa. Ejercicios para trabajar en grupos la creatividad*. Madrid: Nancea.

LASZLO, I. (1999). *El cosmos creativo. Hacia una ciencia unificada de la materia, la vida y la mente*. Barcelona: Cairos.

LASZLO, I. (2004). *La ciencia y el campo akásico*. Madrid: Nowtilus.

LÉVY, P. (1994). *As tecnologias da inteligência: o futuro do pensamento na era da informática*. Rio de Janeiro: Nova Fronteira.

LOVELOCK, J. (2000). Gaia – Um modelo para a dinâmica planetária e celular. In W. I. Thompson (org.). *Gaia: Uma teoria do conhecimento.* São Paulo: Editora Gaia.

LUPASCO, S. (1960). *Les trois matières*. Paris: Gallimard.

MARGULIS, L. & HINKLE, G. (1992). Large symbiotic spirochetes: Clevelandina, Cristispira, Diplocalyx, Hollandina, and Pillotina. In *The Prokaryotes, Handbook of the Biology of Bacteria*, v.4, 2nd ed. HG Barlows, MG Truper, M Dworkin, W Harder and KH Scheifer, eds. Springer Verlag, NY, p.3965-3978.

MARGULIS L., J. O. CORLIS, M. MELKONIAN & D.J. CHAPMAN (ed) (1990). *Handbook of Protoctista: The structure, cultivation, habitats and life histories of eukaryotic microorganisms and descendants exclusive of animals, plant and fungi*. Jones & Bartlett, Boston, 914p.

MARGULIS L., OLENDZENSKI, L. & AFZELIUS, B. F. (1990). *Endospore-forming filamentous bacteria symbiotic in termites: ultrastructure and growth and growth in culture of Arthromitus*. Symbiosis 8:95-116.

MARGULIS L., OLENDZENSKI, L. & MCKHANN H.I. (1993). *Illustrated Glossary of the Protoctista*. Jones & Bartlett, Boston, (in press).

MARGULIS L., GUERRERO, R., ASHEN, J. B. & SOLÉ, M. *Largest free-living spirochete found in microbial mats*. Proc. Nat'l. Acad. Sci. USA (in press)

MARGULIS L.. (1992). Biodiversity: Molecular biological domains, symbiosis and kingdom origins. Biosystems 27:39-51.

MARTÍNEZ MIGUÉLEZ, M. (2004). *Transdisciplinariedad y lógica dia-*

léctica. Internet

MATURANA, H. (1995). *Emociones y Lenguaje en educación y política*. Santiago: Dolmen.

MATURANA, H. (1997). *La objetividad: Un argumento para obligar*. Santiago: Dolmen.

MATURANA, H. (1998). *Da biologia à psicologia*. Porto Alegre: Artes Médicas.

MATURANA, H. (1999). *A ontologia da realidade*. Belo Horizonte: Editora da UFMG.

MATURANA, H. e BLOCH, S. (1996). *Biologia del emocionar y Alba emoting: bailando juntos*. Santiago: Dolmen.

MATURANA, H. e VARELA, F. (1995). *A árvore do conhecimento*. Campinas/SP: Editorial Psy. / (2001). *A árvore do conhecimento: as bases biológicas da compreensão humana*. São Paulo: Palas Athena.

MATURANA, H. e VARELA, F. (1997). *De máquinas e seres vivos*. Porto Alegre: Artes Médicas.

MATURANA, H. (2000).Transformacíon en la convivencia..Santiago: Dolmen.

MAYOR ZARAGOZA, F. (2000). *Un mundo nuevo*. Barcelona: UNESCO. Círculo de lectores.

MCNEILL, J. R. (2003). *Algo nuevo bajo el Sol*. Madrid: Alianza.

MORAES, M. C. (1997). O paradigma educacional emergente. Campinas/SP: Papirus.

MORAES, M. C. (2003). *Educar na biologia do amor e da solidariedade*. Petrópolis/RJ: Vozes.

MORAES, M. C. (2004). *O pensamento eco-sistêmico: educação, aprendizagem e cidadania no século XXI.* Petrópolis/RJ: Editora Vozes.

MORAES, M. C. y TORRE, S. de la. (2002). "Sentipensar bajo la mirada autopoiética o como reencantar creativamente la educación". *Creatividad y Sociedad.* v. 2, p.45-56, Revista de Asocrea. Barcelona.

MORAES, M. C. y TORRE, S. de la. (2006). Pesquisando a partir do pensamento complexo. Elementos para uma metodologia de desenvolvimento ecosistèmico. Em Educação, nº XXIX (1), p.145-172.

MORIN, E. (1981). *El Método 1. La Naturaleza de la Naturaleza*. Madrid: Cátedra. (*O Método 1. A Natureza da Natureza*. Porto Alegre: Medidional.)

MORIN, E. (1990). *O paradigma perdido: a natureza humana.* Sintra: Portugal:

MORIN, E. (1995). *Introdução ao pensamento complexo.* Lisboa: Instituto Piaget.

MORIN, E. (1996). *Ciência com Consciência*. Rio de Janeiro: Bertrand Brasil.

Morin, E. (1998). *El Método: la vida de la vida*. Madrid: Ediciones Cátedra.

MORIN, E. (1998). *Sociologia: A sociologia do microssocial ao macroplanetário*. Sintra: Portugal: Publicações Europa América.

MORIN, E. (2000). *La mente bien ordenada*. Barcelona: Editorial Seix Barral. (*A cabeça bem feita: repensar a reforma, reformar o pensamento*. Rio de Janeiro: Bertrand Brasil.)

MORIN, E. (2003). *Los siete saberes necesarios para una educación de futuro*. Barcelona: Paidós. (*Os sete saberes necessários à educação do futuro*. São Paulo: Cortez.)

MORIN, E. et al. (1996). *O problema epistemológico da Complexidade*. Sintra: Portugal.

MORIN, ROGER-CIURANA, MOTTA (2003). *Educar en la era planetaria*. Barcelona: Gedisa.

NICOLESCU, B. (2000). *O manifesto da transdisciplinaridade*. São Paulo: TRIOM.

NICOLESCU, B. (2004). Reforma da educação e do pensamento: Complexidade e transdisciplinaridade. In: http://www.engenheiro2001.org.br/curriculos.htm. Acessado em 7/7/2004.

NICOLESCU, B. e outros (2000). *Educação e transdisciplinaridade*. Brasília: UNESCO.

NICOLESCU. B. e BADESCU, H. (coord.) (2001). *Stéphane Lupasco, o homem e a obra*. São Paulo: TRIOM.

O'CONNOR, J. & McDERMOTT, I. (1998). *Introducción al pensamiento sistémico: recursos esenciales para la creatividad y la resolución de problemas.* Barcelona: Urano.

PEAT, D. (1990.) *Sincronicidad. Puente entre mente y materia*. Barcelona: Kairós.

PEAT, F. D. (1999). New Science, New Vision. http://www.fdavidpeat.com/

PEREZ ESCLARÍN, A. (2005). *Educar para humanizar*. Madrid: Narcea.

PINEAU, G. y BACHELARD, D. y otros (1995). *Habiter la terre. Ecoformation terrestre pour une consciente planétaire*. Paris.Montreal: Paris, Harmattan.

PINEAU, G. y otros (1994) *De l'air. Essai sur l'ecoformation*. Paris, Montreal: Paideia.

PRIGOGINE, I. e STENGERS, I. (1991). *A nova aliança: a metamoforse da ciência*. Brasilia: Editora da Universidade de Brasília.

PRIGOGINE, I. (1986). O reencantamento da natureza. In R. Weber (org.), *Diálogos com cientistas e sábios: A busca da unidade perdida.* São Paulo: Cultrix.

PRIGOGINE, I. (1996). O fim da ciência. In: D. F.Schnitman. *Novos paradigmas, cultura e subjetividade*. Porto Alegre: Artes Médicas.

PRIGOGINE, I. (1996). *O fim das certezas: tempo, caos e leis da natureza*. São Paulo: UNESP.

PRIGOGINE, I. (1997). *¿Tan solo uma ilusión? Una exploración del caos al orden.* Barcelona: Tusquets Editores.

SANTOS, B.de S. (1988). Um discurso sobre as ciências na transição para uma ciência moderna. Em *Estudos Avançados,* vol. 2, nº 2. São Paulo: USP.

SHELDRAKE, R. (1993). *O renascimento da natureza: o reflorescimento da ciência e de Deus*. São Paulo: Cultrix.

SIDELSKY, R. (1991). *El poder creador de la mente*. Barcelona: Robin Book.

TEÓTIMO SCOZ, J. (2002). *Aprendizagem. Um enfoque unibiótico*. Blumenau/Brasil: Odorizzi.

TORRE, S. y Moraes, M. C. (2005). *Sentipensar. Fundamentos y estrategias para reencantar la educación*. Málaga: Aljibe. (*Sentipensar – Fundamentos e estratégias para reencantar a educação*. Petrópolis/RJ: Vozes.)

TORRE, S. y Moraes, M. C. (2006). Investigar en creatividad bajo el pensamiento complejo. En Torre y Violant *Comprender y evaluar la creatividad*. vol 2, p.33-72. Málaga: Aljibe.

TORRE, S. de la (2003). *Dialogando com la creatividad*. Barcelona: Octaedro.

TORRE, S. de la (2006). Falacias epistemológicas del método cienticista. En Torre y Violant (Dirs) *Comprender y Evaluar la creatividad*. Málaga: Aljibe.

TORRE, S. de la, PUJOL, M. A.; RAJADELL, N. (Coord) (2005). *El cine, un entorno educativo*. Madrid: Narcea.

VARELA, F. (1996). *Conocer.* Barcelona: Gedisa Editorial.

VARELA, F. (2000). O caminho faz a trilha. In W. I. Thompson (org.). *Gaia: Uma teoria do conhecimento.* São Paulo: Editora Gaia.

VARELA, F., Thompson, E.& Rosch, E. (1997). *De cuerpo presente: Las ciencias cognitivas y la experiencia humana.* Barcelona: Gedisa.

VILCHES, A. y GIL, D. (2003). *Construyamos un futuro sostenible. Diálogos de supervivencia*. Madrid: Cambridge University Press.

WAGENSBERG, J. G. (2004). *La rebelión de las formas.* Barcelona: Editora Tusquet.

WEBER, R. (1993). O universo que dobra e desdobra: uma conversa com David Böhm. In: K. Wilber (org.). *O paradigma holográfico e outros paradoxos*. São Paulo: Cultrix.

WEBER, R.(1996). *Diálogos entre cientistas e sábios: A busca da unidade*. São Paulo: Cultrix.

WEIL, P. (1976). *A consciência cósmica*. Petrópolis: Vozes.

WEIL, P. (1990). *Holística. Uma nova visão e abordagem do real*. São Paulo: Palas Athena.

WEIL, P.; D´AMBROSIO, U.; CREMA, R. (1993). *Rumo a nova transdisciplinaridade. Sistemas abertos de conhecimento*. São Paulo: Summus.

WILBER, K. (1990). *El espectro de la conciencia*. Barcelona: Kairós.

WILBER, K. (2003). *Los tres ojos del conocimiento*. Barcelona: Kairós.

WILBER, K. (2003). *Una teoría de todo: una visión integral de la ciencia, la política, la empresa y la espiritualidad*. Barcelona: Kairós.

Bibliografia sobre Ecoformação e Meio Ambiente

Seleção: Joan Mallart i Navarra

(1992). *Pobreza, desarrollo y medio ambiente.* Barcelona: Intermón.

(1993). *Guia de l'Agenda 21: l'aliança global per al medi ambient i el desenvolupament.* Barcelona: Generalitat de Catalunya. Departament de Medi Ambient.

(1995). *Declaració de Rio; Declaració de principis relatius als boscos; Conveni sobre el canvi climàtic; Conveni sobre la diversitat biològica.* Barcelona: Generalitat de Catalunya. Departament de Medi Ambient.

(2001). *Fòrum 2000 d'Educació Ambiental: guia de debat, resums i propostes.* Societat Catalana d'Educació Ambiental.

(2002). *Compromís ciutadà per la sostenibilitat.* Barcelona: l'Ajuntament, Document consensuat després de la fase de participació ciutadana de l'Agenda 21 de Barcelona.

(2002). *Perspectivas del Medio Ambiente Mundial 2002: GEO 3.* Madrid: Mundi-Prensa.

(2003). *Signes vitals: les tendències ambientals que configuren el nostre futur.* Barcelona: Centre UNESCO de Catalunya.

(2004). *Informe sobre el desenvolupament humà 2004.* Barcelona: ANUE.

(2005). Développement durable. *Dossier Le Monde,* 28 de mayo de 2005.

ALDRIDGE, D. (1981). *Grand livre de l'éducation à l'environnement.* Norwich: Geo Abstracts.

ALIÓ, M. A.; OLIVELLA, M. [coord.] (1999). *Per viure bé nosaltres i les generacions que vindran: com prendre part a fer sostenibles els nostres pobles i ciutats.* Barcelona: Diputació.

ARIÑO [et al.] (2004). *Guia de buenas prácticas ambientales.* Madrid:

Ecoiuris.

ARROJO, Pedro (2006). *El reto ético de la nueva cultura del agua. Funciones, valores y derechos en juego.* Barcelona: Paidós.

ASHBY, E. (1981). *Reconciliar el hombre con el ambiente.* Barcelona: Blume.

BARBIER, René y PINEAU, Gaston (2001). *Les eaux formatrices*. Paris: L'Harmattan, collection Écologie et Formation.

BARCENA, I.; IBARRA, P. y ZUBIAGA, M. (2000). *Desarrollo sostenible: un concepto polémico*. Bilbao: Servicio Editorial Euskal Herriko Unibersitatea.

BATESON, G. (1991). *Pasos hacia una ecología de la mente*. Buenos Aires: Planeta.

BATESON, G. (1982). *Espíritu y Naturaleza*. Buenos Aires: Amorrortu.

BATISSE, Michel (1969). ¿Se está haciendo inhabitable nuestro planeta? *El Correo de la Unesco,* XXII, nº monográfico, enero, p.4-6.

BAYARD, M.; PANDYA, M. et al. (1997). *Coneixements bàsics en Educació Ambiental.* Barcelona: Graó.

BEDJAUI, Mohammed (1979). La Terra, patrimoni comú de la humanitat. Un nou concepte jurídic per a un nou ordre econòmic mundial. *El Correu de la Unesco*, nº 18, p.14-19.

BENAYAS DEL ÁLAMO, Javier (2003). *La investigación en educación ambiental en España*. Madrid: Organismo Autónomo Parques Nacionales.

BOADA, M. y SAURÍ, D. (2002). *El canvi global.* Barcelona: Rubes.

BOFF, Leonardo (1996). *Ecología: grito de la tierra, grito de los pobres.* Madrid: Trotta.

BOFF, Leonardo (1999). *Ética da vida.* Brasilia: Letra viva.

BOFF, Leonardo (1996). *Ecologia, mundialização, espiritualidade. A emergência de um novo paradigma.* São Paulo: Ática.

BOFF, Leonardo y FREI BETTO (1996). *Mística y espiritualidad.* Madrid: Trotta.

BOSQUET, Michel (1978). *Ecología y revolución.* Buenos Aires: Nueva Visión.

BRADLEY, Ian (1993). *Dios es verde: cristianismo y medio ambiente.* Santander: Sal Terrae.

BROWN, Lester R. (2002). *Ecoeconomia. La construcció d'una economia per a la terra.* Barcelona: Centre Unesco.

BRUNDTLAND, Gro Harlem (1986). *Our common future: from one earth to one world.* New York: Oxford University Press.

BUSSCHBACH, H. (1987). *Environmental education in secondary schools.* London: Conservation Trust.

CAÑAL, P. y GARCÍA, E. (1983). *La ecología en la escuela. Teoría y práctica de la educación ambiental.* Barcelona: Laia.

CARIDE, J. A. y MEIRA, P. (2001). *Educación ambiental y desarrollo humano*. Barcelona: Ariel.

CARRERA I CARRERA, Joan (2003). *Món global. Ètica global.* Barcelona: Cristianisme i Justícia, nº 118.

CARRERA I CARRERA, Joan y GONZÁLEZ FAUS, José Ignacio (2005). *Horitzó Kyoto. El problema ecològic.* Barcelona: Cristianisme i Justícia, nº 133.

CASTRO, C. (2001). *La revolución solidaria: más allá del desarrollo sostenible*. Madrid: IEPALA.

CENEAM (1989). *Madre Tierra ¿por qué conservar?* Madrid: ICONA.

COLOM, A. J. y SUREDA, J. (1980). *Hacia una teoría del medio ambiente*. Palma de Mallorca: ICE de la Universitat de les Illes Balears.

COLOM, A. J. y SUREDA, J. (1981). *Hacia una teoría del medio educativo. Bases para una pedagogía ambiental*. Palma de Mallorca: Universitat de les Illes Balears.

COLOM, A. J. y SUREDA, J. (1989). *Pedagogia ambiental*. Madrid: Ceac.

Comisión Mundial del Medio Ambiente y el Desarrollo (1988). *Nuestro futuro común*. Madrid: Alianza.

Comisión Temática de la Educación Ambiental (1999). *Libro Blanco de la Educación Ambiental*. Madrid: Ministerio de Medio Ambiente.

COMMONER, B. (1994). *En paz con el planeta*. Barcelona: RBA.

Consejo de la Tierra (1993). *Tratado sobre educación ambiental para sociedades sustentables y responsabilidad global*. Foro Internacional de Organizaciones no Gubernamentales y Movimientos Sociales. Bogotá: Ecofondo.

COTTEREAU, Dominique (1994). *A l'école des éléments. Écoformation et classe de mer.* Lyon: Chronique Sociale.

Cuadernos de Pedagogía (1984, 1992). *Monogràfics sobre educació ambiental*, nº 109, 157, 204.

DARLING, Frank Fraser (1969). El hombre contra la naturaleza. *El Correo de la Unesco,* XXII, núm. monogràfic, gener, p.24-37.

DAUBOIS, J. (1976). *La ecología en la escuela.* Buenos Aires: Kapelusz.

DUBOS, René (1969). La biosfera. Un delicado equilibrio entre hombre y naturaleza. *El Correo de la Unesco,* XXII, nº monográfico, enero, p.7-15.

DELIBES, M. (1971). *Un mundo que agoniza.* Barcelona: Plaza & Janés.

DELIBES, M. y DELIBES DE CASTRO, M. (2005). *La Tierra herida. ¿Qué mundo heredarán nuestros hijos?* Barcelona: Destino.

DESINGER, J. (1990) Environmental education for sustainable development, *Journal of Environmental Education*, v. 21, nº 4, p.3-6.

DIAMOND, Jared (2005). *Collapse: How societies choose to succeed or fail.* New York: Viking Press.

DÍAZ, Manuel (2006). El dilema del prisionero. Una siniestra paradoja en que la razón conduce a la destrucción colectiva. *La Vanguardia,* 2 d'abril, revista, p.13.

DIES, Ignasi (2006). *El model alimentari actual.* Barcelona: Justícia i Pau. Quaderns per a la Solidaritat.

DREUX, Philippe (1975). *Introducción a la ecología.* Madrid: Alianza.

EDWARDS, B. (2004). *Guía básica de la sostenibilidad*. Barcelona: Gustavo Gili.

EKINS, P. et al. (1992). *Riquezas sin límite: el atlas Gaia de la economía verde*. Madrid: Edaf.

ELLIOTT, J. (1991). *Environmental Education in Europe: Innovation, Marginalisation or Assimilation*, en *Environment, schools, and active learning*. París: OECD-CERI.

ELLIOTT, J.(1995). *Environmental education, action research and the role of the school*. París: OECD: Environmental Learning for the 21st Century.

ENGELHARDT, H. T. (1995). *Los fundamentos de la Bioética.* Barcelona: Herder.

ENGLEHART, P. (1996). *L'Homme mondial – Les sociétés humaines peuvent-elles survivre?* Paris: Arléa.

FENSHAM, Peter J. (1978). Educar para el medio ambiente. *El Correo de la Unesco,* XXXI, març, p.4-7.

FIEN, J. (1996). *Learning for a sustainable future*. Paris: UNESCO.

FOLCH, Ramon (1976). *Natura, ús o abús? Llibre blanc de la gestió de la natura als Països Catalans.* Barcelona: Barcino.

FOLCH, Ramon (1979). *Sobre ecologismo y ecología aplicada.* Barcelona: Ketres.

FOLCH, Ramon (1987). *Estudio sobre formación y educación ambiental. Evaluación de la eficacia de métodos de educación ambiental.* 3 vols. Barcelona: Centre d'Estudis de Planificació.

FOLCH, Ramon (1990). *Que lo hermoso sea poderoso: sobre ecología, educación y desarrollo*. Barcelona: Altafulla.

FOLCH, Ramon (1993). *Cambiar para vivir: sobre educación ambien-*

tal y socioecología. Barcelona: Integral.

FOLCH, Ramon (1998). *Ambiente, emoción y ética.* Barcelona: Ariel.

Fundación Konrad Adenauer (FKA) (1997). *Humanismo cristiano y gestión ambiental comunal*. Santiago de Chile: FKA.

GARCIA, Albert (1979). *El combat ecologista a Catalunya.* Barcelona: Edicions 62.

GARCIA, Albert [dir.] (1998). *La ciutat sostenible = la ciudad sostenible = the sustainable city*. Barcelona: Centre de Cultura Contemporània de Barcelona.

GARCIA RUBIO, A. (1989). *Unidade na pluralidade.* São Paulo: Paulinas.

GARCIA RUBIO, A. (1993). *Domineu la Terra? Aportacions teològiques al problema ecològic.* Barcelona: Cristianisme i Justícia, núm. 57.

GARCÍA, J. y NANDO, J. (2000). *Estrategias didácticas en educación ambiental*. Màlaga: Aljibe.

GELI DE CIURANA, Anna M. et al. (2004). *Investigaciones en educación ambiental: de la conservación de la biodiversidad a la participación para la sostenibilidad.* Madrid: Ministeria de Medio Ambiental, Organismo Autónomo Parques Nacionales, Doctorado Interuniversitario en Educación Ambiental.

GEORGE, Susan (1996). La ecología, principal apuesta para el siglo XXI. *Le Monde Diplomatique*, novembre.

GIOLITTO, P. (1982). *Pédagogie de l'environnement.* Paris: Puf (trad. cast.: *Pedagogía del medio ambiente. Principios de Ecología.* Barcelona: Herder).

GIOLITTO, P. [ed.] (1997). *L'Education à l'environnement dans l'Union Européenne*. Luxembourg: Office de Publications Officielles des Communautés Européennes.

GIORDAN, A. et al. (1977). *Vers une éducation rélative à l'environnement.* Paris: INRP.

GIORDAN, A. y C. Souchon (1994). *La educación ambiental: guía práctica*. 2a. ed. Sevilla: Díada.

Global Forum de Rio (1993). *La Carta della Terra. Il manifesto dell'ambientalismo planetario*. Turín: ISEDI, UTET.

GONZÁLEZ BERNÁLDEZ, F. (1981). *Ecología y paisaje.* Madrid: Blume.

GONZÁLEZ GAUDIANO, Édgar (1993). *Elementos estratégicos para el desarrollo de la educación ambiental en México.* Guadalajara: Universidad de Guadalajara.

GONZÁLEZ GAUDIANO, Édgar [coord.] (1996) *El desarrollo sustentable. Una alternativa de política institucional.* México: Semarnap.

GONZÁLEZ GAUDIANO, Édgar (1998). *Centro y periferia en educación ambiental. Un enfoque antiesencialista.* México: Mundi-Prensa.

GUDYNAS, Eduardo y GRACIELA Evia (1995). *Ecología social. Manual de metodologías para educadores populares.* Bogotá: Cooperativa Editorial Magisterio.

GREIG, Sue; PIKE, Graham y SELBY, David (1991). *Los derechos de la Tierra. Como si el planeta realmente importara.* Madrid: Popular; ADENA; Cruz Roja.

GUTIÉRREZ, Francisco y PRADO, Cruz (2001). *Ecopedagogia i ciutadania planetària.* Xàtiva: Centre de Recursos i Educació Contínua; Diputació de València.

HARDIN, Garrett (1968). The tragedy of the commons. *Science,* v. 162, n. 3859, p.1243-1248.

HARDIN, Garrett (1974). Living on a Lifeboat. *Bioscience,* n. 24, p.561-568.

HARDIN, Garrett (1988). Extensions of 'tragedy of the commons'. *Science,* v. 280, n. 5364, p.682-683.

HARDIN, Garrett (1990). The tragedy of the commons. *The Concise Encyclopedia of Economics.*

JONAS, Hans (1995) *El principio de responsabilidad. Ensayo de una ética para la civilización tecnológica*. Barcelona: Herder.

KAIMOWITZ, David (2005). *Informe sobre la situación de los bosques del mundo.* FAO, Centro Internacional de investigación Forestal.

KEATING, M. (1996). *Agenda 21: una versió en llenguatge senzill de l'Agenda 21 i els altres acords de la Cimera de la Terra*. Barcelona: Mediterrània.

KNAPP, D. (1998). The Thessaloniki Declaration – The begining of the end of environmental education?, *Environmental Communicator*, v. 8, n. 2, p.12-14.

KRAMER, F. (2002*). Manual práctico de educación ambiental*. Madrid: Libros de la Catarata.

KRAMER, F. (2003). *Educación ambiental para el desarrollo sostenible*. Madrid: Libros de la Catarata.

LAMB, Hubert H. (1973). Desde hace treinta años la tierra se enfría. ¿Está cambiando el clima del planeta? *El Correo de la Unesco,* XXVI, agosto-setiembre, p.17-20.

LASZLO, Ervin (1985). *La última oportunidad.* Madrid: Debate.

LÓPEZ, A. (2001). *Educadors o predicadors. Escenaris de l'educació ambiental*. Lleida. Pagès.

LUCAS, A.M. (1980-81). The role of science education in education for the environment. *Journal of Environmental Education*, v. 12

(2), p.32-37.

LUDEVID, M. (1995). *El Canvi global en el medi ambient: introducció a les seves causes humanes*. Barcelona: Proa; Universitat Pompeu Fabra.

Lynas, M. (2004). *Marea alta. Noticia de un mundo que se calienta y cómo nos afectan los cambios climáticos.* Barcelona: RBA Libros.

MALLART, Joan (1973). *Un programa de ciencias sociales en Barcelona a partir del medio próximo.* Tesis de Licenciatura. Universitat de Barcelona.

MALLART, Joan (1985). *Revisió didàctica contemporània de les ciències socials.* Tesis de Doctorado. Universitat de Barcelona.

MARCUSE, Herbert (1975). *Ecología y revolución.* Buenos Aires: Nueva Visión.

MARGALEF, Ramon (1982). *Ecología.* Barcelona: Planeta.

MARQUÉS, J. V. (1978). *Ecología y lucha de clases.* Madrid: Zero Zyx.

MARTÍN MOLERO, Francisca (1988). El entorno: Nuevos aspectos de esta dimensión educativa. *Comunidad Educativa,* nº 158, p.6-9.

MARTÍN MOLERO, Francisca (1988). Posible programación de Educación Ambiental. *Comunidad Educativa,* nº 158, p.28-29.

MARTÍN MOLERO, Francisca (1996). *Educación ambiental*. Madrid: Síntesis.

MARTÍNEZ, J. (2004). *El ecologismo de los pobres*. Barcelona: Icaria.

MATURANA, H. y Varela, F. (1990). *El árbol del conocimiento*. Madrid: Debate.

MAYER, M. (1994). *Complejidad y cambio: un enfoque dinámico de la educación ambiental*. (Colec. Monografías del Máster en Educación Ambiental). Madrid: Fundación Universidad-Empresa.

MAYOR ZARAGOZA, Federico (2000). *Un mundo nuevo*. Barcelona: UNESCO. Círculo de Lectores.

MCEWING, Wayne (1971). Ámbitos del espíritu: VI ¿Extinción del espíritu? (Ecología). *El Correo de la Unesco,* XXIV, agosto-setiembre, p.38-43.

MCNEILL, J. R. (2003). *Algo nuevo bajo el Sol*. Madrid: Alianza.

MEADOWS, D. H. et al. (1993). *Más allá de los límites del crecimiento*. Madrid: El País / Aguilar.

MEDINA, Antonio (1990). Diseño curricular en la educación ambiental. En Medina, A. y Sevillano, M.L. *Didáctica-adaptación. El currículum,* v. 2, p.589-620.

MENACHO, Joaquim (1999). *El repte de la Terra. Ecologia i justícia en el segle XXI.* Barcelona: Cristianisme i Justícia, núm. 89.

MIRES, Fernando [e.a.] (1996). *Ecología solidaria*. Madrid: Trotta.

MONEREO, M.; RIERA, M. (eds.) (2001). *Porto Alegre: otro mundo es posible.* Barcelona: El Viejo Topo.

MORIN, E. (1994). *Introducción al pensamiento complejo*. Barcelona: Gedisa.

MUNTAÑOLA, J. (1980). *Didáctica medioambiental: fundamentos y posibilidades.* Barcelona: Oikos-Tau.

MURGA MENOYO, M. ÁNGELES [coord.] (2006). *Desarrollo local y Agenda 21.* Madrid: Prentice Hall.

MYERS, N. (1987). *El Atlas gaia de la gestión del planeta.* Madrid: Blume.

NACE, Raymond L. (1970). El hombre en busca de agua. *El Correo de la Unesco,* XXIII, nº monográfico, junio, p.4-13.

NADAL, M. y PUJOL, J. (1983). *El medi a l'escola. Elements per a una recerca.* Barcelona: Graó.

NOVO, M. (1984). *Pedagogía y medio ambiente. Guía de Educación ambiental.* Madrid: UNED.

NOVO, M. (1986). La Pedagogía ambiental en el ámbito de las ciencias de la educación. *Revista de Educación*, nº 279.

NOVO, M. (1986). *Educación y medio ambiente.* Madrid: UNED

NOVO, M. (1988). *Educación ambiental.* Madrid: Anaya.

NOVO, M. (1995). *La educación ambiental*. Madrid: Universitas.

OECD (1995). *Environmental Learning for the 21st Century.* París: OECD.

OLIVERAS, Ignasi (1997). *Una Terra per a tothom*. Barcelona: Intermón; Octaedro.

PARDO DIAZ, A. (1995). *La educación ambiental como proyecto.* Barcelona: ICE-Horsori.

PINEAU, Gaston et al. (1994). *De l'air. Essai sur l'écoformation*. Paris, Montréal: Païdéia, Sciences et Culture.

PINEAU, Gaston; Bachelart, Dominique [et al.] (2005). *Habiter la terre. Écoformation terrestre pour une conscience planétaire.* Paris: L'Harmattan.

PORCHER, L. et al. (1975). *Pédagogie de l'environnement.* Paris: Armand Colin.

Presència (2004). Dossier: El planeta s'escalfa. *Presència,* nº 109, 26 de novembre-2 de desembre.

RALEA, F. y PRAT, A. (1998). *La petjada ecològica de Barcelona.* Barcelona: Ajuntament.

RICHARDS, Paul W. (1975). La agonía de las selvas tropicales. *El Correo de la Unesco,* XXVIII, octubre, p.16-24.

RIECHMANN, J. (2003). *Cuidar la T(t)ierra*. Barcelona: Icaria.

RIECHMANN, J. (2004). *Gente que no quiere vivir en Marte: ensayos sobre ecología, ética y autolimitación*. Madrid: Libros de la Catarata.

SACHS, W. y G. ESTEVA (1996) *Des ruines du développement*. Montreal: Écosociété.

SAGOT-DUVAROUX, Jean-Louis (1995). *Pour la gratuité.* Paris: Desclée de Brouwer.

SAGOT-DUVAROUX, Jean-Louis (2006). *De la gratuité.* Paris: L'Éclat.

SAGOT-DUVAROUX, Jean-Louis (2006). Vive la gratuité. *Le Monde Diplomatique,* julio, n. 628, p.28.

SAUVÉ, Lucie (1996) Environmental education and sustainable development, en *Canadian Journal of Environmental Education*, 1, 7-35.

SAUVÉ, Lucie (1997). *Pour une éducation relative à l'environnement.* Montréal: Guérin, 2a ed.

SCHUMACHER, E. F. *Lo pequeño es hermoso.* Madrid: Blume.

SCOZ, Juraci Teótimo (2002). *Aprendizagem: um enfoque unibiótico.* Blumenau, Brasil: Odorizzi.

SEBASTIÁN, Luis de (1992). *Mundo rico, mundo pobre.* Santander: Sal Terrae.

SIREAU, A. (1989). *Educación y medio ambiente. Conocimientos básicos*. Madrid: OEI.

SOLÉ, Ricard y MONTOYA, José María (2006). La complejidad ecológica desenredada. *Nature,* 20 de julio de 2006.

SOSA, N. M. [coord.] (1995). *Educación ambiental. Sujeto, entorno y sistema.* Salamanca: Amarú.

STROHM, H. (1978). *Manual de educación ecológica.* Madrid: Zero ZYX.

SUREDA, Jaume (1988). *Manual de pedagogia ambiental.* València: Eliseu Climent.

SUREDA, Jaume (1990). *Guía de la educación ambiental. Fuentes documentales y conceptos básicos.* Barcelona: Anthropos.

SUREDA, Jaume y Calvo, A. (2003). *La xarxa internet i l'educació ambiental.* Barcelona: Graó.

SUREDA, Jaume y Colom, Antoni J. (1989). *Pedagogía ambiental.* Barcelona: Ceac.

SUREDA, Jaume y Comas, Rubén (2005). *Fuentes de información y documentación a través de Internet para investigadores en edu-*

cación ambiental [Arxiu d'ordinador]. Madrid: Parques Nacionales, 1 disc (CD-ROM) (Naturaleza y parques nacionales. Serie Educación ambiental).

TAMAMES, Ramón (1977). *Ecología y desarrollo.* Madrid: Alianza.

TAMAMES, Ramón (1982). *La educación ambiental.* Madrid: Nuestra Cultura.

TAPIA TOHARIA (1995). *Medio ambiente, ¿alerta verde?* Madrid: Acento.

TEITELBAUM, Alejandro (1978). *El papel de la educación ambiental en América Latina*. París: UNESCO.

TERRADAS, Jaume (1971). *Ecologia d'avui.* Barcelona: Teide.

TERRADAS, Jaume (1979). *Ecología y educación ambiental.* Barcelona: Omega.

TEWOLDE BERHAN, G. Ebziabher (1995). *El medi ambient vist pel sud.* Barcelona: Beta.

THEIN, A. (1994). *¿Cuánto es bastante? La sociedad de consumo y el futuro de la tierra*. Barcelona: Apóstrofe.

TORRES CARRASCO, M. (1996). *La dimensión ambiental: un reto para la educación de la nueva sociedad*. Bogotá, Colombia: Ministerio de Educación Nacional.

U THANT (1970). El hombre contra la naturaleza. *El Correo de la Unesco*, agosto-setiembre, p.46-53.

UINC / PNUMA / WWF (1992). *Cuidem la terra*. Barcelona: Generalitat de Catalunya, Departament del Medi Ambient.

UNESCO (1969). *El Correo,* núm. monográfico, enero. ¿Se está haciendo inhabitable nuestro planeta?

UNESCO (1970). *Utilisation et conservation de la biosphère.* Paris: Unesco.

UNESCO (1970). *El Correo,* núm. monográfico, febrero. Informe Pearson. Nueva estrategia para un desarrollo global.

UNESCO (1970). *El Correo,* núm. monográfico, junio. El hombre en busca de agua.

UNESCO (1977). *Conferencia Intergubernamental sobre Educación Ambiental: La educación frente a los problemas del medio ambiente.* Tbilisi, URSS (14 al 26 de octubre).

UNESCO (1977). *Tendencias de la educación ambiental.* Paris: Unesco.

UNESCO (1992). *Refonte de l'éducation pour un devéloppement durable*. París: Dossiers Environnement et Développement.

UNESCO (1992). *Reshaping education for sustainable development. Environment and Development Issues*. Paris: UNESCO.

UNESCO (1995). *Interregional workshop on reorienting environmental education for sustainable development*. June 26-30, Athens, Greece, UNESCO.

UNESCO (1997). *Éduquer pour un avenir viable: Une vision transdisciplinaire pour l'action concertée*. International Conference on Environment and Society, Thessaloniki, Greece, December 8-12, 1997.

UNESCO-UNEP (1976). La Charte de Belgrade. Connexion. 1, 1-3. Vaillancourt, J.-G. (1992) "Le développement durable ou le "compromis" de la Commission Brundtland", en Collectif. L'avenir d'un monde fini. *Cahiers de la Recherche Éthique*. Montréal, Fides, p.17-44.

UNESCO-UNEP (1978). Final report, intergovernmental conference on environmental education. Tbilisi, ex-URSS, Octubre 14-26, 1977. Paris.

UNESCO-UNEP (1988). Sustainable development via environmental education, *Connect*, 13 (2), June 1988, 1-3.

VALLS MONTSERRAT, Ramona (1997). *Natura i medi ambient.* Puigdàlber: Pregón policopiado.

VÁZQUEZ FIGUEROA, Alberto (1995). *El agua prometida.* Barcelona: Plaza y Janés.

VEGARA, J. M. et al. (2004). *Introducción al medio ambiente y a la sostenibilidad*. Barcelona: Vicens Vives.

VILANOVA, Santiago (1979). La ecoeducación. *Cuadernos de Pedagogía,* n. 50, p.4-8.

VILCHES, A. y GIL, D. (2003). *Construyamos un futuro sostenible. Diálogos de supervivencia*. Madrid: Cambridge University Presss. Capítol 4.

WEISSMANN, Hilda (2004). *Guía para hacer la Agenda 21 Escolar.* Madrid: Ministerio de Medio Ambiente, Organismo Autónomo Parques Nacionales.

WILSON, E. O. [ed.] (1988). *The current state of biological diversity: a biodiversity.* Washington D.C.: National Academic Press.

WORLDWATCH (1996). *Worldwatch: la información vital del planeta*. Madrid: Gaia-Proyecto 2050.

WORLDWATCH (2004). *L'estat del món: informe del Worldwatch Institute sobre el progrés cap a una societat sostenible*. Barcelona: Centre UNESCO de Catalunya.

WCED – World Commission on the Environment and Development (1987). A future for all. Brundtland Report. London, Oxford University Press.

WCED – World Commission on the Environment and Development

(1993). *Agenda 21 – Sustainable development action program: Rio declaration on the environment and development*, United Nations. Conference on the Environment and Development, june 1992. Rio de Janeiro, Brasil, New York, United Nations.

Webgrafia sobre Ecoformação e Meio Ambiente

Seleção: Joan Mallart i Navarra

Documentação sobre o II Congresso Mundial de Transdisciplinaridade: http://www.ceuarkos.com/Vision_docente/revista27/t3.htm

Programa das Nações Unidas para o Meio Ambiente: www.pnuma.org ; www.unep.org

GREENPEACE: www.greenpeace.org

WWF/ADENA: www.wwf.org ; www.wwf.es

DEPANA Liga para a Defesa do Patrimônio Natural: www.depana.org

IAEDEN Instituição Altempordanesa de Defesa da Natureza: http://www.iaeden.org/

Centro UNESCO de Catalunha: www.unescocat.org

Amigos da Terra: www.foe.org

ATTAC: http://www.attac.org ; http://attac-catalunya.pangea.org

OXFAM: http://www.oxfam.org

Intermón OXFAM: http://www.intermonoxfam.org

Rede francófona internacional de pesquisa em educação relativa ao meio ambiente: http://www.unites.uqam.ca/ERE-UQAM/Re-fERE/publi-recentes.html

GREF Grupo de Pesquisa em Ecoformação (Universités de Paris 8 et de Tours-François Rabelais): http://www.barbier-rd.nom.fr/GREFD-Cottereau98.html

Ecoeducação: http://www.ecoeducation.org

Societat Catalana d'Educació Ambiental – Sociedade Catalã de Educação Ambiental: http://www.pangea.org/scea

Carta da Terra: www.unescocat.org/cartaterra

Carta da Terra em diferentes idiomas: http://www.earthcharter.org

Departamento de Meio Ambiente do Governo da Catalunha. Destaca a área temática de sustentabilidade: http://mediambient.gencat.net ; http://www.gencat.net/mediamb

EMMA Área Metropolitana de Barcelona. Entidade de Meio Ambiente. Educação do Meio Ambiental: http://www.ema-amb.com/ca/activitat/educacio/index.html

Prefeitura de Barcelona: Agenda 21 Local: www.bcn.es/agenda21

Prefeitura de Barcelona: Agenda 21 Escolar: www.bcn.es/agenda21/a21escolar

Ministério do Meio Ambiente: www.mma.es

Direção geral da Comissão Europeia encarregada da política ambiental: www.europa.eu.int

Convenção das Nações Unidas sobre as mudanças climáticas: www.unfccc.int

GIEC Grupo Intergovernamental sobre a Evolução do Clima: www.ipcc.ch

Environmental News Network: www.enn.com

World Watch (instituição interessada na problemática global e nos indicadores de sustentabilidade): www.worldwatch.org

Conselho Assessor para o Desenvolvimento Sustentável da Prefeitura de Barcelona (inclui o informe sobre mudança climática na Catalunha) : www.cat-sostenible.org

Rede de Cidades e Povoados pela Sustentabilidade: www.diba.es/xarxasost

Conselho Internacional para as Iniciativas Ambientais Locais: www.iclei.org

Revista digital da Rede de Cidades e Povoados pela Sustentabilidade: www.sostenible.es

Campanha Europeia de Cidades e Povoados pela Sustentabilidade (cidades que aderiram à Carta de Aalborg): www.sustainable-cities.org

OSMA Universidade de Barcelona Oficina de Segurança e Meio Ambiente: www.ub.edu/osma/mediambient

Observatório da Paisagem da Catalunha : http://www.catpaisatge.net

Salvem l'Empordà: http://www.salvem-emporda.org/

Our Planet: www.ourplanet.com

Ecologistas em Ação: www.ecologistesenacció.org

Rede de Mobilização Social: http://www.xarxaglobal.net

Filme "El día de mañana": www.eldiademanana.fox.es

Revista digital Tots: Quaderns d'educació ambiental. Barcelona: Centre Unesco de Catalunya, 1993

www.tots.net

Cronologia sobre Trans e Ecoformação

Seleção: Joan Mallart i Navarra

1946	Convênio para a regulamentação da caça às baleias, Washington
1948	Declaração Universal dos Direitos Humanos
1968	Conferência da Biosfera. UNESCO, Paris. ONU, FAO, OMS, União Internacional para a Conservação da Natureza
1968	Conferência Internacional de Direitos do Homem, Teerã
1971	Convênio sobre as zonas úmidas, Ramsar (Índia)
1972	Conferência das Nações Unidas sobre Meio Ambiente Humano
1972	Convênio sobre Patrimônio Mundial, Conferência Geral da UNESCO, Paris
1972	Conferência Internacional de Educação Ambiental, Estocolmo
1974	Ano Mundial da População
1974	Conferência Internacional de Bucarest sobre População
1975	Carta de Belgrado
1975	Convênio sobre o Comércio Internacional de Espécies Ameaçadas da Fauna e Flora Selvagens, CITES, Washington
1975	Manifesto dos 400 contra a energia nuclear na França
1976	Llibre blanc de la gestió de la natura als Països Catalans
1976	Convênio de Barcelona sobre proteção do Mediterrâneo
1977	Conferência de Tbilissi (Georgia): Conferência intergovernamental sobre Educação Ambiental

1977 Conferência das Nações Unidas sobre Desertificação, Nairobi (Quênia)

1979 Criação da Teoria Gaya, por James Lovelock

1979 Acidente nuclear na ilha Three Mile (EUA), destruição do reator e evacuação da população devido à grave contaminação

1979 Convenção Internacional para a Conservação de Recursos Biológicos Marinhos da Antártida, em Camberra

1979 Convênio para a conservação da vida selvagem na Europa, Berna

1977 Convênio para a conservação das espécies migratórias, Bonn

1979 Diretiva Comunitária para a conservação das aves salvagens, Bruxelas

1980 Publicação da Estratégia para a Conservação Mundial

1982 Convênio das Nações Unidas sobre Direito do Mar, Montego Bay

1982 Descobrimento do buraco na camada de ozônio na Antártida pelo cientista japonês Shigeru Chubachi

1983 Acordo Internacional sobre madeira tropical

1985 Convênio de Viena para a eliminação da produção de clorofluocarbonetos (CFCs)

1986 Ano Internacional da Paz

1986 Explosão do reator da central nuclear de Chenobil, na Ucrânia, contaminando mais de cinco milhões de pessoas

1987 Informe Brundlandt: Comissão Mundial do Meio Ambiente e Desenvolvimento: Nosso Futuro Comum

1987 Protocolo de Montreal para a eliminação da produção de clorofluorcarbonetos (CFCs)

1987 Congresso Internacional de Educação e Formação em Matéria de Meio Ambiente, Moscou

1987 A NASA confirma a existência do buraco na camada de ozônio sobre a Antártida; em 1991 seria detectado outro buraco similar no hemisfério norte

1987 Acordo de Montreal: através dele conseguiu-se reduzir cerca de 70% da emissão de clorofluocarbonetos (CFCs) entre

1987 e 2000

1990 Primeiro informe do IPCC, International Pannel of Climate Change sobre a mudança climática

1992 Cúpula da Terra. Conferência Internacional do Rio de Janeiro

1992 Convênio sobre a diversidade biológica, Rio de Janeiro

1992 PNUMA Agenda 21

1992 Congresso Iberoamericano de Educação Ambiental em Guadalajara (México)

1992 Conferência Mundial de Educação e Comunicação sobre Ambiente e Desenvolvimento (Eco-Ed), em Toronto

1994 I Congresso Mundial sobre Transdisciplinaridade. Carta da Transdisciplinaridade. Arrabida. Portugal.

1994 Carta de Aalborg sobre cidades e povoados para a sustentabilidade

1994 Conferência Internacional sobre População e Desenvolvimento, Cairo

1995 Cúpula Mundial sobre Desenvolvimento Social, Copenhague

1996 Cúpula Nacional sobre Educação Ambiental (National Environmental Education Summit), nos Estados Unidos

1996 Convenção das Nações Unidas para combater a Desertificação (UNCED)

1997 Protocolo de Kyoto para reduzir a emissão de gases que provocam o efeito estufa causador do aquecimento do planeta

1997 Cúpula de Nova York. Conferência Internacional

1997 Conferência de Tessalônica sobre Educação Ambiental. UNESCO

1998 PNUD Informe sobre Desenvolvimento Humano

2000 Acordo sobre os Oito Objetivos do Milênio a serem atingidos antes de 2015. O primeiro objetivo, combater a pobreza; o segundo, ampliar a educação fundamental;... o sétimo, garantir a sustentabilidade do meio ambiente etc.

2001 Cúpula Europeia de Gottemburg, para lutar contra a perda da Biodiversidade: Contagem Regressiva para 2010 (Acuerdo de Cuenta atrás 2010).

2002 Cúpula Mundial de Johannesburgo sobre Desenvolvimento Sustentável

2003 Fórum Mundial da Água, Kyoto

2004 Tratado sobre Recursos Fitogenéticos para a Alimentação e a Agricultura, ratificado por 104 países

2004 IV Conferência Europeia de Cidades e Povos Sutentáveis, Aalborg

2005-2015 Década /decênio Internacional da Água

2005-2015 Década da Educação para o Desenvolvimento Sustentável

2005 II Congresso Mundial sobre Transdisciplinaridade. Vitória, ES. Brasil

2005 I Seminário sobre Transdisciplinaridade e Ecoformação. Universidade de Barcelona

2006 Ano Internacional dos Desertos e da Desertificação

2006 Convênio sobre a Diversidade Biológica

2006 Semana de Cinema. Ecoformação. Universidade de Barcelona. 6-10 de novembro

2007 Ano Polar Internacional

2007 Ano Internacional da Camada de Ozônio

2008 III Congresso Internacional de Transdisciplinaridade, Complexidade e Ecoformação. Brasília.

Breve Resenha Curricular dos Autores

ANGUERA, Teresa. Catedrática em Psicologia Básica na Universidade de Barcelona, pioneira e criadora de novas metodologias de pesquisa em ciências do comportamento. Seus trabalhos sobre metodologia da observação são uma referência internacional. Orientadora em diversos mestrados e doutorados, tanto nacionais quanto internacionais. Organizadora do X Congresso de Metodologia das Ciências Sociais realizado em Barcelona em 2007. Desde 1999, membro da Real Academia de Doutores de Catalunha. Atualmente coordena o grupo de pesquisa consolidada: Tecnología e aplicació multimedia i digital als dissenys observacionals.

BONIL, Josep. Professor, especialista em Ciências Experimentais e formado em Psicopedagogia. Doutor em Didática das Ciências Experimentais pela Uniersidade Autônoma de Barcelona. Professor do Departamento de DMCE da UAB, responsável pela disciplina de Didática das Ciências Experimentais no curso de Educação Infantil e Primária. Coordenador didático da Escola de Consumo da Catalunha. Coordenador do Grupo Complex. Tem como linha principal de pesquisa a relação entre o paradigma da complexidade e a formação científica da cidadania como estratégia para favorecer a presença no currículo da educação para o consumo e da educação ambiental.

DE LA TORRE, Saturnino. Catedrático em Didática e Inovação Educativa da Universidade de Barcelona, responsável por matérias de Inovação Curricular, Desenho, Desenvolvimento e Inovação do Currículo, Criatividade no Currículo entre outras. Coordenador de Programas de Doutorado e atualmente coordenador do Grupo de Pesquisa e Assessoria Didática (GIAD). Impulsor do Seminário de Cinema Formativo, do seminário de Inovação Universitária. Promotor da Rede Internacional de Criatividade. Impulsor do Seminário de Transdisciplinaridade e Educação na UB. Tem mais de 30 obras publicadas. Últimas publicações: *Sentipensar – Fundamentos e estratégias para reencantar a educação* (2005), *Dialogando com a Criatividade* (2004), *Diálogos com o mar* (2004). Compreender e avaliar a criatividade (codiretor). Mais informações em www.sentipensar.net.

FAZENDA, Ivani Catarina. Doutora em Antropologia, professora titulardo Programa de Pós-graduação em Educação – Currículo da PUC/SP (Brasil). Autora consagrada na linha da interdisciplinaridade com 30 livros publicados sobre o tema, a que se dedica desde 1970. Coordenadora do GEPI – Grupo de Estudos e Pesquisas em Interdisciplinaridade da PUC/SP, responsável pelas pesquisas interinstitucionais e convênios com o exterior. Representante da UNESCO no Brasil pela Associação Mundial de Ciências da Educação. Presidente do Fórum Paulista de Pós-Graduação em Educação. Membro da Academia Paulista de Educação. Mais de 40 livros, capítulos e diversos artigos científicos, mais de 100 trabalhos de caráter técnico. Orientou mais de 70 teses de mestrado e doutorado. Professora associada ao CRIE (Universidade de Sherbrooke, Canadá).

GARCÍA GONZÁLEZ, Pedro. Formado em Filosofia e Ciências da Educação pela Universidade Complutense de Madri. Chefe do Departamento de Orientação do Centro de Estudos Santa María del Castillo – Obra Social Caja Madrid. Membro colaborador de I + D do grupo TEA-CEGOS. Realizou estudos de Teologia na Universidade Gregoriana de Roma e Moral na Universidade Pontifícia de Comillas. Membro fundador da Associação para o Diálogo Inter-religioso da Comunidade de Madri. Membro fundador da Associação Tempo Liberal e Inovação Democrática, no Ateneo de Madrid. Membro designado da Associação Pintor Luis Feito. Colaborador da revista Encuentros Multidisciplinares de La Universidad Autónoma de Madrid. Pesquisador das origens hispano/romanas do Cristianismo, roteirista e coprodutor de documentário. Autor do site www.atriumlibertatis.org.

GONZÁLEZ PARERA, Montse. Formada em Psicologia pela Universidade Auônoma de Barcelona. Estudou Arte Dramática em Barcelona e Madri. Cofundadora da companhia teatral Baraka (Madri 2004). Faz parte do grupo GIAD na Faculdade de Pedagogia e Formação de Professores da Universidade de Barcelona. Seus trabalhos de pesquisa e docência estão relacionados com temas como a educação intercultural, a inovação e criatividade em educação e o teatro na dimensão formativa.

LIMAVERDE, Fátima. Educadora e Ambientalista. Diretora da Escola Vila e responsável pela concepção pedagógica adotada pela Escola desde 1981. Autora da concepção pedagógica da Coleção Cuidando do Planeta Terra – Material Didático Transdisciplinar – Pedagogia de Projetos – Editora da Vila. Coordenadora Geral da Unipaz – Ceará. Membro do CIT – Colégio Internacional dos Terapeutas. Conselheira da Associação O Semeador, atua levando a proposta da Escola Vila a escolas e comunidades do interior do Ceará.

LIMAVERDE NASCIMENTO, Patricia. Mestre em Educação: Currículo pela PUC-SP, Bióloga, possui 14 anos de experiência em coordenação e direção pedagógica. Foi orientanda de Maria Cândida Moraes e desenvolve projetos de assessoria pedagógica em escolas particulares e públicas. Membro do grupo de pesquisa Ecotrans. Trabalha na formação de professores da rede privada e pública sempre voltada para as inovações em didática e abordagens curriculares. Já apresentou seus trabalhos de educação transdisciplinar em diferentes estados no Brasil e também na Espanha, em Barcelona. Autora de 3 coleções de livros didáticos de educação infantil e coautora de 4 coleções de livros didáticos de ensino fundamental. Já ministrou cursos sobre Transdisciplinaridade, Trabalho com Projetos em sala de aula, além de cursos nas áreas de matemática e semiótica aplicada no currículo de educação infantil e de ensino fundamental. Recebeu, em maio de 2006, por sua apresentação sobre a Escola Vila, o prêmio de Melhor Experiência em Educação Humanitária no Congresso Latino-Americano de Educação Humanitária realizado no Memorial da América Latina em São Paulo.

MALLART, Joan. Doutor em Pedagogia e formado em Filologia. Professor titular da Universidade de Barcelona e catedrático habilitado. Especialista em bilinguismo e línguas em contato, documentação e didática da língua. Autor do *Tesaurus* e dicionários de educação, assim como de materiais curriculares de língua para educação fundamental, ensino médio e bacharelado. Presidente das comissões de avaliação da educação fundamental do Conselho Superior de Avaliação do Departamento de Educação da Generalitat em

1999 e 2003. Coordenador da enciclopédia catalã de Pedagogia. Especialista em temas como ecoformação, temáticas de meio ambiente, a Paz Valores e línguas em contato.

MORAES ORMENEZE, Regina. Formada em Pedagogia pela Universidade do Paraná/Brasil. Especializada em Educação Infantil e Educação Fundamental pela Universidade de Curitiba/Brasil. Experiência de 15 anos com educação infantil e fundamental e trabalho de 5 anos como diretora pedagógica da Secretaria da Educação Municipal em Balneário Camboriú (Brasil). Colaborou na realização de alguns projetos pedagógicos relacionando a arte como estratégia de educação transdisciplinar. Atualmente está realizando o DEA na Universidade de Barcelona e colaborando em pesquisas sobre estratégias didáticas inovadoras e criativas para a melhoria docente, a educação intercultural e a criatividade em educação infantil.

MORAES, M. Cândida. Doutora em Educação pela Pontifícia Universidade Católica de São Paulo – PUC/SP, é professora de pós-graduação em Educação na PUC/SP, no Núcleo de Formação de Professores e Tecnologias. Foi consultora do Banco Mundial (BIRD), da OEA e da Universidade de Campinas. Participou de comissões científicas de conferências nacionais e internacionais e possui diversos livros e artigos publicados sobre Informática em Educação, tanto no Brasil como no exterior. Dentro de suas publicações, destaca-se o livro *O Paradima Educacional Emergente* (Papirus, 1997), com 11 edições. Entre outras obras estão *Paradigma Ecossistêmico, Educar na biologia do amor e da solidariedade e Sentipensar.*

OLIVER, Carmen. Professora do Departamento de Didática e Organização Educativa da Faculdade de Pedagogia da Universidade de Barcelona, é doutora em Ciências da Educação por essa Universidade. Realizou docência no âmbito de estratégias didáticas, de avaliação do sistema educacional, de organização escolar e de formação de professores. Especializou-se em estratégias didáticas e avaliação para a atenção à diversidade. Coordena o grupo reconhecido de pesquisa EDACC – Estratégias Didáticas para a Aquisição de Competências Comunicativas. Escreveu e participou de diferentes publicações, entre elas: Assessoria do professorado e criatividade (2001), *Compromissos com a avaliação* (2003), *Estratégias Didáticas Organizativas ante a Diversidade* (2003).

PINEAU, Gaston. Inicialmente conselheiro de orientação de adultos em Nancy, França, em seguida responsável pela pesquisa na Faculdade de Educação permanente da Univesidade de Montréal (1969-1984), e professor de Ciências da Educação e de Formação na Universidade François Rabelais em Tours, França. Em 1992, Gaston Pineau funda o grupo de pesquisa sobre ecoformação (GREF), retomando o projeto de Gaston Bachelard de uma iniciação aos quatro elementos. Esse projeto concretizou-se progressivamente através da seguintes publicações: *De l'air, initiation à l'écoformation* (Paideia, Sciences et Culture, Paris-Montréal, 1992), *Les eaux écoformatrices* (L'Harmattan, Paris, 2001), *Habiter la Terre. Écoformation terrestre pour une conscience planétaire* (L'Harmattan, Paris, 2005). Epistemologica e metodologicamente, esse projeto construiu uma abordagem transdisciplinar. Pineau, *Temporalités en Formation. Vers de nouveaux synchroniseurs*, Anthropos, 2000; Paul e Pineau, *Formation et transdisciplinarité*, L'Harmattan, 2005.

PINTO, Ana Kerina. Formada em Letras, literatura portuguesa pela UFRJ – Universidade Federal do Rio de Janeiro, Brasil. Professora desde 1990, tem MBA em educação infantil pela Grifo Enterprises e pós-graduação em docência de educação superior pela Universidade Cândido Mendes. Tem projetos desenvolvidos e apresentados em seminários e conferências na área de Educação, Literatura, Artes Plásticas e Transdisciplinaridade. Aplica os conceitos de transdisciplinaridade na educação infantil através da arte em uma escola do Rio de Janeiro.

PUJOL, Maria Antonia. Professora Titular do departamento de Didática e Organização Educativa da Universidade de Barcelona. Doutora em Filosofia e Ciências da Educação. A atividade docente e investigadora se realiza sobre a base das estratégias de aprendizagem no âmbito da Didática, tanto na vertente de formação inicial como na formação permanente. Seus artigos e publicações mais relevantes se centram em propostas didáticas, estratégias de aprendizagem e inovações curriculares para a aprendizagem infantil.

SANZ, Gabriel. Professor Titular da Universidade de Barcelona. Formado em Direito (UB). Doutor em Filosofia e Ciências da Educação (UB). Trabalhou no campo da educação social e de justiça de menores. Desenvolve trabalhos de pesquisa nessa área e mais especificamente em problemáticas de exclusão e inadaptação social. Com relação à vertente formativa, situa-se na perspectiva transdisciplinar da educação na sua projeção social, jurídica e política.

Livros sobre Transdisciplinaridade Publicados pela TRIOM Editora até 2008

Árvore do Saber-Aprender, A, de Hélène Trocmé-Fabre

Caminho do Sábio, O, de Jean Biès

Ciência do Homem e Tradição – O novo espírito antropológico, de Gilbert Durand

Educação e Transdisciplinaridade II, diversos autores

Educação e Transdisciplinaridade III, diversos autores

Espírito da Política, O, de Raimon Panikkar

Formação do Sujeito e Transdisciplinaridade, de Patrick Paul

Formação do Sujeito e Transdisciplinaridade – História de vida profissional e imaginal, de Patrick Paul

Homem do Futuro – Um Ser em Construção, O, diversos autores, organização Groupe 21

Manifesto da Transdisciplinaridade, O, de Basarab Nicolescu

Mãos que Tocam a Alma – Sugestões para uma educação transdisciplinar, de Sandra Celano e Ivan Guerrini

Nascemos para Aprender, de Hélène Trocmé-Fabre

Pensamento Transdisciplinar e o Real, O, de Michel Random

Religião além da Religião, A, de Steven M. Wasserstrom

Sthéphane Lupasco – O Homem e a Obra, diversos autores, organização de Basarab Nicolescu e Silvia Badescu

Temporalidades na Formação, de Gaston Pineau

Transdisciplinaridade e Ecoformação – Um novo olhar sobre a educação, de Saturnino de la Torre, Maria Cândida Moraes e outros.